Anya Steiner
Mutter, Spender, Kind

W0172583

Anya Steiner

Mutter
Spender
Kind

Wenn Singlefrauen
Familien gründen

Ch. Links Verlag, Berlin

Die Deutsche Nationalbibliothek verzeichnet diese Publikation
in der Deutschen Nationalbibliografie;
detaillierte bibliografische Angaben sind im Internet
über www.dnb.de abrufbar.

1. Auflage, März 2015
© Christoph Links Verlag GmbH
Schönhauser Allee 36, 10435 Berlin, Tel.: (030) 44 02 32-0
www.christoph-links-verlag.de; mail@christoph-links-verlag.de
Umschlaggestaltung: Stephanie Raubach, Berlin, unter Verwendung
eines Motivs von thinkstock (95362810)
Satz: Nadja Rein, Dresden
Druck und Bindung: Druckerei F. Pustet, Regensburg

ISBN 978-3-86153-821-9

Inhalt

Einleitung

*Kratzt man einmal ein bisschen an der Oberfläche,
quellen sie nur so hervor, die unerfüllten Kinderwünsche.*
Millay Hyatt

Katrin wollte schon immer Kinder haben. Inzwischen ist sie
Mitte 30, von ihrem Partner hat sie sich gerade getrennt. Als ihre
Beziehung begann, war sie im besten Alter für eine Familiengründung. Als sie endet, sieht sich Katrin gezwungen, sofort
einen neuen Mann zu finden, wenn sie noch Kinder haben
möchte – oder nach Alternativen zu suchen.

Für Nele war es selbstverständlich, dass sie eines Tages den
Richtigen für eine Familiengründung kennenlernen würde. Als
sie ihr Studium beendet hat und mit Anfang 30 in den Beruf
einsteigt, glaubt sie, noch viel Zeit zu haben. Doch aus keiner
ihrer Beziehungen wird eine Familie. Nadine wusste schon als
kleines Mädchen, dass eigene Kinder zu ihrem Leben dazu-
gehören sollten. Nur ein Mann kam in ihren Träumen nicht vor.
Sie lebt gern allein und braucht keine Beziehung. Aber sie möchte
Kinder. Marie ist noch keine 20, als sie ihr erstes Kind bekommt.
Die Trennung vom Vater ihrer Tochter erfolgte bereits vor der
Geburt, der Kontakt ist schwierig und anstrengend. Marie
wünscht sich Geschwister für ihre Tochter, kann aber nicht so
schnell wieder Vertrauen zu einem Mann aufbauen.

Katrin bekommt ein Kind mit einem Mann, der nicht ihr
Partner ist. Nele und Marie erfüllen sich ihren Kinderwunsch
mit Hilfe einer Samenspende von der Samenbank. Nadine findet einen schwulen Mann, der als Vater für ihre Kinder präsent
sein will. Simone wiederum adoptiert einen dreijährigen Jungen

aus dem Ausland. Und Franziska nimmt ein Pflegekind auf. Diese Frauen sind keine Einzelfälle. Immer mehr Singlefrauen setzen sich heute damit auseinander, ihr Schicksal selbst in die Hand zu nehmen und ihren Kinderwunsch trotz des fehlenden Partners zu verwirklichen. Auch ich gehöre zu ihnen. Ich war 28, als ich meinen Partner und meine Tochter verlor. Nach Jahren der Trauerarbeit fühlte ich mich wieder bereit, eine neue Familie zu gründen, Kinder zu bekommen. Doch mein neuer Partner teilte meinen Kinderwunsch nicht in dieser Intensität und vertröstete mich auf später. Er war ein wunderbarer Vater für seine Tochter aus seiner geschiedenen Ehe, doch nun genoss er das Leben ohne tägliche elterliche Verpflichtungen. Jahrelang ließ ich mich von dem Mann, den ich liebte, hinhalten, trennte mich dann endlich, suchte nach einem neuen Partner, bis ich mir selbst eingestehen musste, dass ich die potenziellen Kandidaten nur auf ihre Vaterqualitäten scannte. Da stieß ich zufällig auf eine Anzeige im Stadtmagazin. Eine Frau suchte nach einem Samenspender zur Erfüllung ihres Kinderwunsches, keine weiteren Verpflichtungen. Das ist die Lösung, war mir auf einmal klar: Es geht auch ohne Mann an meiner Seite. Es gibt Samenspender. Die plötzliche Erkenntnis, dass sich Elternschaft von Partnerschaft entkoppeln lässt, war für mich unglaublich befreiend und setzte viel Energie frei. Heute weiß ich, dass das, was mir damals wie mein ganz persönliches Dilemma in meiner ganz persönlichen Lebensgeschichte vorkam, eine gar nicht so seltene Erscheinung ist.

Unerfüllter Kinderwunsch ist ein aktuelles Thema, das mehr Menschen in Deutschland betrifft, als allgemein angenommen wird. In vielen Fällen ist der fehlende Partner der Grund dafür. Bei einer Allensbach-Umfrage von 2011 gaben 40 Prozent der Kinderlosen an, (noch) nicht den richtigen Partner für die Umsetzung ihres Kinderwunsches gefunden zu haben. Die in diesem Buch porträtierten Frauen entschieden sich dafür, ihr Schicksal selbst in die Hand zu nehmen, allein aktiv zu werden und ohne Partner eine Familie zu gründen. Auch wenn diese Frauen und ihre Kinder in der öffentlichen Wahrnehmung bisher unterrepräsentiert sind, leben sie inmitten unserer modernen Gesellschaft und tragen zur Vielfalt von Lebensentwürfen und Familienmodellen bei. Die meisten dieser Frauen sind keine »Single mothers by choice«, dieser Terminus hat sich in den USA dafür eingebürgert (etwa: freiwillige Singlemütter), sondern »Single mothers by default« (etwa: Singlemütter, weil es keine andere Möglichkeit gab). Viele, wenn auch nicht alle, hatten sich ursprünglich eine klassische Familie gewünscht.

Das Buch liefert einen Einblick in eine Lebenswelt, die immer mehr an Bedeutung gewinnt und auf einen Trend in unserer Gesellschaft hindeutet. Der Weg zur Familiengründung, den die hier porträtierten Frauen gegangen sind, ist mittlerweile eine nicht mehr wegzudenkende Realität geworden, die gerade in den letzten Jahren etliche ethische Diskussionen um den Wert von Familie und die Möglichkeiten moderner Reproduktionsmedizin entfacht hat. Sex ist von der Fortpflanzung entkoppelt, seit es Verhütung gibt. Nun entkoppeln diese Frauen Fortpflanzung von Sex. Das ist neu. Die Soziologin Eva Illouz, Autorin von *Warum Liebe weh tut*, sieht darin kein individuelles Problem, sondern ein Phänomen, das durch die gesellschaftliche Entwicklung in der Moderne entstanden ist. Früher sei es für Männer und Frauen selbstverständlich gewesen, einen Haushalt zu gründen, heute hänge ihr sozioökonomischer Status nicht mehr davon ab. Beziehungen seien heute vor allem von Freiheit und Autonomie geprägt. Ein Konflikt entsteht, sobald ein Kinderwunsch ins Spiel kommt. Ganz allein lässt sich ein Kinderwunsch nicht umsetzen, es braucht dazu Frau und Mann. Doch es braucht dazu kein Paar oder eine festgefügte Partnerschaft. In Deutschland ist die Entkopplung der Fortpflanzung von Sex noch ein Tabuthema. Das will ich mit diesem Buch ändern. Es soll Katrin, Nele und all den anderen, die keinen Partner haben und die dennoch der Kinderwunsch umtreibt, eine Stimme geben. Ich will die Motive, Beweggründe und Hintergründe dieses Modells der Familiengründung beleuchten. Es sind Geschichten von modernen Familien. Einelternfamilien. Mutter-Spender-Kind statt Mutter-Vater-Kind. Familien, die aus Müttern und Kindern bestehen – und einem abwesenden Dritten, der nur selten als fehlend wahrgenommen wird.

In diesem Buch geht es ausschließlich um Frauen, die sich bewusst für eine Familiengründung als Single entschieden haben, und zwar bevor sie mit der Umsetzung ihres Kinderwunsches begannen. Es soll hier nicht um Frauen gehen, die durch frühe Trennung zum Single wurden oder die nach einem One-Night-Stand in Kauf nehmen, ihr Kind allein großzuziehen. Dieses Buch ist eine Bestandsaufnahme. Es hätte nie entstehen können, wenn die porträtierten Frauen nicht bereit gewesen wären, ihre ganz persönliche Geschichte öffentlich zu machen. In den vergangenen sieben Jahren habe ich mit über hundert von ihnen gesprochen. Sechzehn haben ihre Geschichte extra für dieses Buch aufgeschrieben oder sich für ausführliche Interviews zur Verfügung gestellt. Bei der Auswahl der Frauen habe ich Wert darauf gelegt, dass möglichst viele unterschiedliche Lebensentwürfe und Lösungswege repräsentiert sind. Sie berichten, welche Wege sie gegangen sind, um Mutter zu werden, welche Reaktionen sie in ihrem Umfeld erhalten haben, wie offen sie gegenüber dem Kind und der Außenwelt diesen Weg kommunizieren, welche Rolle es für sie spielt, dass das Kind ohne Vater aufwächst.

Die Erfahrungsberichte beleuchten die emotionale, soziale und finanzielle Dimension des Themas aus individueller Sicht der Frauen. Die emotionale Ebene der persönlichen Schicksale wird durch einen erläuternden Begleittext ergänzt, zu Wort kommen darüber hinaus Experten aus den Bereichen Familientherapie, Reproduktionsmedizin und Soziologie. In Gesprächen mit Samenspendern wird vor allem der Motivation der Spender nachgespürt. Auch auf vorhandene Studien und die öffentliche

Debatte zum Thema in Deutschland wird Bezug genommen. Im Anhang befindet sich ein Glossar.

Das Buch soll den Herausforderungen von Singlefrauen mit Kinderwunsch mehr Öffentlichkeit verschaffen und ein Argument für verbesserte Rahmenbedingungen bei der Erfüllung des Kinderwunsches und für das Leben Alleinerziehender sein. Die derzeitige Rechtslage in Deutschland spiegelt moderne Lebensrealitäten nicht wider. Dass Frauen ohne Partner ein Kind bekommen möchten, ist in unserer Rechtsprechung nicht vorgesehen. Dabei ist es dringend notwendig, den Unterschied zwischen Vätern und Samenspendern zu definieren. Das macht das BGH-Urteil vom Januar 2015 erneut deutlich, in dem es um den Rechtsanspruch von Kindern auf Auskunft über die Identität des Spenders geht. Dieses Buch will einen Beitrag zu einer politischen Debatte über Familien und Familiengründung leisten, losgelöst vom tradierten Modell der Ehe oder der festen Partnerschaft. Darüber hinaus soll es den Frauen helfen, die sich in einer ähnlichen Situation befinden, die Anregungen und Ratschläge suchen.

Warum bekommen heute immer mehr Frauen ohne Partner Kinder? Warum werden Männer Samenspender? Warum gilt die tradierte – aus Mutter, Vater, Kind bestehende – Kernfamilie nach wie vor als der einzig richtige Weg zur Familiengründung? Was bedeutet die Einelternfamilie für unsere Gesellschaft? Welche Möglichkeiten bietet die moderne Reproduktionsmedizin? Wie sieht die rechtliche Lage aus? Wie gestaltet sich der Zugang zu Kinderwunschbehandlungen für Singles in Deutschland und im Ausland? Welche Auswirkungen hat dieser Weg auf die Kinder? Welche Beziehung haben sie zu einem privaten Samenspender? In welchen Familienkonstellationen leben die Frauen und ihre Kinder später? Dieses Buch versucht, Antworten zu geben. Antworten, die hypothetisch sind und subjektiv, auf die vielen wichtigen Fragen, denen sich nicht nur die Frauen, sondern unsere gesamte Gesellschaft stellen müssen.

Wenn der Kinderwunsch wächst,
aber der Partner fehlt

Den Frauen möchte ich sagen:
Macht euren Kinderwunsch nicht abhängig
vom Wunsch nach romantischer Liebe.
Eva Illouz

Wie kann es sein, dass Frauen ohne Partner Kinder bekommen wollen? Was geht in diesen Frauen vor? Was ist heutzutage medizinisch möglich, was ist ethisch vertretbar, was ist finanziell machbar? Das sind Fragen, die plötzlich ins Gespräch kommen, wenn es um Singlefrauen geht, die sich ihren Kinderwunsch gezielt erfüllen, und zugleich Fragen, die in der öffentlichen Debatte kaum auftauchen. Fragen, mit denen sich sehr viele Menschen nie zuvor auseinander gesetzt haben.

Auch Singlefrauen mit Kinderwunsch haben sich in der Regel nicht mit diesem Thema beschäftigt – bis zu einem bestimmten Punkt in ihrem Leben. Dem Moment, in dem ihr Kinderwunsch so stark und allgegenwärtig wurde, dass er sich nicht mehr verdrängen ließ, sie aber keinen Partner an ihrer Seite hatten, der mit ihnen Kinder bekommen wollte. »Ich wollte immer Kinder haben.« Mit diesem Satz beginnt fast jede der porträtierten Frauen ihre Geschichte. Damit passen sie so gar nicht in die Schublade von Karrierefrauen, denen kurz vor den Wechseljahren einfällt, dass ihnen noch ein Kind zur Vervollkommnung ihres durchgestylten Lebens fehlt. Im Gegenteil, die meisten der Frauen, die ich kennengelernt habe, haben sich nicht vordergründig auf die Karriere konzentriert, sondern auf die Familiengründung. Wer also sind diese Frauen, die sich entscheiden, als Single Mutter zu werden? Die Kulturanthropologin Linda Layne vom Rensselaer Polytechnic Institute in New York kam 2011 in einer Vergleichsstudie zwischen den USA und Großbritannien zu der Charakterisierung, dass es sich in den USA in der Regel um heterosexuelle, weiße, gebildete, finanziell gut gestellte Frauen über 35 Jahre handelt, die vorrangig in Städten leben. Drei Viertel der US-amerikanischen Singlefrauen werden durch Insemination mit dem Sperma eines offenen Spenders schwanger, die anderen haben einen Spender aus dem Bekanntenkreis oder adoptieren ein Kind. In Großbritannien sind die Frauen im Durchschnitt etwas älter und müssen deshalb eher auf invasive Methoden wie eine In-vitro-Fertilisation zurückgreifen. Für Deutschland liegen keinerlei Studien vor. Jedoch scheint mir die Situation so ähnlich wie in Großbritannien zu sein.

Neben dem Vorwurf, es handele sich um Karrierefrauen, kommen zwei weitere Klischees üblicherweise ins Gespräch, wenn es um Singlefrauen mit Kindern geht. Zum einen existiert das Bild der überforderten alleinerziehenden Mutter, die von Sozialleistungen lebt. Die Singlefrauen, die ich kennengelernt habe, passen jedoch auch nicht in diese Schublade, mehr dazu im Kapitel über Alleinerziehende und Netzwerke. Die dritte Zuschreibung – Frauen, die es durchziehen, als Single ein Kind zu bekommen, seien engagierte Feministinnen, Männerhasserinnen, Aktivistinnen für die öffentliche Zurschaustellung der Macht der Frauen – trifft ebenfalls nicht zu. Im Gegenteil, die meisten Frauen sind sehr geprägt von dem konventionellen Familienbild, das sie selbst nicht leben. Sie scheuen die Öffentlichkeit, leben unauffällig und angepasst, es könnte sich um die nette Frau von nebenan oder die sympathische Grundschullehrerin im Reihenhäuschen handeln.

Manche Frauen haben lange nach ihrem Traumprinzen gesucht, ihre Zeit mit Dates und in Partnerschaftsbörsen verbracht, um endlich den richtigen Mann zu finden, der bereit wäre, den Traum von einer Familie mitzuträumen. »Ich probierte so ziemlich alles, was Internet, Zeitungen und Blind Dates hergaben«, erzählt Susanne von ihrer verzweifelten Suche nach Mr. Right in ihren Dreißigern. Und eines Tages tickt die biologische Uhr dann so laut, dass die Frau zu überlegen beginnt, ob der Traumprinz denn wirklich zur Erfüllung des Kinderwunsches notwendig ist. Die Liebe ist »am kompliziertesten für Frauen, die Familienleben mit Romantik [...] kombinieren wollen«, hat die Soziologin Eva Illouz einmal in einem Interview gesagt.

Andere Frauen haben jahrelang in Beziehungen mit einem Später-vielleicht-mal-Partner gelebt, einem Mann, der den Kinderwunsch nicht teilte, aber nie ein klares Nein äußerte, weil ihm die Beziehung wichtiger war als der Respekt für den tiefen Kinderwunsch seiner Partnerin. Es kostet Kraft, sich entscheiden zu müssen zwischen der Liebe zu einem Mann und dem Wunsch nach einem Kind. Viele Frauen mit Mitte 30 haben das durchlebt, sich getrennt oder sich doch nicht lösen können, bis sie an den Punkt gelangten, an dem sie sich entschieden: gegen die reale Beziehung, für die Realisierung des Kinderwunsches. Als selbstgewählte Mutterschaft von Frauen, die Single durch die Lebensumstände geworden sind, bezeichnen die Soziologin Vasanti Jadva und ihre Co-Autoren diese beiden Konstellationen in ihrer Studie *Mom by choice, single by life's circumstance* von 2009.

Doch es gibt auch Frauen, für die eine Partnerschaft nie das primär Erstrebenswerte in ihrem Leben war, Frauen, die sich allein wohler fühlen als in einer Beziehung. »Ich habe nicht entschieden, Single zu sein, es ist einfach so passiert«, beschreibt Flora ihre Lebenssituation am Beginn ihres Weges zur Singlemutter. Für Nadine steht fest, dass sie keinen Mann in ihrem Leben braucht, auch als Mutter nicht – eine Beziehung ist nichts für sie. Und es gibt Frauen wie Katharina, die keine Männer, sondern Frauen lieben, die aber auch keine Partnerinnen finden, die ihnen bei der Umsetzung des Kinderwunsches zur Seite stehen.

Egal wie unterschiedlich die Lebensentwürfe, das Alter und die Vorgeschichte der einzelnen Frauen sind, irgendwann begannen sie alle, nach ihrem eigenen Weg zum Kind zu suchen. Bei manchen war das ein Prozess über Jahre, ein in der Jugend im Scherz hingeworfener Satz wie »Dann geh ich eben zur Samenbank«, aus dem tatsächlich Ernst wurde. Bei manchen war es ein plötzliches Aha-Erlebnis, ein Gespräch mit einer Freundin oder eine Reportage über dänische Kinderwunschkliniken, die Singles behandeln. Die Erkenntnis, dass sich Elternschaft von Partnerschaft entkoppeln lässt, kann enorm befreiend wirken und Energie freisetzen.

Wie kann es sein, dass Frauen wegen eines fehlenden Partners nach anderen Wegen suchen, um ihren Kinderwunsch zu erfüllen, und es andererseits ausreichend Männer gibt, die Samen spenden, aber keine Verantwortung übernehmen wollen? Ich kann diese Frage nicht zufriedenstellend beantworten. Eva Illouz ist der Meinung, dass dies ein Phänomen der gesellschaftlichen Entwicklung ist. In der Moderne bestehe keine Notwendigkeit mehr für eine klassische, konventionelle Bindung, da Frauen und Männer nicht mehr ökonomisch voneinander abhängen. Die einzige Situation, in der Frauen einen Partner brauchen, ist, wenn sie einen Kinderwunsch haben. Als Feministin gibt Eva Illouz den Frauen einen eindeutigen Rat: »Macht euren Kinderwunsch nicht abhängig vom Wunsch nach romantischer Liebe. Wenn ihr Kinder wollt, bekommt sie allein – oder in einer Gemeinschaft mit anderen Frauen, die ebenfalls Kinder wollen. Oder mit Männern, die Kinder wollen, aber nicht eure Partner sind. Es braucht keine traditionelle Familienstruktur, um Kinder aufzuziehen.«

Eine aktuelle politikwissenschaftliche und familiendemografische Analyse der Situation in Deutschland liefert Stefan Fuchs in seinem gerade erschienenen Buch *Gesellschaft ohne Kinder*. Er kann Zahlen anführen, die belegen, dass tatsächlich »markante geschlechtsspezifische Unterschiede« existieren. Der Kinderwunsch der Singlemänner ist »extrem niedrig, mehr als zwei Drittel von ihnen wollen kinderlos bleiben […]. Keine andere

Gruppe weist einen auch nur annähernd vergleichbar schwachen Kinderwunsch auf.« Andererseits »liegt der Kinderwunsch der Singlefrauen nicht unter dem der Frauen in […] Paarbeziehungen«.

Singlefrauen müssen also nach Alternativen zur herkömmlichen Familiengründung suchen. Welche Auswirkungen wird diese neue Art der Familiengründung auf unsere Gesellschaft und auf die nachwachsende Generation haben? Zum gegenwärtigen Zeitpunkt lässt sich das noch nicht klar beantworten. Ich kann dafür die ganz persönlichen Schicksale der Menschen zeigen, die diesen Trend ausmachen. Die Singlefrauen, die diesen Weg gegangen sind, haben sich ihre Entscheidung nicht leicht gemacht.

Wenn Singlefrauen an dem Punkt angekommen sind, an dem sie nach alternativen Wegen suchen, beginnt ein langwieriger Entscheidungsprozess. Sie recherchieren, welche Möglichkeiten es gibt. Sie überlegen, welche dieser Möglichkeiten für sie in Frage kämen. Sie fangen an, ihren Kinderwunsch zu hinterfragen: Wie dringend ist mein Kinderwunsch? Darf ich bewusst ein Kind planen, wohl wissend, dass es ohne seinen biologischen Vater aufwachsen wird? Bin ich egoistisch? Was nehme ich in Kauf, um meinen Kinderwunsch zu erfüllen? Was mute ich dem Kind damit zu? Sie horchen in sich hinein, lesen, grübeln. Der Prozess des Abschiednehmens vom »Gesamtpaket« ist anfangs oft verbunden mit dem Gefühl, versagt zu haben. »Was ist nur schief gelaufen, dass ich vor dem Rechner sitze und Samenspende google?«, fragt sich die 38-jährige Ilka, eine Bürokauffrau aus der norddeutschen Provinz, in ihrem Tagebuch. Sie will sich nicht mit ihrer Kinderlosigkeit abfinden: »Der Gedanke, kinderlos zu bleiben, war schier unerträglich. Würde dieser Schmerz, den ich jetzt jedes Mal beim Anblick eines kleinen Kindes empfand, jemals aufhören? Oder würde er nicht vielleicht noch zunehmen, wenn ich die Wechseljahre erreicht hätte und die Hoffnung auf ein Kind ein für allemal vorbei war?«

Der Druck der biologischen Uhr ist für Frauen ein ganz wesentlicher Anlass, sich mit dem Kinderwunsch auseinanderzusetzen. Neuerdings gibt es eine Möglichkeit, diesen Druck zu reduzieren: Im Herbst 2014 war das Social Freezing, eine Methode, mit der die Verschiebung der Fruchtbarkeit in ein höheres Alter möglich ist, ein zentrales Medienthema. Dabei werden der Frau Eizellen entnommen und zur späteren Verwendung eingefroren. Bekannt ist dieses Verfahren schon lange, es war jedoch aus medizinischer Sicht noch bis vor Kurzem kein Standard, weil ein großer Teil der eingefrorenen Eizellen das spätere Auftauen nicht überstand. Anfang 2013 gaben die Kommitees zur Berufsausübung der US-amerikanischen Gesellschaft für Reproduktionsmedizin und der Gesellschaft für Assistierte Reproduktionstechnologien die Stellungnahme heraus, dass das Einfrieren reifer Eizellen nicht länger als experimentell zu betrachten sei. Für die in diesem Buch porträtierten Frauen stand diese Methode noch nicht zur Debatte. Erste Eizellenbanken in Deutschland entstehen erst seit 2013. Zudem ist das Kryokonservieren von Eizellen nur bei Frauen bis maximal 35 sinnvoll. Heidi Mertes vom Bioethischen Institut im belgischen Gent betont das in ihrem Artikel »Social egg freezing: for better, not for worse« und weist darauf hin, dass Fertilitätskliniken und Medien besser vermitteln müssten, dass diese Methode nur dann angewendet werden sollte, wenn die Eizellreserve der Frau noch groß genug und somit gute Ergebnisse zu erwarten seien.

Inwieweit sich diese Möglichkeit der »Konservierung des Kinderwunsches« etablieren wird, wird die Zukunft zeigen. Während in den Medien gern von Frauen gesprochen wird, die das Kinderkriegen wegen der Karriere verschieben wollen, machen Reproduktionsmediziner eine andere Beobachtung. Frank Nawroth vom Kinderwunschzentrum Hamburg sagte im Oktober 2014 in der ZEIT: »In den meisten Fällen sei es nicht der Beruf, der die Frauen zu ihnen bringe. Von seinen 35 Patientinnen im vergangenen Jahr […] hätten 27 angegeben, ihnen fehle der richtige Mann zum Kinder kriegen. [...] Aber keine Frau habe explizit auf ihre Karriere verwiesen.«

Zu Beginn ihrer Überlegungen stehen viele Singlefrauen ganz unter dem Eindruck der vorherrschenden öffentlichen Meinung, dass Kinderwunsch und Singlestatus einfach nicht zusammengehen. Sie haben, wie Ilka, das Gefühl, versagt zu haben, oder fühlen sich von der Last der Vorwürfe erdrückt. »Es gibt so viel Unverständnis, Gehässigkeit und Unterstellungen von Egoismus, wenn man im Netz zu diesem Thema forscht«, klagt Nadja, eine 39-jährige Designerin. Auch Ilka hat das so erlebt: »Wir Singlefrauen mit Kinderwunsch gelten als beziehungsgestört und sollten uns fragen, warum wir mit Ende 30 ohne Partner dastünden. Wir würden den Kinderwunsch nur als Partnerersatz sehen und uns doch lieber einen Hund kaufen.«

In der nächsten Phase des Entscheidungsprozesses suchen die Frauen den Austausch mit Gleichgesinnten im Internet oder mit Freunden oder Familie. Wenn sie ihre Pläne dann jemandem anvertrauen, erhalten sie zu ihrer eigenen Verwunderung in der Mehrheit der Fälle ein positives Feedback: »Meine Oma findet übrigens, dass man mit und von Kindern lernt, sein Leben auf die Reihe zu kriegen. Sie bekam ihr erstes Kind mit 21 und hat trotzdem ein Studium abgeschlossen, ein Land verlassen, noch mehr Kinder bekommen und 45 Jahre in Vollzeit gearbeitet. Sie findet es in Ordnung, Kind und Karriere gleichzeitig zu planen, und auch, Kind und Beziehung zu entkoppeln. Ihre Zustimmung hätte ich«, berichtet Frieda erstaunt. Die 31-Jährige, die als wissenschaftliche Mitarbeiterin an einer Universität tätig ist, sagt von sich, sie sei »noch gewaltig am Überlegen«, welchen Weg sie schließlich gehen würde.

Zu überlegen, zu bedenken gibt es vieles im Spannungsfeld des übermächtigen Kinderwunsches und der oft in der Öffentlichkeit verbreiteten Meinung, allein ein Kind zu bekommen sei egoistisch. Ulrike, deren Geschichte im dritten Kapitel zu finden ist, ließ sich im Frühjahr 2014 von der ZEIT porträtieren. Der

Titel des Artikels, »Geliebtes Halbwesen«, war eine Reaktion auf die zu diesem Zeitpunkt kontrovers diskutierte öffentliche Ablehnung aller Methoden der assistierten Reproduktion durch die Schriftstellerin Sibylle Lewitscharoff. Die Onlineversion des Artikels wurde im Netz sehr lebhaft diskutiert, es gab 203 Kommentare. Leser soehnke9 nennt Ulrikes Entscheidung, als Single Mutter zu werden, einen »egoistischen Selbstverwirklichungstrip«, für Leser fou sind sie »das beste Beispiel für den aktuellen Egoismus gepaart mit Verantwortungslosigkeit«.

Im Grunde ist jeder Kinderwunsch egoistisch, denn immer ist es das Wollen, das Entscheiden der Elterngeneration für ein Kind, ohne dass das zu entstehende Kind mitbestimmen könnte, ob es überhaupt zu uns kommen möchte. Insofern unterscheidet sich die Situation einer alleinstehenden Frau nur dadurch von der einer Frau in einer heterosexuellen Paarbeziehung, dass das Paar dem konventionellen Bild der Kleinfamilie entspricht. Doch analysiert man dieses klassische Familienmodell genauer, das Modell aus Vater, Mutter und hundertprozentig genetisch mit ihnen verwandten Kindern, wie es zum Beispiel Andreas Bernard in seinem 2014 erschienenen umfassenden Werk zum Thema *Kinder machen* getan hat, so findet man schnell heraus, dass sich dieses Modell der Kleinfamilie erst Ende des 18. Jahrhunderts etabliert hat. Gerade einmal 200 Jahre hatte es Bestand und ist doch in der öffentlichen Wahrnehmung als »schon immer« bestehend fixiert. Heute, zu Beginn des 21. Jahrhunderts, beginnt sich dieses klassische Modell langsam wieder aufzulösen und neuen Familienformen Platz zu machen.

Bei einem Kinderwunsch eines heterosexuellen Paares wird in der Regel nicht hinterfragt, warum das Paar Kinder will, ihr Wunsch wird als »naturgegeben« betrachtet. Singlefrauen stellen sich diese Frage und sind sich ihrer Verantwortung gegenüber dem ungeborenen Leben bewusst. Welche Auswirkungen wird die Entscheidung, allein Mutter zu werden, auf die Kinder haben? Die Antworten, die die Frauen darauf finden, sind hypothetischer Natur, denn erst die Kinder werden, wenn sie erwachsen sind, dazu Stellung nehmen können. In Westeuropa kommen heute die ersten Kinder von Frauen, die bewusst als Single Mutter wurden, in die Pubertät. Deutsche Frauen, die diesen Weg vor zehn oder mehr Jahren gegangen sind, waren Einzelkämpferinnen, die auf kein Netzwerk anderer Singlefrauen bauen konnten. Anders als die in diesem Buch porträtierte Generation von Frauen, die mehrheitlich offen zu ihrer Entscheidung stehen, kommunizieren die meisten in den 1990er Jahren Mutter gewordenen Singlefrauen die Entstehungsgeschichte ihrer Kinder eher verhalten. Entsprechend schwierig war es, überhaupt Kontakt zu Frauen herzustellen, die in jener Zeit Mutter wurden. Zu einem Bericht für dieses Buch war keine bereit, zu groß die Bedenken, eine jahrelang nicht öffentlich kommunizierte Geschichte nun plötzlich öffentlich zu machen.

Eine weitere zentrale Frage im Vorfeld der Entscheidung ist, was die Kinder davon halten werden, ohne ihren biologischen Vater aufzuwachsen. Die Erfahrungsberichte gehen dieser Frage ausschließlich aus der Perspektive der Mütter nach, denn selbst das älteste Kind der hier Porträtierten, eine Achtjährige, kann heute noch nicht einschätzen, inwieweit ihre Entstehungsgeschichte Auswirkungen auf ihr Leben und ihre Entwicklung haben wird. Auch die empirische Sozialforschung kann bisher kaum mit aussagekräftigen Ergebnissen aufwarten, die Anzahl der durchgeführten Studien und Analysen ist weltweit bislang an einer Hand abzuzählen. In Deutschland gibt es keinerlei Publikationen darüber. Birgit Mayer-Lewis vom Staatsinstitut für Familienforschung an der Universität Bamberg bestätigt diese Lücke – und betont zugleich, dass hier großer Nachholbedarf besteht. Bisher gebe es keine Forschungsarbeiten, die sich explizit mit der Familiengründung durch Singles beschäftigen, sie betont jedoch das »Bisher«. Familienmodelle abseits der Vater-Mutter-Kind-Familie seien eine Realität, die von der Forschung und der Familienpolitik nicht ignoriert werden dürften.

Auch finanzielle Aspekte müssen die Frauen durchdenken und mit sich verhandeln. Dabei geht es nicht allein um die immensen Kosten der medizinischen Kinderwunschbehandlung oder einer Adoption. »Als der Arzt die Kosten überschlug und wir beim Preis eines Kleinwagens angekommen waren, war der Tag für mich gelaufen. Woher sollte ich so viel Geld nehmen?«, beschreibt Ilka ihre Ernüchterung nach der ersten Beratung in der Kinderwunschklinik. Bei den Kosten geht es jedoch auch um das Leben als Alleinerziehende. »Ich habe ausgerechnet, wie viel ein Kind kostet. Meine Überlegung war nicht, kann ich mir ein Kind leisten, sondern kann ich dem Kind was bieten, kann ich dem Kind gerecht werden?«, sagt die 42-jährige Sabine in unserem Gespräch, das im Vater-Kapitel nachzulesen ist. Für sie wäre finanzielle Unsicherheit ein Kriterium gewesen, sich gegen ein Kind zu entscheiden, »auch wenn es mir riesig schwer gefallen wäre«.

Eine Entscheidung bedeutet immer die Wahl zwischen Alternativen oder auch zwischen mehreren unterschiedlichen Möglichkeiten bei der Umsetzung. Entscheidungen können »aus dem Bauch kommen«, wichtig für eine reife Entscheidung ist jedoch die bewusste Auseinandersetzung mit den bestehenden Alternativen und den sich jeweils daraus ergebenden Konsequenzen. Dabei richtet sich die Entscheidung, die man trifft, zum einen nach den persönlichen Zielen und Wünschen, zum anderen nach den eigenen Wertmaßstäben und denen der Gesellschaft, in der man lebt. Um sich für einen der möglichen Wege zu entscheiden, müssen Frauen sich vor allem darüber informieren, welche Wege es überhaupt gibt, eine bewusste Entscheidung basiert auf Information und Wissen. Die Informationen, die die Frauen benötigen, um sich zu entscheiden, werden in den folgenden Kapiteln dieses Buches ausführlicher erläutert, denn sie sind eine essenzielle Voraussetzung für die Entscheidungsfindung.

Während dieses Prozesses helfen den Frauen neben Freunden und Familie vor allem der Austausch innerhalb des Netzwerks für Singlefrauen mit Kinderwunsch. Einige nutzen auch professionelle Beratungsangebote. So nahm die heute 44-jährige Susanne ein Lebenscoaching in Anspruch, um sich über die Beweggründe für ihren sehnlichen Kinderwunsch klar zu werden. Auch zu der Familientherapeutin Petra Thorn, die sich seit Jahren mit den psychosozialen Aspekten von Unfruchtbarkeit und Gametenspende beschäftigt und Vorstandsmitglied des Arbeitskreises Donogene Insemination ist, kommen Singlefrauen im Entscheidungsprozess. Thorn berät in ihrer Praxis in Mörfelden vorrangig Familien mit Kindern, die durch Samen- oder Eizellspende und durch künstliche Befruchtung entstanden sind. Thorns zentrales Anliegen in der Beratung ist es, die Frauen zu bestärken, den von ihnen gewählten Weg zu gehen.

Auch das Ziel einer sozialen Beratung zur Familiengründung, wie es etliche staatliche und konfessionelle Einrichtungen anbieten, ist es in erster Linie, die Wünsche der Ratsuchenden wahrzunehmen sowie Entscheidungshilfen zu geben. Mayer-Lewis, die 2014 einen Leitfaden zur *Beratung bei Kinderwunsch* veröffentlichte, betont in unserem Gespräch, wie wichtig gut zugängliche Informationen und Aufklärung für eine verantwortliche Entscheidung sind. Der Leitfaden entstand als Ergebnis des Forschungsprojektes »Sara«, bei dem es um die Entwicklung eines Beratungs- und Unterstützungsangebots für Menschen mit unerfülltem Kinderwunsch ging. Dass ein fehlender Partner in vielen Fällen der Grund für ungewollte Kinderlosigkeit ist, wird in dem Leitfaden nur am Rande erwähnt. Dennoch sieht Mayer-Lewis kein Problem darin, dass Frauen ihren Kinderwunsch ohne Partner umsetzen wollen: »Ein Kinderwunsch existiert ja erst einmal unabhängig von einer Partnerschaft, auch unabhängig vom Wunsch nach einer Partnerschaft und unabhängig von der Realität innerhalb einer Partnerschaft.« In der Beratung müsse vielmehr herausgearbeitet werden, welche Vorstellungen die Frau hat, ob es ihr wichtig ist, ein leibliches Kind zu gebären oder ob sie sich die Annahme eines Pflege- oder Adoptivkindes vorstellen kann, und die realen Möglichkeiten müssten abgeschätzt werden: Welche Kosten kommen auf die Frau zu? Welche Möglichkeiten bietet die Reproduktionsmedizin in Deutschland und im Ausland? Soll das Kind die Möglichkeit erhalten, den Samenspender einmal kennenzulernen, soll der Spender Anteil am Aufwachsen des Kindes haben? Mayer-Lewis sieht die Gesellschaft in der Verantwortung, durch Aufklärung und fundierte Beratung all die verschiedenen existierenden Familienformen zu unterstützen, »damit Familienleben gut gelingen kann«.

Keine der Frauen hat sich die Entscheidung leicht gemacht. »Bei mir war das eine Entscheidung, die ich aus einer tiefen Verzweiflung darüber, partnerlos zu sein und deshalb kinderlos bleiben zu müssen, getroffen habe, und mit der ich sehr, sehr lange gerungen habe«, sagt Petra, eine 43-jährige Account-Managerin, rückblickend. In diesem Kapitel berichten drei Frauen von ihrem ganz persönlichen Ringen um diese Entscheidung, ihren Überlegungen, Zweifeln und Hoffnungen auf dem Weg von einer Singlefrau mit Kinderwunsch zu einer Singlefrau mit Kind. Seit sie denken konnten, war es für Katrin, Susanne und Nele klar, dass sie Kinder haben wollten. Sie erzählen von ihrer Entscheidungsfindung, von den Wegen und Umwegen bei dem Versuch, ihr Liebesleben von ihrem Kinderwunsch zu entkoppeln, um sich ihren Kinderwunsch zu erfüllen. Alle drei befinden sich im Spannungsfeld zwischen der immer lauter tickenden biologischen Uhr, der Hoffnung, dass der nächste Mann sich als der richtige für die Familiengründung erweist, dem Optimismus, dass sie durch künstliche Befruchtung mit Spendersamen Mutter werden könnten, und der Verzweiflung, wenn wieder ein neues Hindernis auftaucht.

Katrin steht vor dem Dilemma, dass der Mann, den sie liebt, keine weiteren Kinder mehr möchte. Weil ihr Kinderwunsch so groß ist, trennen sich die beiden, und Katrin zieht in Erwägung, es mit einer künstlichen Befruchtung mit Spendersamen zu versuchen. Doch dann macht ihr Exfreund ihr ein überraschendes Angebot. Susannes Beziehungen waren nie verbindlich genug für eine Familiengründung. Als sie mit 40 von ihrem Kinderwunsch Abschied nehmen will, wird sie von Freunden gefragt, ob sie sich nicht auch vorstellen könne, allein ein Kind zu bekommen. Sie braucht sehr lange, um sich von ihren ursprünglichen, ganz konventionellen Familienvorstellungen zu lösen. Nele entscheidet sich nach mehreren gescheiterten Beziehungen für eine Samenspende und wird gleich beim ersten Versuch schwanger. Am Ende der Schwangerschaft wird sie damit konfrontiert, dass ihr Kind schwer behindert sein wird. Nun muss sie eine Entscheidung über das Leben ihres Kindes treffen. Und darüber, ob sie noch einmal versuchen will, ein gesundes Kind zu bekommen.

»Mütter? Sind das nicht immer die anderen?«

Katrin habe ich vor drei Jahren kennengelernt, beim Stammtisch der Singlefrauen in Berlin. Damals hatte sich die 39-jährige Publizistin gerade wegen ihres Kinderwunsches von ihrem Freund getrennt, der keine Kinder mehr haben wollte. Sie ist ein zurückhaltender Mensch, der ungern viel Persönliches preisgibt. Für dieses Buch war sie jedoch bereit, von ihrer großen Sehnsucht nach einem Kind zu erzählen und von den Entscheidungen, die sie dafür treffen musste.

»Tja, da weiß ich auch nicht, was ich dir noch raten soll«, sagte Antje, meine Freundin aus Kindheitstagen, zu mir: »Du machst alles richtig. Da hilft jetzt nur eins: Kümmere dich erst einmal um ein Kind, ein Mann kommt dann schon ganz von alleine dazu!« Das war im Frühjahr 2011. Ich hatte ihr mein Leid geklagt, von den vergeblichen Versuchen erzählt, mein Liebesleben in den Griff zu bekommen, und von meiner tiefen Traurigkeit darüber, dass die Erfüllung meines sehnlichsten Wunsches – Kinder zu haben – in weite Ferne gerückt schien. Meine Verfassung war zu diesem Zeitpunkt unerträglich geworden. Nie zuvor hatte ich mich so einsam gefühlt. Ich war niedergeschlagen. Ich konnte über das Thema nicht sprechen, ohne dass mir Tränen in die Augen stiegen. Schon lange fiel es mir schwer, den vielen Schwangeren und Kinderwagen schiebenden Frauen im Kiez ohne Kloß im Hals zu begegnen. Eltern haben keine Vorstellung davon, wie verletzend es sein kann, wenn sie sagen: »Hast du es gut, dass du am Sonntag ausschlafen kannst!«

Nie habe ich meinen Kinderwunsch – anders als es Frauen wie mir in den Medien oft unterstellt wird – zugunsten von Karriere oder aus anderen Gründen aufgeschoben. Insgeheim habe ich mir sogar manchmal gewünscht, aus Versehen schwanger zu werden, in der festen Überzeugung, dass ich das Kind notfalls schon allein schaukeln würde. Ich fand mich aber immer in Beziehungen wieder, die keine Grundlage für eine Familiengründung boten. Anfangs schien mir das unproblematisch, weil ich ja noch jung war. Und später versuchte ich mit meinem Partner Kinder zu bekommen. Nur die Schwangerschaft blieb aus. Letztlich war das gut so, denn die Beziehung war eigentlich von Beginn an zum Scheitern verurteilt. Vermutlich gingen wir deshalb der Frage, warum ich nicht schwanger wurde, nicht auf den Grund. Aber diese Beziehung dauerte ganze sieben Jahre. Als sie begann, war ich im besten Alter für die Familiengründung, als sie endete, war ich plötzlich Mitte 30. Ich war nicht mehr jung. Wenn ich jetzt keinen Partner finden würde, der mit mir eine Familie gründen wollte, wäre der Zug abgefahren. Und es fand sich keiner. Ich resignierte.

Dann traf ich Dirk. Er begann, mich anzuflirten. Und er passte gar nicht in mein »Beuteschema«. Ich sagte mir jedoch, dass mir die Männer, die ich mir bisher ausgesucht hatte, kein Glück brachten, also wäre es vielleicht an der Zeit, mich auf jemanden einzulassen, der sich mich ausgesucht hat. Zu verlieren hatte ich ja nichts. Und so begannen – nach langer Zeit – einige sehr schöne Wochen in meinem Leben. Ich konnte die Zweisamkeit und die Unternehmungen mit Dirk wirklich genießen, war verliebt und schwebte auf Wolke sieben. Bis er eines Tages wollte, dass wir die Kondome durch die Pille ersetzen. Ich? Pille? Undenkbar! Ich wollte Kinder haben, da konnte ich meinen Körper unmöglich auf Verhütung umschalten. Er: Noch mal Kinder? Undenkbar! Er war bereits Vater einer zehnjährigen Tochter, die er über alles liebte, und war erst seit Kurzem von seiner Familie getrennt. Jetzt wieder von vorn beginnen? Nein, das wollte er nicht. Wir redeten noch oft und lange über das Thema, aber uns war klar, dass es keinem von uns beiden möglich war, von den eigenen Wünschen abzukommen. Und beide respektierten wir die Wünsche des anderen so sehr, dass an einer Trennung kein Weg vorbei führte. Und danach fiel ich in ein tiefes Loch. Es schien, als sei nun auch der letzte Hoffnungsschimmer, meinen Traum von einer Familie zu verwirklichen, verschwunden. Nie zuvor hatte ich eine solche Einsamkeit und Perspektivlosigkeit empfunden. Irgendwie funktionierte ich weiter. Ich gab mir große Mühe, mich nicht zu Hause zu verkriechen, sondern unter Menschen zu kommen – auch in der vagen Hoffnung, vielleicht doch noch jemanden kennenzulernen. Aber ganz sicher stand auf meiner Stirn in fetten Buchstaben: »Sprich mich ja nicht an, ich bin zutiefst deprimiert!«

In dieser Verfassung führte ich mit Antje das Gespräch über mein Liebesleben und meine Zukunft. Ich hatte schon zuvor von Singlefrauen gehört, die in Dänemark eine Kinderwunschbehandlung haben durchführen lassen. Doch erst nach diesem Grundsatzgespräch begann ich, diese Option auch für mich ernsthaft in Erwägung zu ziehen.

Während sich dieser Gedankenanstoß im folgenden halben Jahr im Zeitlupentempo den Weg zu meinem Gehirn bahnte, sträubte sich offenbar etwas in mir, sofort loszulegen. Stattdessen las ich Kontaktanzeigen und traf mich sogar zwei oder drei

Mal mit vielversprechenden Kandidaten. Im Grunde war mir aber klar, dass das vollkommen absurd war, denn niemals würde ich in der Lage sein, in absehbarer Zeit mit jemandem eine Beziehung aufzubauen, die eine akzeptable Grundlage für die Umsetzung meines Kinderwunsches wäre. Ich würde demnächst 38 Jahre alt werden. Aber offenbar brauchte ich diese letzten Versuche, dieses letzte Aufbäumen, um wirklich sicher zu sein, dass ich nun allein und ohne Partner Mutter werden würde. Anfangs halbherzig, später intensiver, suchte ich im Internet nach Informationen, welche Möglichkeiten ich als Singlefrau hätte, mit Spendersamen schwanger zu werden. Nach und nach weihte ich auch einige Freundinnen in mein Vorhaben ein und fand bei ihnen Unterstützung und Zuspruch.

Bei meiner Internetrecherche stieß ich Ende 2011 auf das SFMK-Forum (Singlefrauen mit Kinderwunsch). Ich meldete mich an und wurde nach einem netten, langen Telefonat mit einer der Moderatorinnen des Forums freigeschaltet. Und während ich zuvor im Internet die eine oder andere Möglichkeit entdeckt hatte, die aber mit vielen Fragen, Unklarheiten und Hürden verbunden schienen, offenbarte sich mir hier eine Fülle an Informationen, Überlegungen und Wegen, die zum Kind führen konnten. Vor allem aber konnte ich in Kontakt mit Frauen in meiner Situation treten. Hier traf ich viele, die sich ihren Wunsch vom Kind bereits erfüllt hatten. Sie berichteten von ihrem Weg dahin und von ihrem Alltag mit einem Kind. Andere Frauen waren noch nicht schwanger, überlegten noch, welchen Weg sie wählen würden oder ob sie sich überhaupt zutrauen würden, ohne festen Partner ein Kind zu bekommen. Plötzlich fühlte ich mich nicht mehr allein. Und noch viel wichtiger: Plötzlich hatte ich nicht mehr das Gefühl, dass mit mir etwas nicht stimmte. Hier war ich eine von vielen mit dem gleichen Problem und dem gleichen Wunsch. Nun ging es wieder aufwärts. Es gab Licht am Horizont. Und ich erfuhr, dass ich gar nicht bis Dänemark reisen musste. Eine Fahrt quer durch Berlin würde genügen. Erstmals seit langer Zeit hatte ich wieder das Gefühl, ich selbst zu sein. Ich war wieder diejenige, die über mein Leben bestimmte. Ich entschied, wie es nun weiterging. Es war, als wäre ein Felsbrocken von mir gefallen.

Mitte Januar 2012 hatte ich einen Termin in der Kinderwunschklinik. Ich hatte vor, mich dort mit Spendersamen einer ausländischen Samenbank einer Kinderwunschbehandlung zu unterziehen. Anfang Januar war ich mit Dirk zum Essen verabredet. Wir hatten auch nach unserer Trennung noch unregelmäßig Kontakt. *Friends with benefits*, wie man zu sagen pflegt. Ich hatte ihm von meinen Plänen erzählt und sprach mit ihm darüber, dass es nun mit dem ersten Termin in der Kinderwunschpraxis bald konkret werden würde. »Ja, darüber wollte ich mit dir sprechen«, sagte er. Er habe gründlich nachgedacht und sich entschieden, mir bei der Erfüllung meines Wunsches zu helfen. Er erklärte sich also entgegen seinen früheren Aussagen bereit, als Spender zu fungieren. Ich war vollkommen überrascht. Wir sprachen eine Weile darüber, wie wir uns das konkret vorstellten. Er wollte keine offizielle Anerkennung als Vater, kein Sorgerecht, keine Verpflichtungen. Sollten sich unsere Wege trennen und ich einen Lebenspartner finden, wäre es mir überlassen, was dem Kind über ihn erzählt werden sollte. Die Kosten der Kinderwunschbehandlung würden ebenso bei mir liegen wie später der Unterhalt für mich und das Kind. Ich hätte aber auch das alleinige Sorgerecht – etwas, was mir sehr wichtig war.

Nach dem Gespräch hatte ich zwar das Gefühl, dass wir alles Wichtige besprochen hatten und uns in allen wichtigen Punkten einig waren, dennoch fühlte ich mich aus der Bahn geworfen, denn mental hatte ich mich inzwischen voll und ganz auf eine Samenspende von der Samenbank eingestellt. Ich musste mir erst einmal darüber klar werden, ob ich sein Angebot annehmen wollte. Die Vorteile lagen auf der Hand: Wir kannten uns. Ich könnte dem Kind sehr konkret schildern, wer der Vater ist, wie er ist, was er mag, was er nicht mag und vor allem, was ich an ihm schätze. Mein Kind hätte, wenn Dirk einverstanden wäre, die Möglichkeit, ihn kennenzulernen. Ich könnte leichter zuordnen, welche Eigenschaften es möglicherweise vom Vater geerbt haben könnte.

Dirks Wunsch nach offizieller Anonymität könnte aber Schwierigkeiten bereiten, vor allem, sollte ich für das Kind und mich auf staatliche finanzielle Unterstützung angewiesen sein. Doch ich könnte nicht von meinem Kind verlangen, die Vaterschaft des ihm eventuell bekannten Vaters zu verleugnen. Das wäre weder praktisch realisierbar noch ethisch vertretbar. Mich plagte zudem die Angst, was werden würde, wenn sich unser Verhältnis verschlechtern würde. Würde es zu einem Sorgerechtsstreit kommen?

Die Gesetzeslage in Deutschland bietet keinerlei Möglichkeit, juristisch verbindliche Absprachen zwischen Spendern und Empfängerinnen zu treffen. Was immer wir schriftlich fixieren würden, hätte im Falle eines Gerichtsverfahrens keinen Bestand. In dieser Hinsicht wäre eine Samenspende einer Samenbank sicherlich mit weniger Komplikationen verbunden. Dennoch entschied ich mich, sein Angebot anzunehmen. Trotzdem war es beruhigend zu wissen, dass ich in dem Falle, wenn er einen Rückzieher machen würde, auf die Option Samenbank umschwenken könnte.

Der erste Versuch mit Hilfe der Kinderwunschpraxis führte zu keiner Schwangerschaft. Auch wenn das keineswegs ungewöhnlich ist, war ich doch traurig darüber. Nach dem dritten Versuch folgten weitere Untersuchungen, die ergaben, dass mir nur eine IVF-Behandlung eine Schwangerschaft ermöglichen würde. Diese Nachricht war ein erster ernsthafter Tiefschlag auf meinem noch so neuen Weg. Zusammen mit der Angst, dass es nicht klappen könnte, trieb mich auch die Sorge um, wie ich das Ganze finanziell stemmen sollte. Immerhin kostete eine solche Behandlung mehrere Tausend Euro und auf Unterstützung durch die Krankenkasse konnte ich als unverheiratete Frau nicht zählen.

Ich begann im Sommer 2012, Hormone zu spritzen, um möglichst viele Eizellen zu gewinnen. Diese würden dann mit dem Sperma von Dirk befruchtet und mir eingesetzt werden. Doch die IVF war negativ. Ich war traurig, frustriert und fragte mich, ob ich jemals das Glück haben würde, Mutter zu sein. Und warum es ausgerechnet bei mir nicht klappte. Ich fand die Welt ungerecht. In der Kinderwunschklinik erhielt ich gleich den Behandlungsplan für meinen ersten Kryotransfer, für den Versuch, mit zwei der eingefrorenen Eizellen schwanger zu werden. Es ging also gleich weiter – bis zur erneuten Ernüchterung: wieder negativ. Wieder Trauer. Frust. Es musste klappen beim nächsten Mal. Es gab nur noch diese beiden eingefrorenen befruchteten Eizellen und kein Geld für eine weitere Behandlung. Wieder begann das Hoffen und Bangen. Zwischendurch traf ich mich mit Antje, die mich für ein paar Tage in Berlin besuchte. Sie war der festen Überzeugung, ich sehe schwanger aus. Ich bat die Klinik nach dem Bluttest, diesmal bei Antje anzurufen und ihr das Ergebnis mitzuteilen. Diesen Satz »Leider wieder negativ« wollte ich nicht noch einmal hören. Der Anruf kam, als wir gerade in der Stadt unterwegs waren. Sie reichte mir das Telefon. Den Rest des Tages verbrachten wir beide grinsend. Ich war schwanger. Und fassungslos. Ich? Schwanger? Schwanger – das sind doch immer die anderen. Ich freute mich wahnsinnig, aber zugleich fühlte sich die Situation sehr unwirklich an. Und dieses Gefühl sollte mich durch die gesamte Schwangerschaft hindurch begleiten.

Unklar war, wie sich die Beziehung zwischen mir und Dirk weiterentwickeln würde. Wir waren uns in den vergangenen Monaten durch die Kinderwunschbehandlung wieder etwas nähergekommen. An unserer Abmachung hatte sich aber nichts geändert. Eigentlich hatten wir keinen wirklichen Plan, wie sich das nach der Entbindung gestalten würde. Als wir unsere

Absprachen getroffen hatten, hatten wir uns ja viel seltener gesehen. Ich hielt es für das Beste, die Sache jetzt einfach laufen zu lassen und zu schauen, wohin sich das Ganze entwickelt. Mir war vor allem wichtig, dass wir unser gutes Verhältnis zueinander behielten, denn ich wünschte mir für mein Kind, dass ich von seinem Vater positiv sprechen würde. Und natürlich auch, dass es den Vater möglichst früh kennenlernen kann. Ich merkte aber auch, dass es mir kaum möglich sein würde, vorab in der Theorie irgendwelche Festlegungen treffen zu wollen.

Im Frühjahr 2013 kam meine Tochter auf die Welt. Es dauerte ein wenig, eh ich diese zwei Worte auszusprechen in der Lage war: meine Tochter. Auch Dirk ist Teil unseres Lebens. Er war bei der Geburt dabei. Wir treffen ihn gelegentlich. Wie sich unsere Beziehung entwickeln wird, bleibt abzuwarten. Werden wir doch noch ein richtiges Paar? Möchten wir das überhaupt? Ist es sinnvoll, in der gegenwärtigen Situation damit zu experimentieren? Richtige Familie spielen? Und wenn es nicht klappt? Wird meine Tochter dann doch ein Trennungskind? Andererseits: Wie wird es sich später für sie anfühlen, wenn wir zwar diesen sporadischen Kontakt haben, aber trotzdem nicht als Familie zusammenleben? Ich weiß es nicht. Und ich sehe mich so kurz nach der Geburt auch gar nicht in der Lage, etwas so Folgenschweres zu entscheiden. Ich weiß nur, dass es keine Garantie gibt. Die gibt es aber auch nicht für Paare, die sich für ein gemeinsames Kind entschieden haben.

Klar ist nur, dass meine Tochter ihren Vater kennenlernen kann. Das finde ich sehr schön und das ist mir für sie wichtig. Ich selbst muss mich wohl an den Gedanken gewöhnen, dass Dirk vielleicht präsenter in unserem Leben sein wird, als es anfangs gedacht war. Für mich besteht unsere engere Familie im Moment nur aus meiner Tochter und mir. Aber ich bin zuversichtlich, dass wir gemeinsam einen guten Weg finden werden.

Meine Tochter erfüllt mein Leben mit unbeschreiblicher Freude. Es ist überwältigend, sie anzusehen, wenn sie schläft.

Wenn sie lacht und wenn sie weint. Wenn sie einfach daliegt und ihre Hände betrachtet. Wenn sie ihr Spielzeug untersucht. Wenn sie mich anlächelt. Es ist ein Wunder. Sie ist meine Tochter und das kann ich noch immer nicht fassen. Ich? Mutter? Mütter – sind das nicht immer die anderen?

»Ich habe mich weit von meinen ursprünglichen Vorstellungen entfernt.«

Genau wie Katrin wusste auch Susanne »schon immer«, dass sie Kinder haben wollte, doch auch sie hatte nie einen Partner, der bereit war, eine Familie mit ihr zu gründen. Nach jahrelangem Dating, um doch noch den passenden Partner zu finden und den Traum vom »Gesamtpaket« leben zu können, sucht sie nach Wegen, eine Regenbogenfamilie zu gründen – ein Kind aufzuziehen mit einem präsenten Vater, der nicht ihr Partner ist. Schließlich entscheidet sie sich, allein Mutter zu werden. Bestärkt wird sie in ihrem Wunsch von einem Lebens- und Berufscoaching. Als Susanne, die in Ulm lebt und als Assistentin der Geschäftsführung einer kleinen Firma arbeitet, Ende 2013 ihre Geschichte für dieses Buch aufschrieb, war sie gerade glücklich schwanger. Kurz darauf musste ihr Kind wegen gesundheitlicher Probleme per Kaiserschnitt in der 25. Schwangerschaftswoche auf die Welt geholt werden und Susanne musste monatelang um das Überleben ihres zu früh geborenen Sohnes bangen, der mit knapp 500 Gramm Geburtsgewicht einen schwierigen Start ins Leben hatte. Inzwischen ist das Schlimmste überstanden, ihr Sohn hat sich gut entwickelt. Als ich kurz vor Abgabe des Manuskripts noch einmal mit Susanne sprach, war ihr sehr wichtig zu betonen, dass sie auch in den bangsten Minuten niemals ihre Entscheidung in Frage gestellt oder gar bereut habe. Oft sei sie das gefragt worden, während und nach der Zeit, als ihr Sohn auf der neonatologischen Station lag und sie selbst sich in einem anderen Krankenhaus einer Operation unterziehen musste. Und immer sei sie sich sicher gewesen, dass ihre Entscheidung die richtige war. Sie selbst bezeichnet ihre Geschichte als den »für mich unkonventionellsten Weg für den wohl konventionellsten Wunsch der Welt«.

Im März 1998 starb meine Mutter. Sie war 49 und ich damals 23 Jahre alt. Ich saß an ihrem Bett und dachte immerzu: »Sie wird meine Kinder nicht mehr erleben. Sie wird keine Oma für meine Kinder sein können.« Obwohl ich mir über vieles im Leben nicht sicher war, wusste ich doch, dass ich Kinder wollte, das war schon immer klar und tief in mir verwurzelt. Und zwar im klassischen Sinne, mit Ehepartner. Liebe, Hochzeit, Kinder – das volle Programm eben. Aber es kam anders. Bis Mitte 30 gab es genau zwei Männer, mit denen ich mir Kinder hätte vorstellen können. Aber im Grunde war mir bei beiden klar, dass sie »Wackelkandidaten« waren, und so wurde es nie wirklich verbindlich zwischen uns. Zwischen Mitte und Ende 30 stürzte ich mich auf die Dating-Schiene und probierte so ziemlich alles, was Internet, Zeitungen und Blind Dates hergaben. Aber auch dabei – oder gerade deshalb – fand sich niemand, bei dem Kopf, Herz, Körper und Seele zu mir passten. Irgendeine Notlösung, um Partnerschaft und Familie um jeden Preis zu realisieren, erschien mir der eindeutig falsche Weg. Ich hätte mich damit nur selbst belogen und es wäre sicher auch nicht gut gegangen.

Um meinen 40. Geburtstag herum fing ich an, mich langsam von meinem Kinderwunsch – der über die Jahre viel stärker geworden war – zu verabschieden. Ich hatte bis dahin nie viel mit anderen darüber gesprochen, doch nun wurde das Thema präsent. Mal fragte die Frauenärztin nach, mal eine Freundin, alle stießen den Gedanken an, ob ich mir den Weg zum Kind nicht auch allein vorstellen könnte. Ich war überrascht, denn ich hatte diesen Gedanken nie in Erwägung gezogen oder ihn überhaupt zugelassen. Meine Frauenärztin überwies mich zu einem Spezialisten. Dieser führte seine Untersuchung leider nicht wertfrei durch, sondern verunsicherte mich kolossal: »Sie sind auch eine von diesen Karrierefrauen, denen kurz vor knapp einfällt, dass sie doch noch Kinder wollen.« Ich war hart getroffen, schließlich kannte er die Hintergründe nicht. Ich weinte die komplette Heimfahrt und die halbe Nacht. Das warf mich ziemlich zurück. Aber als wenn die Welt mich darauf aufmerksam machen wollte, dass es für mich noch im Bereich des Möglichen lag, Mutter zu werden, schien mir das Thema nun öfter zu begegnen. Im Fernsehen, in Magazinen und im Internet erfuhr ich von Frauen, die das im Alleingang gewagt hatten. Es gelang mir, Kontakt zu den vorgestellten Frauen herzustellen. Ich wollte unbedingt mit ihnen sprechen. Ich war beeindruckt, denn egal, wie schwierig es auch war, keine bereute ihre Entscheidung. Das gab mir Mut, mich ernsthaft mit diesem Thema auseinanderzusetzen. Auch wenn ich jetzt mit dem Gedanken spielte, allein ein Kind zu bekommen, so wollte ich mich doch nicht von dem Grundmodell »Vater, Mutter, Kind« verabschieden. Ich mag Männer und halte Väter für Kinder sehr wichtig. Ich wollte dem ungeborenen Kind keinen Vater vorenthalten. Wenn schon nicht als Paar, dann gab es vielleicht die Möglichkeit, Eltern zu werden, ohne eine Partnerschaft einzugehen? Ich setzte eine Anzeige in ein Stadtmagazin, lernte verschiedene Männer kennen, aber es war nur ein Kandidat dabei, mit dem ich mir eine gemeinsame Elternschaft vorstellen konnte, der dann aber leider einen Rückzieher machte. Eine weitere Überlegung war, eine Regenbogenfamilie zu gründen, das heißt mit einem schwulen Mann. Ich lernte einen richtig guten Mann kennen, der die Vaterrolle auch ausüben wollte, aber als Lehrer wieder nach Bayern musste. Damit hätte er weder seinen noch meinen Ansprüchen für das Kind gerecht werden können. Ich war verzweifelt und hatte das Gefühl, aufgeben zu müssen. Ich hatte mich doch schon so weit vorgewagt, so weit von meinen ursprünglichen Vorstellungen entfernt. 18 Monate ging es hin und her in meinen Überlegungen, zwei Schritte vor, ein Schritt zurück. Zweifel, Ängste und Fragen über Fragen … Wie egoistisch ist es, allein ein Kind zu bekommen? Um wen geht es hier? Was bedeutet das für das Kind? Werde ich dem Kind gerecht? Was kann ich ihm bieten? Werde ich eine gute Mutter sein? Wie erkläre ich es dem Kind? Ich musste mich intensiv mit ethischen, moralischen und finanziellen Fragen auseinandersetzen.

Um mir über meinen Wunsch klarer zu werden, besuchte ich ein Vierteljahr lang ein »Lebens-und Berufscoaching«. Auch von dieser Seite wurde mir aufgezeigt, dass es dabei nicht um eine kurzfristige Idee oder ein »Ich-will-alles-haben-Gefühl« handelte, sondern um eine tief in mir verwurzelte Sehnsucht nach einem Kind. Auch das war wieder ein kleiner Schritt auf meinem Weg und hat mir sehr geholfen.

Der Druck wurde spürbar größer, weil ich erst mit gut 40 Jahren ernsthaft angefangen hatte, mich mit dem Plan B auseinanderzusetzen. Andererseits war mir klar, dass nur ich den Zeitpunkt selbst bestimmen konnte, ob und wann ich starten würde oder eben nicht. Ich musste ganz bereit dafür sein, in jeglicher Hinsicht. Lange war ich das nicht. Ich haderte, weinte und zögerte es immer wieder hinaus. Dann las ich in einem Buch, dass man bei schwierigen Entscheidungen sich vorstellen solle, wie es wäre mit 70 im Schaukelstuhl zu sitzen, welche Entscheidungen man dann getroffen haben möchte. Dieser Gedanke ließ mich endlich handeln. Ich ging in kleinen Schritten vorwärts, im Hinterkopf immer die Option »bis hierhin und nicht weiter«.

Im Kinderwunschzentrum hatte man kein Problem damit, dass ich diesen Weg allein gehe. »Ein Kind ist es wert«, lautete die aufmunternde Aussage. Ich hatte mich in der Zwischenzeit für eine Insemination entschieden. Das erschien mir für mich und meinen Körper das Beste. Ich fand einen Münchner Arzt, der bei Singlefrauen Inseminationen durchführte. Der Arzt war ein eher väterlicher Typ, der absolut wertfrei alle Punkte, die ihm wichtig waren, ansprach und seine Bedingungen erläuterte. Eine davon war ein »offener Spender«, das wollte ich ja sowieso. Und mit einem offenen Spender hat das Kind später die Möglichkeit, seinen Vater kennenzulernen. Ich halte das für absolut wichtig. Die Auswahl des Spenders fiel mir überraschend leicht.

Danach begann ich mit einer leichten hormonellen Stimulation. Ich hatte zwei Monate hintereinander eine Insemination, aber leider wurde nichts daraus. Ich war sehr unglücklich und weinte viel. Alle Ängste kamen wieder hoch. Wie weit wollte ich diesen Weg gehen, wie weit konnte ich überhaupt gehen, sowohl psychisch, physisch als auch finanziell? Ich beschloss, einen Monat Pause zu machen und den Kopf frei zu kriegen. Schließlich hatte ich inzwischen Jahre mit diesem Thema verbracht. Im Monat darauf versuchte ich, neben der medizinischen Stimulation homöopathische Mittel einzusetzen. Im Nachhinein betrachtet, denke ich, dass dieser nicht schulmedizinische Weg mit dazu beigetragen hat, dass es tatsächlich bei der dritten Insemination mit der Befruchtung geklappt hat. Mit 43. Ein Wunder. Mein großes kleines Wunder.

Als ich schon schwanger war und es noch nicht wusste, schrieb ich einen Brief an mein Kind: »Mein liebes Kind, ich weiß nicht, ob wir uns je real begegnen werden … Du bist mein größter Wunsch und so willkommen. Schon immer habe ich mich nach dir gesehnt. Dass es so lange dauern würde und so viele Entscheidungen, Umwege, schlaflose Nächte und Tränen kosten würde, wusste ich nicht. Du bist schon jetzt etwas Besonderes, und egal auf welchem Weg du zu mir kommst, ich werde dich mit offenen Armen empfangen. Die Welt ist schön, bunt und ein Erlebnis – all das will ich dir gern zeigen mit Liebe, Geduld und Mut. Ich reiche dir die Hand, mein Kind! Mit jeder Faser meines Körpers lade ich dich ein, vom tiefsten Teil meiner Seele, meines Herzens und meines Geistes.«

Im Augenblick bin ich glücklich schwanger. Ich kann es manchmal immer noch gar nicht glauben. Nur meine engsten

Freunde sowie meine Familie wissen Bescheid. Der Rest nicht. Ich tue das nach langer reiflicher Überlegung zum Schutz für das Kind, denn ich will es ihm selbst erklären, wie es entstanden ist, mit meinen Worten. Ich will nicht, dass es durch Unachtsamkeit oder Halbwahrheiten verunsichert wird. Ich will auch in Zukunft diesen unkonventionellen Weg der Familienbildung mit Zuversicht, viel Kopf- und Bauchgefühl sowie Beherztheit gehen. So gut ich kann. Die Idee einer Familie mit Vater, Mutter und Kind habe ich trotzdem noch nicht aufgegeben. Die Reihenfolge ist bei mir nur eine andere, ich starte anders als die meisten. So sehe ich das. Ich bin sehr dankbar für dieses großartige Geschenk in meinem Leben, mit dem ich nicht mehr gerechnet habe.

Meine eigenen Ansichten haben sich in den letzten drei Jahren in so vielerlei Hinsicht geändert. Mir ist wichtig, allen Singlefrauen mit Kinderwunsch mitzugeben: Macht euch auf den Weg, egal wie er ausgeht, aber setzt euch mit eurem Wunsch auseinander. Mir hat dabei ein Spruch von Ella Fitzgerald sehr geholfen: »Nur Mut! Lass dich nicht von dem abbringen, was du unbedingt tun willst. Wenn Liebe und Inspiration vorhanden sind, kann es nicht schiefgehen.«

»Ich wollte nicht zu optimistisch werden.«

Nele habe ich zum ersten Mal im Herbst 2007 in München getroffen: eine lebhafte, fröhliche Frau, die reden kann ohne Punkt und Komma und gern schnell Auto fährt. Für dieses Buch war Nele bereit, zurückzuschauen auf die schwierige Zeit, die etwa ein Jahr nach unserem Kennenlernen begann. Nach mehreren gescheiterten Beziehungen und langem Überlegen entscheidet sich Nele, ihren Kinderwunsch mit Hilfe von Spendersperma einer dänischen Samenbank umzusetzen. Am Ende der Schwangerschaft wird sie mit der Tatsache konfrontiert, dass ihr Kind schwerst-

behindert sein würde. In ihrer Geschichte erzählt sie von den harten Entscheidungen, die daraus resultierten, und davon, wie sie Mut schöpfte für einen Neustart und das nächste Mal ein gesundes Kind zur Welt brachte. Die inzwischen 41-jährige Lehrerin, die mit ihrem vierjährigen Sohn in einer bayrischen Kleinstadt lebt, versucht seit einem Jahr, ein Geschwisterkind für ihren Sohn zu bekommen, wieder durch eine Insemination.

Solange ich mich zurückerinnern kann, wollte ich eigene Kinder haben. Es erschien mir immer selbstverständlich, dass der passende Vater dafür eines Tages auftauchen würde, ein Partner, mit dem sich der Traum vom »Gesamtpaket«, von der (nicht zu) kleinen Familie, verwirklichen lassen würde. Allerdings kann ich mich auch an Gespräche erinnern, die ich noch vor der Volljährigkeit führte, in denen ich verkündete, ich könne mir das eigentlich auch ohne Mann vorstellen. »Dann mache ich das eben allein!«, habe ich gesagt, aber doch im Grunde nie daran geglaubt, dass das nötig sein würde.

Nach einigen gescheiterten Beziehungen sah die Situation ganz anders aus. Der richtige Vater war nicht dabei, oder es hatte aus anderen Gründen nicht funktioniert – jedenfalls blieb ich nach meiner letzten Beziehung mehrere Jahre lang allein. Anfangs machte mir das auch keine Sorgen, ich war gerade mit dem Studium fertig, gerade 30, der Richtige würde schon noch kommen. Das tat er nicht. Der Gedanke an ein Kind war immer präsent. Je mehr ich darüber nachdachte, desto sicherer war ich mir: Ich wollte es alleine versuchen, ich wollte mir meinen Kinderwunsch nicht ausreden lassen.

Nach kurzer Internetrecherche meldete ich mich im Frühjahr 2007 im SFMK-Forum an. Mein Entschluss stand eigentlich vorher fest, aber der Gedankenaustausch brachte ganz neue Aspekte zutage, lieferte zahllose Informationen und Denkanstöße. Es folgten auch viele persönliche Treffen, die mir immer wieder das Gefühl gaben, kein Exot zu sein.

Es bedurfte bei mir einer relativ langen Anlaufphase, bis ich tatsächlich aktiv wurde und ganz konkret etwas unternahm. Vorher versuchte ich es doch noch einmal mit Onlinedating und einer Partnerschaft, musste aber feststellen, dass es nicht hilfreich ist, wenn man den gegenübersitzenden Mann schon beim ersten Date auf mögliche Vaterqualitäten abscannt. Also beschloss ich, das mit dem Mann endgültig zu vertagen und mich zuerst dem Kinderwunsch zu widmen, der ließ sich schließlich nicht unbegrenzt verschieben.

Zu meinem Erstaunen fand ich problemlos einen Arzt in München, der auch Singles behandelte. Ich konnte es kaum fassen. Ich war schon dabei, meinen Kinderwunsch zu verwirklichen, es war jetzt so real, dass mir doch etwas mulmig wurde. Ich wartete ungeduldig auf den ersten Versuch. Zweifel hatte ich nicht, weder damals noch später. Im Februar 2009 war es dann so weit, ich fuhr an einem Dienstag bei Schneetreiben nach München. Die Insemination selbst dauerte nur sehr kurz, war auch nicht unangenehm, eigentlich wie eine normale gynäkologische Untersuchung. Allerdings hatte ich schon ein seltsames Gefühl dabei und dachte darüber nach, wie man dem Kind später so einen Zeugungsakt erklärt. Andererseits geht man da bei der klassischen Familienplanung ja auch nicht ins Detail. Die Heimfahrt verbrachte ich in Euphorie, allerdings auch in dem festen Glauben, dass es mit knapp 36 schon eine Weile dauern würde, bis sich der Erfolg einstellt.

17 Tage später hielt ich einen positiven Schwangerschaftstest in der Hand. Die nächsten Wochen waren erfüllt von fassungslosem Staunen. Ich hatte es tatsächlich geschafft, nach nur einem einzigen Versuch war ich schwanger. Als ich das erste Ultraschallbild in den Händen hatte, wurde es real – da wuchs tatsächlich ein kleiner Mensch in mir heran! Ich hätte vor Glück platzen können. Ich suchte mir eine neue Wohnung, um näher bei meiner Familie zu sein, organisierte den Umzug und machte Pläne. Ich war so optimistisch.

Zwischendurch gab es immer wieder Routineuntersuchungen, ich ließ eine Nackenfaltenmessung durchführen, deren Befund außerordentlich positiv ausfiel, mein Risiko bezüglich des Downsyndroms war laut Test das einer 23-Jährigen. Was wollte ich mehr? Das Angebot weiterer Tests, zum Beispiel einer Fruchtwasseruntersuchung, lehnte ich ab. Bei einem so geringen Risiko wollte ich mein Baby dieser Gefahr nicht aussetzen.

Der Termin für meinen großen Ultraschall rückte immer näher, ich freute mich auf ein Bild in 3-D und hoffte, endlich das Geschlecht meines Kindes zu erfahren. Am Beginn der 20. Woche fuhr ich erneut nach München, dieses Mal in eine Praxis für Pränataldiagnostik. Es war ein schöner, sehr sonniger Tag Ende Juni, ich kann mich noch erinnern, dass ich die ganze Fahrt über gesungen habe. Die Praxis war hell und freundlich und vorwiegend mit Paaren besetzt, ich kam schnell an die Reihe und folgte dem Arzt in das moderne Behandlungszimmer. Als ich den großen Bildschirm sah, freute ich mich, jetzt das erste Mal mein Kind gut sehen zu können – die Ausrüstung meiner Frauenärztin war nicht die neueste, bisher hatte ich außer Umrissen noch nicht viel erkennen können.

Die Untersuchung begann. Und dauerte und dauerte und dauerte. Der Arzt sagte kein Wort, setzte das Ultraschallgerät immer wieder neu an. Anfangs machte ich mir keine Sorgen, mein Kind war auch bei den bisherigen Untersuchungen immer zappelig gewesen und wollte sich nicht so recht »einfangen« lassen. Als aber die Minuten vergingen, bekam ich doch Angst. Der Arzt beendete die Untersuchung und forderte mich auf, mich zunächst wieder anzuziehen. Ich hätte ihn am liebsten geschüttelt, konnte mich aber nur in Zeitlupentempo bewegen. Als ich wieder auf dem Stuhl vor seinem Schreibtisch saß, fing er an, mir zu erklären, dass es Probleme gäbe. Das Baby habe eine sogenannte Spina bifida, einen offenen Rücken. Wie schwer diese Schädigung genau sei, habe er auf dem Ultraschall nicht mit Sicherheit erkennen können, da sich das Kind immer wieder weggedreht habe. Er sagte mir, dass die Bandbreite bei einer solchen Behinderung sehr groß sei, angefangen bei einer rein körperlichen Gehbehinderung bis hin zu schwerer körperlicher und geistiger Behinderung. Bei der Untersuchung konnte er erkennen, dass bei meinem Kind auch der Kopf deformiert war, beide Schläfen wölbten sich leicht nach innen. Insgesamt machte er mir keine große Hoffnung, sagte sogar, dass mein Kind vielleicht außerhalb des Mutterleibes nicht überleben würde. Er verwies mich an eine Kollegin in der nahe gelegenen Frauenklinik, diese könne vielleicht einen noch genaueren Ultraschall machen und sollte auch gleich eine Fruchtwasserpunktion vornehmen, um eventuelle weitere Schwierigkeiten auszuschließen. Er riet mir noch, mir ein paar Tage Zeit zu lassen und gut über die ganze Situation und eine zu treffende Entscheidung nachzudenken. Ich sollte mich Anfang der nächsten Woche wieder bei ihm melden, dann lägen ihm auch die Ergebnisse der anderen Untersuchungen vor. Schon in dem Moment, als ich die Praxis verließ, war mir eigentlich klar, dass ich im Falle einer schweren körperlichen und geistigen Behinderung nicht in der Lage sein würde, das zu leisten. Wie sollte das als Alleinerziehende und Alleinverdienerin funktionieren? Und auf der anderen Seite stand der verzweifelte Wunsch, dieses Kind zu beschützen und zu bekommen.

An die Fahrt zur Klinik kann ich mich nicht mehr erinnern, auch die dortige Untersuchung lief an mir vorbei. Ich weiß noch, dass ich die ganze Zeit meine Sonnenbrille trug und mir ununterbrochen die Tränen übers Gesicht liefen. Der erneute Ultraschall brachte keine zusätzlichen Erkenntnisse. Als die Ärztin die Nadel für die Punktion durch meine Bauchdecke stach, spürte ich das gar nicht wirklich. Ich hatte nur das irrationale Gefühl, mein Baby vor dieser Gefahr beschützen zu müssen – und gleichzeitig dachte ich darüber nach, ob ich es überhaupt behalten konnte. Am nächsten Tag rief ich mittags in der Klinik an und erfuhr, dass mein Kind ein Junge war, und hatte plötzlich so viele Bilder im Kopf. Gleichzeitig wusste ich, dass keines davon Wirklichkeit werden konnte. Meinem Empfinden nach hörte ich das ganze Wochenende nicht auf zu weinen. Ich telefonierte mit Freunden, organisierte meine Abwesenheit bei der Arbeit und fortwährend liefen mir Tränen über das Gesicht. Außerdem spürte ich plötzlich meinen Sohn. Vorher hatte ich die Tritte nie bemerkt. Es erschien mir fast so, als sollte mir die Entscheidung damit noch schwerer gemacht werden, ich wusste aber auch genau, dass er außerhalb meines Körpers nicht würde treten können, vielleicht nicht einmal atmen.

Am Montag fuhr ich wieder nach München in die Pränatalklinik, diesmal zusammen mit meiner Mutter, und führte dort ein langes Gespräch mit einer sehr netten Ärztin. Letztendlich machte ich für den folgenden Donnerstag einen Termin in der Frauenklinik aus, um die Schwangerschaft zu beenden. Selbst jetzt, viereinhalb Jahre später, klingt das beim Aufschreiben so hart, dass ich wieder fast weinen muss. Dennoch muss ich sagen, dass ich die Entscheidung an sich nie ernsthaft in Frage gestellt habe. In den beiden kommenden Tagen räumte ich mit meiner Familie meine alte Wohnung fertig aus, der Übergabetermin stand ja bevor. Nun durfte ich die schweren Sachen plötzlich doch heben, obwohl ich noch schwanger war. Es war so schwer zu ertragen. Ich schlief so gut wie gar nicht, war völlig ausgelaugt und fühlte mich wie ein Zombie. Meine Mutter begleitete mich ins Krankenhaus, wo ich erfuhr, dass man bei einem so späten Abbruch das Kind tatsächlich zur Welt bringen muss. Diese Information ließ mich fast wieder umkehren, ich konnte mir das einfach nicht vorstellen. Ich bekam eine PDA und die Wehen wurden eingeleitet. Es dauerte über 24 Stunden, bis sich mein Körper dazu bringen ließ, meinen Sohn gehen zu lassen. Ich werde dieses Gefühl nie vergessen, aber danach versank alles in einem Nebel, für den ich unendlich dankbar war.

Am nächsten Morgen wachte ich mit leerem Kopf auf. Ich

wollte mein Kind sehen. Sie hatten es in ein kleines Körbchen gelegt, halb von einer kleinen Decke verhüllt, eine gelbe Rose neben sich. Der kleine Junge lag auf der Seite und sah ganz friedlich aus, die Verformung des Köpfchens fiel nur auf, wenn man ihn von vorne ansah. Ich versuchte, mich von ihm zu verabschieden, sagte ihm, wie leid mir das alles tue und wie gerne ich ihn kennengelernt hätte. Die gelbe Stoffrose behielt ich, mein Baby musste ich zurücklassen und nach Hause fahren.

In den nächsten Tagen organisierte ich die Beerdigung für ein Kind, das es, außer für mich, noch gar nicht richtig gegeben hatte, ich trauerte um einen Menschen, den noch niemand gekannt hatte, von dem viele noch nicht einmal gewusst hatten. Ich rief meine Hebamme an und sagte den Geburtsvorbereitungskurs ab, sprach mit einem Bestatter und dem Steinmetz. Ich funktionierte auf Autopilot, an vieles kann ich mich nicht mehr wirklich erinnern. Die Beisetzung fand Mitte Juli statt, ich hatte mich gegen eine Sammelbestattung in München entschieden, ich musste das Grab in meiner Nähe haben. Es war eine schöne Zeremonie, sie gab mir das Gefühl, einen Abschluss zu finden und nach vorn schauen zu können. Bei aller Trauer war mir im Grunde immer klar, dass ich es noch einmal versuchen wollte, ich konnte meinen Traum vom Kind einfach nicht aufgeben. Man hatte bei einer genetischen Untersuchung keine bei mir liegenden Ursachen für die Behinderung finden können. Ein weiterer Befund war, dass das Kind tatsächlich aller Wahrscheinlichkeit nach nicht überlebensfähig gewesen wäre. Auch das half mir, allmählich meinen Frieden zu finden.

Schon im September hatte ich die nächste Insemination, sie war erfolglos. Der zweite Versuch im Oktober ebenfalls. Danach machte ich eine Pause, ich hatte das Gefühl, ich bräuchte noch etwas Erholung. Außerdem konnte ich nicht jeden Monat einmal blau machen, um zur Behandlung nach München zu fahren.

Der vierte November wäre mein Entbindungstermin gewesen. Es war ein furchtbares Gefühl, an diesem Tag zum Grab zu fahren und sich zum tausendsten Mal klar zu machen, dass dieser Traum gescheitert war. Auch deshalb war die Pause nötig. Im Februar fühlte ich mit wieder bereit und startete meinen dritten Versuch, ziemlich genau ein Jahr nach dem allerersten. Und ich wurde wieder schwanger. Dieses Mal erzählte ich es tatsächlich so gut wie niemandem, ich wollte nicht zu optimistisch werden. Bei jeder Vorsorgenuntersuchung war der Blick auf das Ultraschallgerät eine unglaubliche Überwindung. Aber jedes Mal war doch wieder alles gut. Allerdings hatte man mir das auch bei der ersten Schwangerschaft lange gesagt. Dieses Mal ließ ich eine sehr frühe Gewebeuntersuchung (Chorionzottenbiopsie) durchführen, die keinerlei Auffälligkeiten ergab. Obwohl die Wahrscheinlichkeit für eine erneute Spina bifida sehr gering war, ließ mich der Gedanke daran einfach nicht los. Ich träumte sogar davon, den identischen Befund wieder zu erhalten. Das Warten war furchtbar, ich traute mich kaum, mich auf mein Kind zu freuen, zu groß war die Angst. Meine Mutter begleitete mich zum Termin nach München, der gleiche Arzt wie ein Jahr zuvor führte die Untersuchung durch. Keine Auffälligkeiten.

Natürlich wusste ich, dass man nicht alle Risiken ausschließen konnte, aber meine größte Angst war mir genommen worden. Schlagartig hatte ich das Gefühl, dass jetzt alles gut werden würde. Und das wurde es auch. Ich stürzte mich in die Vorbereitungen, die ich bisher auf ein Minimum beschränkt hatte. Im Haus meiner Eltern wurde eine Wohnung frei. Mit ihrer Hilfe zog ich im August um.

Für mich stand fest, dass ich einen Kaiserschnitt wollte. Die erste Geburt hatte mir gereicht, der Gedanke, während des Pressens an mein totes Kind denken zu müssen, war mir unerträglich. Der Termin wurde auf Montag, den 25. Oktober, festgelegt. Es war ein seltsames Gefühl, so genau zu wissen, wann ich Mama werden würde, aber es beruhigte mich auch. Morgens um acht fuhr ich mit meiner Mutter ins Zentralklinikum nach Augsburg, um 12:01 war mein Sohn da. Ich war tatsächlich Mama! Das

Stillen klappte von Anfang an, der Kleine schnappte zu wie eine Wäscheklammer und wollte alle zwei Stunden trinken. Dazwischen hielt ich ihn im Arm und staunte mein kleines Wunder an, das so perfekt war. Ich hatte nicht das Gefühl, müde zu werden oder noch irgendetwas anderes zu brauchen, außer diesem kleinen Bündel Mensch, auf das ich so lange gewartet hatte.

Mein Sohn ist inzwischen drei Jahre alt und geht in den Kindergarten. Selbstverständlich mache ich mir Gedanken darüber, wie es für ihn sein wird, ohne Vater aufzuwachsen, welche Probleme er dadurch haben wird, was ihm fehlen könnte. Diese Überlegungen gab es auch schon vor meinem Entschluss, allein Mutter zu werden. Ich denke, dass Kinder auch in einer Familie ohne präsenten Vater glücklich aufwachsen können, vielleicht auch deshalb, weil sich mein Vater schon sehr früh von meiner Mutter getrennt hat. Vielleicht findet sich noch ein Partner, wie bei meiner Mutter, vielleicht auch nicht. Welche Schwierigkeiten in diesem Bereich entstehen werden, lasse ich auf mich zukommen, schließlich hat man auch in einer bestehenden Partnerschaft nie die Garantie, dass beide Elternteile für das Kind da sein werden. Wenn mein Sohn alt genug ist, werde ich ihm erklären, auf welchem Weg er zu mir gekommen ist, weil ich mir das so sehr gewünscht habe. Ich denke, das ist einem Kind viel leichter zu vermitteln als die Tatsache, dass es vielleicht einen »richtigen« Vater gibt, der sich aber nicht kümmern will, wie das bei vielen Alleinerziehenden der Fall ist.

Es ist manchmal anstrengend, sich um alles allein kümmern zu müssen und es ist wirklich hart, dass niemand die Begeisterung der Elternschaft uneingeschränkt mit einem teilt, aber ich würde diesen Schritt immer wieder gehen. Was mir leidtut, ist lediglich, nicht früher mit der Erfüllung meines Kinderwunsches begonnen zu haben – denn eigentlich sollten es ja immer mehrere Kinder werden. Dieser Traum wird sich mit fast 41 wohl nicht mehr erfüllen, obwohl hier das letzte Wort noch nicht gesprochen ist.

Schwanger werden

Wenn die grundsätzliche Entscheidung dafür gefallen ist, als Singlefrau ein Kind zu bekommen, geht es an die praktische Umsetzung. Welche Möglichkeiten haben Singlefrauen, ihren Kinderwunsch zu realisieren? Zum einen brauchen sie Sperma, zum anderen müssen sie eine Möglichkeit finden, schwanger zu werden. Die Auswahl von Spender und Methode ist ein langer Prozess, bei dem viele Kriterien eine Rolle spielen. Zum besseren Verständnis möchte ich an dieser Stelle die unterschiedlichen Methoden der assistierten Empfängnis kurz erläutern.

Wenn von *Heiminsemination* gesprochen wird, ist damit lediglich gemeint, dass die Befruchtung »daheim«, also nicht in einer Hebammenpraxis oder Klinik stattfindet. Das heißt, dass sich die Frau den Spendersamen selbst, zum Beispiel mit Hilfe einer Spritze (ohne Kanüle) oder einer Inseminationskappe einführt, in der Hoffnung, dass das Sperma genau wie beim Geschlechtsverkehr seinen Weg durch die Eileiter der Frau findet und es zu einer Schwangerschaft kommt.

Eine etwas höhere Befruchtungswahrscheinlichkeit besteht bei der *intrauterinen Insemination* (IUI). Dabei wird das Sperma durch einen Arzt oder eine Hebamme direkt in die Gebärmutter eingebracht. Das Sperma muss dafür speziell aufbereitet werden, es wird »gewaschen«, dies erfolgt durch Zentrifugieren im Labor. Die höhere Wahrscheinlichkeit ergibt sich daraus, dass die Spermien den langen Weg durch den Gebärmutterhalskanal

nicht selbst zurücklegen müssen und dort eventuell hängenblei-
ben, bevor sie überhaupt am Ort des Geschehens ankommen.

Wenn diese Methoden nicht in Frage kommen, zum Beispiel,
weil die Eileiter der Frau nicht durchgängig sind oder die Spermien des Mannes keine ausreichende Motilität besitzen (also
nicht schnell genug schwimmen, um es bis ans Ziel zu schaffen),
besteht die Möglichkeit einer künstlichen Befruchtung, einer
Befruchtung im Labor. Hierfür wird die Frau hormonell vorbereitet, so dass in einem Zyklus statt einer nun mehrere Eizellen
reifen. Der natürliche Eisprung wird meist medikamentös
unterdrückt und für ein besseres Timing durch eine Hormon-
gabe ausgelöst, die reifen Eizellen werden operativ entnommen.
Die unter dem Mikroskop herausgesuchten Eizellen werden im
»Reagenzglas« (in der Praxis handelt es sich um Petrischalen)
in einem Kulturmedium aufbewahrt, die männlichen Spermien
werden dazu gegeben. Bei der *In-vitro-Fertilisation* (IVF) wird
nun nach etwa 18 Stunden kontrolliert, ob eine Befruchtung
stattgefunden hat. Bei der seit 1993 möglichen *intracytoplasma-
tischen Spermieninjektion* (ICSI) wird ein Samenfaden direkt in
die Eizelle eingespritzt, die Eizelle wird sozusagen zur Befruchtung gezwungen. Diese Methode wird vor allem bei schlechter
Spermaqualität, also einer geringen Anzahl und Beweglichkeit
der Spermien, angewendet. Streng genommen ist nur die ICSI
wirklich eine »künstliche« Befruchtung, bei allen anderen
Methoden finden Eizelle und Samenfaden natürlich zueinander,
bei der IVF lediglich an einem anderen Ort als beim Geschlechtsverkehr zwischen Mann und Frau. Nach zwei bis fünf Tagen
werden einer oder mehrere der entstandenen Embryonen in
den Körper der Frau zurücktransferiert. Dies erfolgt wie bei der
IUI, indem sie durch einen flexiblen Schlauch schonend in die
Gebärmutterhöhle gespritzt werden. Nun muss abgewartet werden, ob sich die Embryonen einnisten. Die Erfolgswahrschein-
lichkeit für eine IVF / ICSI wird allgemein mit etwa 25 Prozent
angegeben. Wenn man berücksichtigt, dass viele Schwanger-

schaften mit einer frühen Fehlgeburt enden, liegt die Chance auf die Geburt eines Kindes bei etwa 20 Prozent.

Die Wahrscheinlichkeit, schwanger zu werden, sinkt mit steigendem Alter der Frau. Das ist bei natürlicher wie bei künstlicher Befruchtung der Fall und hängt mit der abnehmenden Reserve gesunder Eizellen im Körper der Frau zusammen. Dementsprechend verringert sich auch die Erfolgsquote bei künstlicher Befruchtung mit zunehmendem Alter. Das deutsche IVF-Register, eine jährliche Datensammlung über die in Deutschland durchgeführten IVFs und ICSIs, liefert dazu beeindruckende Statistiken. So lag 2012 die Wahrscheinlichkeit für das Eintreten einer Schwangerschaft nach einer IVF bei 25-jährigen Frauen bei fast 50 Prozent, im Alter von 26 bis 35 sinkt sie langsam von etwa 40 auf 35 Prozent, ab 36 Jahren fällt sie sprunghaft auf unter 30, ab 40 auf unter 20 Prozent. Die Anzahl der Fehlgeburten liegt bei fünf bis zehn Prozent und steigt jenseits der 40 auf bis zu 25 Prozent. In der Praxis bedeutet das für 40-jährige Frauen, dass nach einer IVF ein Fünftel von ihnen einen positiven Schwangerschaftstest in der Hand halten wird, und von diesem Fünftel wird wiederum ein Viertel eine Fehlgeburt erleiden. Im Durchschnitt.

Ohne männliche Samenzellen kann kein Kind entstehen. Woher kommt das Sperma? Es gibt private Spender, und es gibt Samenbanken. Die nächstliegende Variante, sich einen privaten Samenspender zu suchen, ist im Bekanntenkreis. Oft sind es schwule Männer, die sich auf diesem Weg ihren Kinderwunsch erfüllen wollen und sich deshalb als Samenspender zur Verfügung stellen. Eine weniger häufige und sicher auch kompliziertere Variante sind Expartner, so wie bei Katrin. In beiden Konstellationen handelt es sich um Spender, die zumeist eine Vaterrolle wünschen. Wie diese aussehen soll, also wie viel Anteilnahme der Spendervater am Leben des Kindes haben wird, müssen beide Parteien miteinander regeln, idealerweise im Vorfeld. In der Realität kommt es bei Spendern mit Vaterrolle dann später oft zu Enttäuschungen, weil die Erwartungen beider Parteien, egal wie detailliert sie formuliert wurden, dann doch auseinanderdriften, wovon uns Julia im vierten Kapitel erzählen wird.

Eine weitere, weitaus häufigere Möglichkeit ist die Suche nach einem privaten Samenspender per Annonce oder in einschlägigen Internetportalen wie *spermaspender.de*, *samenspender4you.com* oder *co-eltern.net*. Ein Stöbern auf einem dieser Portale gleicht dem Eintauchen in eine Parallelwelt, in eine recht skurrile dazu. Ähnlich wie bei einer Partnerschaftsbörse annoncieren hier Männer, die Samenspender sein wollen, und Frauen oder Paare, die eine Samenspende benötigen. Per Mail werden die grundsätzlichen Fragen geklärt: Will der Spender anonym bleiben oder eine Rolle im Leben des Kindes spielen? Kann er einen negativen HIV- und Hepatitis-Test vorlegen? Stimmt er der Bechermethode zu oder ist er eigentlich nur auf der Suche nach schnellem Sex? Bei einem ersten Treffen wird dann geschaut, ob sich beide Parteien sympathisch sind, Vertrauen zueinander haben und sich eine Kooperation vorstellen können. Mehr zu den Kriterien, die bei der Entscheidung für einen bestimmten Spender eine Rolle spielen, in dem Kapitel zur Vaterfrage.

Kinderwunschkliniken arbeiten mit Samenbanken zusammen, in denen Millionen von Spermaproben lagern, gemeinsam mit den Grunddaten des Spenders. Hier haben Frauen die Wahl zwischen anonymen und offenen Spendern.

Bei *anonymen Spendern* erfährt man kaum mehr als ein paar Eckdaten wie Körpergröße, Gewicht, Augen- und Haarfarbe, Beruf. Bei einigen Samenbanken gibt es außerdem ein Kinderfoto des Spenders, ein paar handschriftliche Zeilen zum Thema »Weshalb ich Samen spende« sowie eine Stellungnahme des Personals, welchen Eindruck es von dem Spender bei der persönlichen Begegnung hatte. Ulrike beschreibt in ihrer Geschichte im dritten Kapitel, wie sie bei der Auswahl des Spenders vorgegangen ist.

Bei einem sogenannten *offenen Spender* darf das Kind (aber nicht die Mutter) mit 16 beziehungsweise 18 Jahren den Namen des Spenders erfragen und erhält somit theoretisch die Möglichkeit, seinen Erzeuger kennenzulernen – vorausgesetzt, dieser ist noch am Leben, auffindbar und stimmt einem Treffen zu. Deshalb entscheiden sich viele Singlefrauen eher für einen offenen Spender, um ihrem Kind nicht von vornherein die Chance zu verwehren, etwas über seinen biologischen Vater in Erfahrung zu bringen.

Spermaproben offener Spender sind teurer als die anonymer Spender, aber diese Zusatzkosten scheut kaum eine Frau. Im Jahr 2013 lag bei der nach eigener Darstellung größten europäischen Samenbank, der dänischen European Sperm Bank, der Preis für eine Spermaportion eines anonymen Spenders bei 240 Euro und die eines offenen Spenders bei 380 Euro, beides zuzüglich Steuer und Versandkosten. Das waren die Preise für Spendersamen, die für eine IUI, eine intrauterine Insemination, aufbereitet sind. Nicht aufbereitete Proben kosten etwas weniger. Bei dem US-amerikanischen Pendant, der New Yorker Samenbank Cryos International, lagen die Preise für anonyme Proben zwischen 125 und 500 Dollar, je nach Spermienqualität, und für nichtanonyme Proben zwischen 225 und 600 Dollar. Cryos hat inzwischen auch eine große Niederlassung in Dänemark.

Die Singlefrauen, die sich einer künstlichen Befruchtung unterziehen, nehmen eine große emotionale und finanzielle Belastung für ihr Wunschkind auf sich. Eine spontane Entscheidung ist das selten, sondern in der Regel ein langer Entscheidungsprozess, der sich meist über mehrere Jahre hinzieht. Wenn man sich die Zahlen für die Schwangerschaftswahrscheinlichkeiten vor Augen führt und sich Schicksale dazu vorstellt, wird einem klar, welch ungemeine Belastung eine künstliche Befruchtung darstellt. Ein emotional aufreibender Prozess, der viel Geld verschlingt: Eine IVF kostet ungefähr 3000 Euro, eine ICSI 4000 bis 5000 Euro, hinzu kommen Medikamentenkosten in Höhe von 1000 bis 2000 Euro sowie »Nebenkosten« für die Fahrten zu den Terminen in der Kinderwunschklinik oder die Kosten für zusätzliche Untersuchungen zur Feindiagnostik. Die Kosten für die künstliche Befruchtung einer nicht verheirateten Frau werden von den Krankenkassen nicht übernommen. Die meisten Kassen zahlen 50 Prozent der Kosten für maximal drei Versuche, sofern das Paar verheiratet ist, beide Partner älter als 25 sind, die Frau unter 40 und der Mann unter 50 Jahre alt ist.

IVF und ICSI sind Methoden der assistierten Reproduktion, die Risiken in sich bergen. Eines der größten Risiken ist die dafür notwendige hormonelle Stimulation, die zur Reifung mehrerer Eizellen und in der Folge zur Befruchtung oder zum Einsetzen mehrerer Embryonen führt. Das erhöht das Risiko für Mehrlingsschwangerschaften, die wiederum eine größere Belastung für den mütterlichen Organismus und ein erhöhtes Frühgeburtsrisiko bedeuten. Diese Risiken werden jedoch selten thematisiert, weder von den Ärzten noch von den Frauen selbst. Die von Martin Spiewak in *Wie weit gehen wir für ein Kind?* zitierte US-amerikanische Studie beschreibt dieses Verdrängen von Risikofaktoren anschaulich: Frauen in Kinderwunschbehandlung wurden gefragt, ob sie lieber kein Kind oder lieber Drillinge hätten. 95 Prozent von ihnen entschieden sich für die Option Drillinge.

Nicht ganz zufällig sind zwei der in diesem Buch porträtierten Frauen Mütter von Zwillingen. Katharina erzählt in ihrer Geschichte von ihrer Überforderung, als sie während der Schwangerschaft mit einer Wachstumsverzögerung eines der Zwillinge konfrontiert wurde und von der schweren Anfangszeit mit ihren zu früh geborenen Söhnen. Mögliche Folgeschäden durch eine zu frühe Geburt sind trotz moderner Pränatalmedizin noch häufig. Doch auch hier rühre ich an ein Tabuthema, über das weder Neonatologen noch betroffene Eltern gern sprechen. Die Aufklärung über solche Risikofaktoren ist an sich Sache der Ärzte. Das deutsche Embryonenschutzgesetz verbietet das Einsetzen von mehr als drei Embryonen, in einigen anderen Ländern existiert diese Beschränkung jedoch nicht. Rein theoretisch könnte sich jeder Embryo noch einmal teilen, aus drei Embryonen könnten also Sechslinge entstehen. Ein noch weniger kontrollierbarer Prozess ist eine IUI mit vorheriger hormoneller Unterstützung zur Eizellreifung. Wenn es hier zur Reifung von mehr als drei Eizellen kommt, bricht ein verantwortungsvoller Arzt die Behandlung ab. Manch ein Arzt interpretiert die größere Anzahl an Eizellen jedoch schlicht als höhere Chance, eine Schwangerschaft zu erzielen. Sabine erzählte mir von einem Arzt, der bei ihr auch bei acht Follikeln eine Insemination durchgeführt hätte, wenn sie selbst nicht interveniert hätte, weil ihr das Risiko zu hoch war.

Die Risiken einer Mehrlingsschwangerschaft liegen vor allem auf medizinischem Gebiet. Zu den häufigsten Risiken gehören vorzeitige Wehen, die im Krankenhaus behandelt werden müssen und oft trotzdem zu einer Frühgeburt führen, Totgeburten oder bleibende Schäden aufgrund der Frühgeburt oder der invasiven Behandlung frühgeborener Säuglinge, wie etwa der Langzeitbeatmung. Auch Schwangerschaftskomplikationen wie Wassereinlagerungen oder Schwangerschaftsdiabetes sind häufiger. Mehrlinge werden sehr oft durch Kaiserschnitt entbunden, der wiederum Risiken in sich birgt. Nicht zu vergessen ist auch die Mehrbelastung im Alltag, die eine Mutter mit mehreren Babys hat.

Dennoch gehen die meisten Frauen, egal ob alleinstehend oder verpartnert, ihre Kinderwunschbehandlung mit einem Urvertrauen in den »allmächtigen« Arzt an. Es hat sich eine Kultur der Machbarkeit entwickelt, fast alles ist technisch möglich. Die Kinderwunschindustrie boomt, es entstehen immer mehr Fertilitätskliniken, und die Patientinnen tauchen schnell ein in die Welt der assistierten Empfängnis. Sie halten sich an Hormonwerten fest, rechnen ihre Erfolgswahrscheinlichkeiten anhand der Statistiken aus und hoffen auf »maximale« Ausbeute an Eizellen und befruchteten Embryonen. Der Einstieg in Nadines Geschichte spiegelt die Strategie wider, die emotionale Belastung einer Kinderwunschbehandlung durch die Konzentration auf mess- und zählbare Einheiten zu reduzieren. Millay Hyatt bezeichnet dies in ihrem sensibel geschriebenen Buch *Ungestillte Sehnsucht. Wenn der Kinderwunsch uns umtreibt* als »Maschinerie der Reproduktionsmedizin«. Sie hofft darauf, dass »die Reproduktionsmedizin von einem auf Produktivität und höchstmöglichen Schwangerschaftsraten ausgerichteten System auf eine umfassende Beratung und Unterstützung von Patientinnen umgepolt werden kann«.

Bis sich dieser äußerst wünschenswerte Schritt in Richtung einer weniger technisch ausgerichteten Reproduktionsmedizin vollzieht, obliegt es jeder Frau selbst, sich mit den Möglichkeiten, Grenzen und auch Gefahren der bestehenden Behandlungsmöglichkeiten auseinanderzusetzen. Das betrifft sowohl die Grenzen, die die Frauen sich persönlich setzen – oft sind das Geburtstage, wie der 40. oder der 42., oder die Anzahl der Versuche, wie zum Beispiel maximal drei IVF –, als auch die Verantwortung, die ihnen auferlegt wird. Bei jedem Transfer muss die Frau darüber entscheiden, wie viele Embryonen sie sich einsetzen lässt, wie vielen Einheiten potenziellen Lebens sie also die Chance zur Weiterentwicklung gewährt. Damit verknüpft ist die Entscheidung, wie viel potenzielles Leben zur Vernichtung freigegeben wird: In Deutschland dürfen »überzählige« Embryonen nicht aufbewahrt werden, wenn sie das Vorkernstadium bereits erreicht haben. Sie werden »verworfen«, wie es die Reproduktionsmediziner euphemistisch nennen.

In anderen Ländern mit weniger restriktiven Gesetzen dürfen Embryonen aufbewahrt werden. In den Stickstofftanks der Fertilitätskliniken in den USA, aber auch in einigen europäischen Ländern lagern unzählige Embryonen, potenzielle Menschen. Weltweit sollen es etwa 500 000 sein, wie Liza Mundy in ihrem Buch *Everything conceivable* schreibt. Es gibt Adoptionsagenturen für diese ungeborenen Leben. *Snowflakes*, Schnee-flöckchen, oder Eskimos werden sie von an Embryonenadoption Interessierten liebevoll genannt. Frauen, die sich in einem Land haben behandeln lassen, das das Einfrieren von Embryonen gestattet, müssen sich also auch mit der Frage auseinandersetzen, was mit den Embryonen geschehen soll. Nadine berichtet in ihrer Geschichte davon.

In vielen der Porträts in diesem Buch klingt an, welche unglaubliche psychische Belastung ein fehlgeschlagener Versuch sein kann. Es gibt jedoch Frauen, die zehn oder 20 Versuche absolvieren, über Jahre hinweg. Es braucht ein großes Maß an psychischer Stärke, das zu verkraften. Zur psychischen Belastung kommt die körperliche hinzu. Eine assistierte Empfängnis, sei es IUI, IVF oder ICSI, wird in den meisten Fällen hormonell vorbereitet. Je nach Behandlungsplan (in der Branche »Protokoll« genannt) beginnt die Frau zwei bis vier Wochen vor der geplanten Eizellentnahme damit, sich täglich einmal oder mehrmals Hormone zu spritzen, die den natürlichen Zyklus unterdrücken und künstlich zur Reifung mehrerer Eizellen führen, damit sich die Chance auf eine erfolgreiche Befruchtung erhöht. Die Medikamente, die bei vielen zu unangenehmen Nebenwirkungen führen, müssen sich die Frauen selbst spritzen. »Für die erste Spritze brauchte ich fast eine halbe Stunde«, schreibt Nadine.

Im Idealfall reifen durch die Hormonbehandlung etwa zehn befruchtungsfähige Eizellen heran, dabei sind große Abweichungen nach oben oder unten möglich. Die Follikelreifung wird per Ultraschall überwacht. Der Eisprung wird, ebenfalls durch eine Spritze, künstlich ausgelöst, so dass die meist unter Narkose durchgeführte Punktion, die Entnahme der reifen Eizellen aus den Follikeln, zum idealen Zeitpunkt stattfinden kann. Wenn mehrere Eizellen gewonnen werden konnten, werden sie bei einer IVF in einer Petrischale mit einer Nährlösung und den Spermien zusammengebracht. Wenn das Sperma eines privaten Samenspenders verwendet wird, ist es zumeist frisch, wenn der Spender zeitgleich mit der Punktion sein Ejakulat in der Kinderwunschklinik abgibt. Sperma von der Samenbank ist hingegen tiefgefroren, es wird in sogenannten Straws, Halmen, aufbewahrt und zur Punktion aufgetaut.

Die Samenbanken arbeiten mit Ärzten und Fertilitätskliniken zusammen, sie liefern im Regelfall nicht an Privatpersonen. Doch es gibt ein verschlungenes Regelwerk, das aus den Geschäfts- und Lieferbedingungen der Samenbanken und den jeweiligen gesetzlichen Regelungen in den einzelnen Ländern entstanden ist. So ist es auch möglich, dass Frauen sich das Sperma einer Samenbank nach Hause oder an eine kooperierende Arztpraxis liefern lassen und damit Heiminseminationen durchführen. Die Kühlung erfolgt in einem Stickstoffbehälter, wie Aniyah in ihrer Geschichte erzählt.

Bei der Entscheidung, ob Heiminsemination, IUI, IVF oder ICSI, spielt Geld eine große Rolle. Von den Vernunftgründen, dem Abwägen von Kosten und Erfolgschancen, abgesehen, gibt es noch andere Kriterien. Für mich selbst war eine IVF ganz lange eine Grenze, die ich nicht überschreiten wollte, das war mir zu »künstlich«, zu viel Manipulation im eigentlich natürlichen Prozess des Kinderkriegens. Frauen, die bereits um die 40 sind, wechseln dennoch meist relativ schnell von der »harmloseren« Insemination zur IVF, weil sie sich höhere Erfolgschancen ausrechnen. Sabine, die sich nach drei IUI entschied, mit ICSI weiterzumachen, beschreibt diese Suche nach dem praktikabelsten Weg für sich so:

»Diese Angst, dass ich die IUIs umsonst mache, weil ich nicht wusste, ob meine Eileiter durchlässig waren, dass ich umsonst meine ganze Hoffnung hineinlege, spielte eine große Rolle. Es war eine riesige emotionale Belastung, nicht zu wissen, ob bei einer IUI überhaupt eine Chance auf Befruchtung bestand. Kein Arzt war bereit, eine Eileiterdurchlässigkeitsprüfung bei mir durchzuführen. Eine ICSI war für mich einfach die logische

Folge, um die Chancen zu vergrößern. Ich habe mir die Statistiken angesehen, eine Liste mit Vor- und Nachteilen gemacht: Bei der künstlichen Befruchtung weiß ich, dass die befruchteten Eizellen an der richtigen Stelle ankommen, die Kosten einer IVF beziehungsweise einer ICSI entsprechen denen für drei IUIs, die Chancen liegen sogar etwas höher.«

Im Folgenden berichten drei Frauen über die Verwirklichung ihres Kinderwunsches und die Methoden, die dabei zur Anwendung kamen. Sie erzählen von der Bechermethode und künstlichen Befruchtungen, von Hormonbehandlungen, der Angst vor Spritzen und den Entscheidungen, die sie während ihrer Kinderwunschzeit treffen mussten.

Aniyah stellt in ihrer Geschichte die Optionen Heiminsemination mit Spendersperma von einer Samenbank sowie Bechermethode mit einem privaten Samenspender vor. Sie spricht auch über das Verhältnis ihrer Tochter zu dem Samenspender und dessen Verhältnis zu seinen Spenderkindern. Greta beschreibt die Optionen IUI und ICSI mit dem Sperma eines anonymen Spenders von einer Samenbank in einer Fertilitätsklinik. Sie braucht einen besonders langen Atem, denn sie benötigt 17 Versuche, bis sie schwanger wird. In Nadines Geschichte geht es um Heiminseminationen und um In-vitro-Fertilisation mit Sperma eines privaten Samenspenders, der eine Vaterrolle ausüben möchte. Außerdem spricht sie das Thema an, was mit nach der künstlichen Befruchtung übrig gebliebenen, eingefrorenen Embryonen geschieht.

»Ich war nicht bereit, mich für meinen Wunsch zu verschulden.«

Die Sozialpädagogin Aniyah ist eine lebhafte, kommunikative Frau. Die blonde 45-Jährige lebt mit ihrer fünfjährigen Tochter in einer Kleinstadt in Nordrhein-Westfalen. Die beiden sind viel gemeinsam unterwegs, sie treffen sich mit anderen Solomüttern und deren Kindern und pflegen die Kontakte, die in Aniyahs Kinderwunschzeit entstanden sind.

Aniyah lotet zuerst die Möglichkeiten einer Behandlung in einer holländischen oder dänischen Fertilitätsklinik aus. Sie entscheidet sich aus Kostengründen dagegen und versucht schwanger zu werden, indem sie Heiminseminationen mit Sperma einer dänischen Samenbank durchführt, das sie sich in einem Stickstofftank nach Hause liefern lässt. Nach einer Fehlgeburt findet sie einen privaten Samenspender, der lockeren Kontakt zu Aniyahs Tochter hält, dabei aber bedacht ist, nicht zu viel Nähe entstehen zu lassen.

Kinder gehörten immer zu meinem Lebensentwurf, genauso wie es immer mein Plan war, diese Kinder gemeinsam mit einem Partner großzuziehen. Als ich noch jung war, wollte ich mein erstes Kind mit Mitte oder Ende 20. Dann war ich in der Ausbildung und im Studium, und als ich Anfang 30 war und in meinem Beruf gerade Fuß gefasst hatte, war der Partner weg – und der Traum geplatzt. Danach war mein Kinderwunsch für mehrere Jahre kein Thema mehr für mich. Und plötzlich war ich 38. Das Thema kam in mein Bewusstsein zurück. Mir wurde klar, dass mir nun doch die Zeit davonlief. Als ich mit einer Freundin darüber sprach, sagte sie: »Aber dafür brauchst du einen Mann«, und da schoss es aus mir heraus: »Nein! Da muss es auch andere Wege geben.« Und die fing ich dann an auszuloten.

Meine Gynäkologin, die mich bei meinem Vorhaben jederzeit sehr unterstützt hat, erzählte mir von Möglichkeiten in

Holland. Also recherchierte ich im Internet, nur um dann fest-zustellen, dass es inzwischen für nicht holländische Frauen eigentlich unmöglich war, dort an eine Samenspende zu gelan-gen (in Holland gibt es inzwischen nur noch offene Spender und dadurch hat sich die Anzahl der Spendewilligen deutlich redu-ziert und somit werden ausschließlich holländische Frauen »versorgt«). Dann gelangte ich auf die Seiten der dänischen Kinderwunschkliniken, dort gab es mehrere, die zur Wahl stan-den. Ich entschied mich für Vitanova.

Alle meine Fragen wurden von der Klinik ausführlich und geduldig beantwortet. Aber ich wollte mir vor Ort selbst ein Bild machen und so buchte ich einen Flug nach Kopenhagen. Paral-lel hatte ich mich auf einer Internetplattform angemeldet, bei der Männer Frauen wie mir Unterstützung anboten. Davon war ich aber nicht begeistert. Ich bekam viele Mails mit doch recht sexuellem Inhalt, und die Männer, mit denen ich in Kontakt stand, entpuppten sich als Freaks, daher schloss ich die Mög-lichkeit der privaten Samenspende zuerst einmal für mich aus. Also hatte ich bei Vitanova mein Erstgespräch vor Ort. Es wurde einfühlsam mit mir umgegangen, und ich habe dort einige wert-volle Tipps erhalten. Der Besuch der Klinik war eine gute Ent-scheidung, denn er ermöglichte mir, mich eindeutig gegen die-sen Weg zu entscheiden. Das lag zum einen daran, dass ich das spontane »ich muss mal eben nach Dänemark fliegen« nicht mit meinen beruflichen Pflichten hätte vereinbaren können, und zum anderen an meinem finanziellen Budget. Denn im Unter-schied zu einigen anderen Singlefrauen mit Kinderwunsch, die ich inzwischen kennengelernt hatte, war ich nicht bereit, mich für diesen Wunsch immens zu verschulden. Daher begann ich mir über neue Wege Gedanken zu machen. Ich kam auf »Heim-insemination«. Eine Freundin hatte sich einen Stickstofftank gekauft, diesen mit Samen befüllen lassen und konnte so zu Hause selbst zum richtigen Zeitpunkt inseminieren. Für mich schien das die optimale Lösung. Da sie inzwischen schwanger war, fragte ich sie, ob sie mir diesen Tank mit Inhalt zur Verfügung stellen würde, natürlich gegen finanzielle Entschädigung. Sie stimmte zu. Bevor ich zu ihr fuhr, hatte ich noch eine Bauchspiegelung machen lassen (einer der Hinweise aus der Vitanova-Klinik), um die Durchgängigkeit der Eileiter zu prüfen. Es wurden Verwachsungen festgestellt, nur ein Eileiter war durchlässig und die Chancen damit vermindert. Blöd. Und Übergewicht verringert die Chancen. Echt blöd. Oft und viel Kortison zu bekommen, ist generell schlecht für die Fruchtbarkeit – Chancen noch mehr gemindert. Saublöd. Egal, dachte ich mir, wenn du es nicht wenigstens versuchst, wirst du das dein Leben lang bereuen, also los, hopp hopp. Und so startete, kurz nachdem ich den Tank bei mir zu Hause hatte, der erste Versuch. Es war sehr aufregend. Meine Freundin war sich nicht sicher, ob die Spermien in dem Tank noch gut waren, also bin ich zu meiner Gynäkologin, die die Spermien unter dem Mikroskop untersuchte. »Gute Kämpfer«, sagte sie. Es war faszinierend, denn natürlich durfte ich auch einen Blick auf die kleinen Schwimmerchen unter dem Mikroskop werfen. Auch bei der Beobachtung des Eisprunges (ich hatte Temperatur gemessen und Ovulationstests verwendet) war meine Gynäkologin noch an meiner Seite, ich war immer dort zum Ultraschall, um den optimalen Zeitpunkt zu bestimmen. Ich nahm Clomifen zur Eizellreifung, L-Thyroxin, da meine Schilddrüsenwerte grenzwertig waren, und nach der Insemination Utrogest, da ich eine Gelbkörperhormonschwäche habe. Irgendwann gab sie grünes Licht, und ich startete den ersten Versuch – ohne Erfolg. Doch im zweiten Zyklus: schwanger!

Ich konnte es kaum glauben. Die widersprüchlichsten Gefühle stürmten auf mich ein. Ich merkte, dass ich ein immenses Problem mit der Tatsache hatte, dass der Samenspender anonym war, und dass es mich plötzlich gewaltig störte, dass das Kind niemals seinen Vater kennenlernen kann. Da half auch die Tatsache nicht, dass das Kind und das Kind meiner Freundin

Halbgeschwister wären. Nach ein paar Tagen hatte ich das Gefühl, es stimmt was nicht, und so war es auch. Etwa anderthalb Wochen nach dem positiven Test fing ich an zu bluten und der Traum war erst einmal vorbei.

Mein Arzt schrieb mich krank, ich war zu nichts mehr in der Lage. Obwohl ich erst zwei Versuche gestartet hatte und einer davon sogar erfolgreich war, wurde mir das alles zu viel. Mein Leben drehte sich nur noch um dieses Thema, und ich hatte das Gefühl, ich brauchte Abstand. Ich wollte eine Pause. Mir war nicht klar, wie es weitergehen sollte. Es kam für mich nicht mehr in Frage, es mit den restlichen Straws im Tank weiter zu versuchen. Und eine Alternative gab es erst einmal nicht. Anderthalb Wochen nach der Fehlgeburt hatte ich das Gefühl, dass der nächste Eisprung naht. Eine Freundin von mir war frisch schwanger, von einem privaten Samenspender. Wäre das vielleicht eine Lösung? Ich rief sie an, sie hatte keine Einwände. Ich rief den Samenspender an, er stimmte zu, und er hatte am nächsten Tag Zeit. Mit der Freundin zusammen fuhr ich dann in die Stadt, in der er lebt. Zuvor hatte ich dort ein Hotelzimmer gebucht – für den Fall der Fälle. Wir hatten vereinbart, dass wir »bechern« würden, aber dazu braucht frau einen privaten Rahmen. Seine Wohnung kam für mich nicht in Frage. Ich fand den Mann sympathisch. Diese erste Begegnung im Café war die definitiv abgefahrenste Situation meines Lebens. Er legte brav alle seine Dokumente vor, doch die interessierten mich gar nicht so sehr. Ich wollte etwas über ihn erfahren. Immerhin würde ich vielleicht gleich ein Kind mit ihm zeugen. Also unterhielten wir uns. Er ist sehr introvertiert und heute weiß ich, dass ich ihm mit meinen Fragen einiges abverlangt habe. Dann fuhren wir ins Hotel. Und zeugten mein Kind, denn zwei Wochen später hielt ich erneut einen positiven Schwangerschaftstest in der Hand. Das war am 25. August 2008 – inzwischen ist Miriam fünf Jahre alt.

Meine Eltern wohnen nur zwei Straßen von mir entfernt. Sie sind beide noch berufstätig und haben ihren Alltag. Mit meiner

Mutter habe ich von Anfang an über meine Pläne gesprochen und sie hat mir immer zugeredet, diesen Weg zu gehen. Sie kennt Frauen, die sehr darunter leiden, nie eigene Kinder bekommen zu haben (eine davon sogar bis zum Freitod), und das wollte sie mir ersparen. Meine Eltern sind immer für Miriam und mich da, wenn hier Not am Mann ist. Ich kann mich da total auf sie verlassen. Im Alltag sind sie keine große Entlastung für mich, da bin ich schon manchmal neidisch, wenn ich die Frauen mit Ehemann sehe, die zwei Paar Großeltern haben, die beide abwechselnd das Kind betreuen, aber das ist mein »Problem«, denn das kann ich nicht erwarten.

Durch Miriam habe ich einen neuen Freundeskreis, meistens Mütter mit Kindern im ähnlichen Alter. Dieser Kreis ist auch ein soziales Netzwerk für mich, denn von dort erfahre ich Hilfe und Unterstützung. Wenn ich krank bin, holen und bringen sie Miriam zur Kita, kaufen ein und nehmen sie mir ab, wenn es wirklich nötig ist. Diese Unterstützung beruht auf Gegenseitigkeit und deshalb kann ich sie auch gut annehmen. Dieses Netzwerk funktioniert für mich um Längen besser als das familiäre, eben weil ich nehmen und geben kann.

Die finanzielle Belastung als Singlemutter ist für mich kein Problem, die zusätzlichen Kosten sind überschaubar. Ich habe viele Dinge geschenkt bekommen und auch heute »erbe« ich noch einiges. Ich »vererbe« auch vieles weiter, also hat sich auch hier die Kultur des Nehmens und Gebens entwickelt und sie funktioniert super. Früher habe ich mein Geld anders ausgegeben, ich war unterwegs oder hab mir Dinge gekauft, von denen ich meinte, ich bräuchte sie. Heute gebe ich mein Geld für Miriam aus und manchmal auch für mich. Ich hab ja alles, was ich brauche, und die Dinge, die ich für mein Kind kaufen muss, kann ich mir leisten.

Zum Vater besteht Kontakt, wir haben vereinbart, dass Miriam und er sich mindestens einmal im Jahr sehen. Wenn es seine und meine Zeit erlaubt, auch öfter. Bisher war Miriam noch zu klein, um die Strecke bis zu ihm mal eben zu fahren, aber für die Zukunft kann ich mir das vorstellen. Das erste Mal haben sie sich getroffen, als Miriam vier Monate alt war. Er konnte mit ihr nicht viel anfangen. Beim nächsten Treffen, ein Jahr später, besuchte er uns zu Hause. Obwohl Miriam ihn ja nicht wirklich kannte, nahm sie ihn sofort mit in ihr Zimmer – es gab keinerlei Berührungsängste. Inzwischen ist er ihr erst kurz fremd, wenn sie sich sehen, aber dann genießt sie es, mit ihm zusammen zu sein. Als Miriam zwei Jahre alt war, haben wir uns häufig getroffen (ungefähr fünf Mal in dem Jahr), aber das wurde ihm zu viel und zu eng.

Jetzt sind wir bei einem Mal jährlich angekommen. Er hat ein freundlich-distanziertes Verhältnis zu Miriam. Miriam hingegen »liebt« ihn. Das finde ich nicht immer einfach. Natürlich haben wir darüber gesprochen und er sagt, dass er es sich nicht leisten kann, Gefühle für eines seiner Spenderkinder zu entwickeln. Je nachdem, wie es in unserem Leben weitergeht, habe ich vielleicht einmal einen neuen Partner und dieser oder ich möchten dann den Kontakt zu ihm nicht mehr, den Schmerz will er sich ersparen. Das kann ich gut nachvollziehen. Er steht nicht in der Geburtsurkunde und hat somit keine »Rechte« an dem Kind (er zahlt natürlich auch nichts), und er muss jederzeit mit den Entscheidungen leben, die ich treffe. Und wenn ich entscheide, dass kein Kontakt mehr zwischen den beiden bestehen soll, dann ist das so.

Miriam würde ihn gern öfter treffen, sie ist meist traurig, wenn er wieder geht. Aber sie ist ein Kind, sie akzeptiert es, wie es ist – eine der wunderbaren Eigenschaften, die Kinder mitbringen. Wenn Miriam nach ihrem Vater gefragt wird, erzählt sie, wie er heißt und dass er woanders wohnt. Als sie drei Jahre alt war und er uns besucht hat, hat sie überall ganz stolz erzählt, dass das ihr Papa sei. Das war seltsam für mich, sehe ich ihn doch eher als Erzeuger, denn eine »Vaterrolle« übt er ja nicht aus. Das kann Miriam aber natürlich noch nicht verstehen. Mit vier definierte sie Vater als einen Menschen, der nach Hause kommt und mit den Kindern spielt, denn so erlebt sie das bei ihren Freundinnen. Seit mir das klar geworden ist, mache ich mir deutlich weniger Gedanken, denn damit kann ich umgehen.

Ich verstehe mich ganz gut mit dem Spender, und wir pflegen einen freundschaftlichen Umgang miteinander. Manchmal empfinde ich das aber auch als Eiertanz, da mir nie klar ist, was er will. Und selbst wenn er heute etwas will, heißt das nicht, dass es morgen auch noch so ist. Unser Verhältnis zueinander ist ein Prozess, der sich immer wieder entwickelt und verändert, eben so, wie das alle Beziehungen tun. Bei dem derzeitigen Ist-Zustand habe ich nicht das Gefühlt, dass Miriam etwas fehlt. Wenn doch, werden wir den Zustand anpassen. Denn auch dem Spender ist das Kind nicht egal.

Ich gehe mit Miriams Entstehungsgeschichte offen um, ihr gegenüber und allen anderen gegenüber auch. Mir ist das wichtig, da ich Miriam nur so vermitteln kann, dass unsere Geschichte genauso »normal« ist wie die Geschichte jeder anderen Familie, wie auch immer die Konstellation aussehen mag. Meinen Eltern war das am Anfang unangenehm und sie waren immer peinlich berührt, wenn ich offen davon erzählt habe. Ich habe ihnen dann klar gemacht, dass sie, wenn sie selber ungute Gefühle damit haben, das auf Miriam übertragen, und dass ich genau das nicht will. Inzwischen kommen sie auch gut damit zurecht. Wenn ich anderen Menschen davon erzähle, erhalte ich meist eine positive Resonanz. Die Frauen konnten meinen Kinderwunsch alle verstehen und hatten somit keine Schwierigkeiten mit meinem Weg. Bei den Männern ist das manchmal anders, aber sie haben sicherlich auch einen anderen Zugang zu dem Thema. In Frage gestellt wird in solchen Gesprächen meist nur die Motivation des Samenspenders. Ich finde das schade, denn für mich ist er einfach der Mensch, der mir geholfen hat, meinen größten Traum zu verwirklichen, den ich nun jeden Tag leben darf.

»Mein Joker war die In-vitro-Befruchtung.«

Ende 2013 spreche ich mit der 42-jährigen Greta, die in einer hessischen Kleinstadt lebt. Es ist kalt draußen, wir bestellen uns einen Glühwein und hoffen, dass sich unsere Kinder eine Weile ohne uns beschäftigen werden. Die energische Lehrerin erzählt gern und mit einer Selbstverständlichkeit davon, wie sie ihren Kinderwunsch umsetzte, und macht wenig Aufhebens darum, dass sie dabei besonders viel Durchhaltevermögen benötigte.

Greta wird erst bei ihrem 17. Versuch schwanger, durch eine künstliche Befruchtung in einer belgischen Fertilitätsklinik. Die Klinik verwendet dabei Spendersamen aus der klinikeigenen Samenbank, deren Spender nach den dortigen Regelungen grundsätzlich anonym sind. Die Frauen, die sich in Belgien einer Kinderwunschbehandlung unterziehen, dürfen den Spender nicht selbst auswählen und erhalten auch nach erfolgreicher Behandlung keinerlei Informationen über ihn. Als Pragmatikerin entscheidet sich Greta dennoch für diese Variante, obwohl sie lieber die Möglichkeit gehabt hätte, ihrem Kind Informationen über seinen Vater vermitteln zu können.

Wann hast du das erste Mal über ein eigenes Kind als Single nachgedacht?

Damals war ich 35 Jahre alt. Plötzlich träumte ich immer wieder von einem eigenen Kind. Und so begann ich darüber nachzudenken, wie ich mein Leben eigentlich in Zukunft gestalten möchte, welche Ziele ich habe. Mein Kinderwunsch wurde stärker, ein fester Lebenspartner aber war weit und breit nicht in Sicht. Ich wollte nicht mehr länger einfach nur warten und so beschloss ich, mich nach Möglichkeiten zu erkundigen, als Single Mutter werden zu können.

Welchen Weg bist du gegangen, um Mutter zu werden? Welche Brüche gab es?

Ich habe viel im Internet recherchiert und gelesen. Dabei fand ich eine Klinik in Dänemark. Per Mail war schnell ein Kontakt hergestellt und ein Termin ausgemacht. In der Zwischenzeit suchte ich nach weiteren Möglichkeiten und fand letztendlich auch eine Klinik in Belgien, in der Stadt, in der ich damals arbeitete und lebte. Das war mir natürlich sehr viel lieber, weil ich es organisatorisch einfacher in meinen Arbeitsalltag integrieren konnte und flexibler war. Außerdem profitierte ich davon, dass ich aufgrund meines Wohnsitzes vor Ort wie eine Belgierin behandelt wurde und einen deutlich geringeren Preis für die Behandlung zahlen musste als Ausländerinnen.

Ich habe mich in der Klinik in Belgien bei der Psychologin vorgestellt und die stellte verschiedene Fragen zu meinem Leben, meinem Beruf, meinen bisherigen Partnern und natürlich auch, wie ich finanziell aufgestellt bin. Singles wurden dort ganz selbstverständlich behandelt, aber eben erst, wenn die Psychologin ihr Einverständnis dazu gab. Bei einem weiteren Gesprächstermin sprachen wir darüber, wie mein Kind später aufwachsen würde, welche Probleme es haben könnte und wie ich damit umgehen könnte, es über seine »etwas andere« Geschichte aufzuklären. Beide Gespräche waren sehr nett und informativ. Ich wurde abschließend für geprüft und geeignet befunden. Vielleicht hätte ich mir das damals schriftlich geben lassen sollen. Ich startete also mit einer Insemination, einer IUI mit Spendersamen. Der Spendersamen war anonym und wurde von der Klinik ausgesucht, weil das das belgische Recht so vorsieht. Ich weiß noch, dass ich mir absolut sicher war, dass es schnell klappen würde. Schließlich sprach medizinisch nichts dagegen. Aber so war es leider nicht. Nach den ersten IUIs war ich noch recht zuversichtlich, aber die Hoffnung schwand von Versuch zu Versuch. Mein persönlicher Joker war die In-vitro-Befruchtung. Ich ging fest davon aus, dass ich spätestens damit schwanger werden würde. Diese Hoffnung gab mir den Antrieb, nach den vielen missglückten IUI-Versuchen weiter zu machen und nicht aufzugeben.

Nach einem Jahr vergeblicher Versuche per IUI stieg ich auf IVF beziehungsweise ICSI um. Mein Arzt meinte, ich hätte wegen meines Alters keine Zeit mehr zu verlieren. Sehr charmant, ich war gerade mal Anfang 37. Aber er hatte leider Recht. Die erste ICSI verlief gut, endete aber nicht mit der erhofften Schwangerschaft. Da brach dann schon eine kleine Welt für mich zusammen. Mein so sicher geglaubter Plan hatte nicht funktioniert. Ich musste mich mit dem Gedanken anfreunden, vielleicht doch nie ein eigenes Kind haben zu können. Das war hart. Zum Glück baute mich mein Arzt auf mit der Aussage, dass viele Frauen mehrere Versuche brauchten. Die zweite ICSI war jedoch auch nicht erfolgreich. Ich überlegte in dieser Zeit, ob ich nicht doch einen offenen Spender für mein Kind finden könnte. Es wäre mir schon sehr lieb gewesen, mein Kind könnte seinen biologischen Vater kennenlernen. Ich suchte in meinem Bekanntenkreis nach einem schwulen Freund, den ich für geeignet hielt, Vater oder zumindest Erzeuger meines Kindes zu werden. Ich sprach ihn an und nach einigen Gesprächen war er dazu bereit, sich als Spender zur Verfügung zu stellen. Sein Lebenspartner war ebenfalls damit einverstanden. Wir legten los, mit Hilfe der Bechermethode. Doch leider führten viele Versuche ebenfalls nicht zum gewünschten Erfolg. So plante ich eine dritte und letzte ICSI an meiner bisherigen Klinik in Belgien, mit deutlich höheren Chancen auf Erfolg als bei der Bechermethode, dafür aber mit einem anonymen Spender. Nach diesem Versuch sollte Schluss sein. Viel Hoffnung machte ich mir nicht, aber ich wollte es wenigstens noch einmal versucht haben, um mir später keine Vorwürfe machen zu müssen. Und es klappte tatsächlich: Nach drei langen Jahren mit unzähligen Versuchen mit IUI, privatem Spender und ICSI war ich mit 38 Jahren endlich schwanger.

Wie vermittelst du deinem Kind und deinem Umfeld, wie dein Kind entstanden ist?

Ich lass das alles auf mich zukommen und reagiere spontan oder situationsabhängig. Grundsätzlich ist jedoch für mich klar, dass ich meinem Sohn gegenüber offen sein möchte und ihn über seine besondere Entstehungsgeschichte aufklären werde. Er ist gerade drei Jahre alt geworden und wird nach und nach erfahren, warum er keinen Vater im herkömmlichen Sinne hat. Meine Familie und auch meine engen Freunde wissen Bescheid. Allerdings binde ich auch nicht jedem bei jeder Gelegenheit auf die Nase, wie mein Sohn entstanden ist. Das weiß ich bei den Kindern von anderen Leuten ja auch nicht und es geht mich auch nichts an. Bis jetzt habe ich damit nur gute Erfahrungen gemacht und keinerlei negativen Reaktionen erhalten.

Welche Rolle spielt es für dich, dass dein Kind ohne Vater aufwachsen wird?

Nun, das klassische Modell wäre mir schon lieber gewesen. Aber nun ist es, wie es ist, und ich werde das Beste daraus machen. Es gibt mittlerweile so viele Kinder, die nicht in der klassischen Familienkonstellation aufwachsen. Was wirklich zählt, ist, dass mein Kind in einer behüteten und liebevollen Familie aufwächst, ohne ständigen Streit zwischen den Partnern und Gerangel um das Kind, wenn die Beziehung dann doch in die Brüche geht. Zur Familie meines Sohnes gehören neben mir auch noch seine Großeltern, seine Tante, Cousins, seine Paten und die weiter entfernte Verwandtschaft im Süden Deutschlands. Mein Sohn kennt es nicht anders und für ihn ist diese Konstellation Normalität. Wie er im Jugendalter damit umgehen wird, keinen Vater zu haben, kann jetzt noch niemand absehen. Das wird die Zeit zeigen. Aber andere Kleinfamilien von Frauen, die sich als Single für ein Kind entschieden haben und deren Kinder schon älter sind, haben mir gezeigt, dass es sehr gut klappen kann.

Wie ist euer Alltag?

Ich empfinde unseren Alltag als ganz normal. Morgens muss ich sehr zeitig aufstehen, damit ich mein Kind noch rechtzeitig vor Beginn meiner Arbeit in Ruhe in den Kindergarten bringen kann. Am frühen Nachmittag hole ich ihn wieder ab. Mein Beruf gibt mir zum Glück die Möglichkeit, einen Teil meiner Arbeit abends am häuslichen Schreibtisch zu erledigen, wenn mein Kind bereits schläft. Der Tag ist dadurch recht lang, aber machbar. Schwierig wird es immer dann, wenn ich mich wegen einer Fortbildung oder eines anderen Termins nicht um meinen Sohn kümmern kann. Das muss alles organisiert und im Falle der Babysitterin auch bezahlt werden, spontan geht da nicht viel. Die Besonderheit in unserer Kleinfamilie spüre ich immer dann besonders, wenn mein Sohn krank wird. Dann ist da niemand, der meine Sorgen um das Kind und seine Pflege mit mir teilt oder gemeinsam Entscheidungen trifft, was zu tun ist. Da muss ich dann allein durch, was bisher zum Glück ganz gut funktioniert hat.

Wie siehst du deinen Weg rückblickend? Was würdest du vielleicht anders machen?

Rückblickend gesehen, finde ich meinen Weg okay, so wie er war. Wer sich mit dem unerfüllten Kinderwunsch bereits beschäftigt hat, weiß, dass die Medizin lediglich Hilfestellungen anbieten kann. Ob der eigene Körper diese Hilfen annimmt oder nicht, liegt nicht in unserer Hand. Von daher blieb mir nichts anderes übrig, als die verschiedenen Möglichkeiten auszuprobieren und zu hoffen. Dafür habe ich bisher auch nur positive Rückmeldungen von den Leuten bekommen, mit denen ich später offen darüber gesprochen habe. Einige haben sich dann ebenfalls geöffnet und erzählt, dass sie auch medizinische Hilfe in Anspruch genommen haben oder hätten, wenn dies zu ihrer Zeit möglich gewesen wäre. Vor allem aber konnten Frauen, die selbst Mutter sind, meinen Weg sehr gut nachvollziehen.

Wie wünschst du dir deine Zukunft?

Wünsche habe ich natürlich viele, ein Partner wäre nicht schlecht. Aber für meinen Sohn wünsche ich mir, dass er ein gesundes, zufriedenes, glückliches und ausgeglichenes Kind sein wird, mit Spaß am Leben, guten Freunden und einem sozialen Umfeld, das ihn so akzeptiert, wie er ist, und ihn wegen seiner besonderen Situation nicht ausgrenzt, auch in der Schule. Aber da habe ich bisher keine Bedenken und sehe eigentlich positiv in die Zukunft. Der Austausch und die Treffen mit anderen Frauen, die bewusst als Single Mutter geworden sind, sind mir nach wie vor wichtig. Für meinen Sohn ist es klar von Vorteil zu sehen, dass es viele andere Kinder in ähnlicher Familienkonstellation gibt, mit denen er sich im Laufe seines Lebens immer wieder austauschen kann.

Zwei Kinder und zwei Schneeflöckchen

Die 37-jährige Nadine hat sich nie nach einem Partner gesehnt. Sie fühlt sich allein wohl. Die entspannt wirkende Frau mit den dunklen Locken ist Lehrerin in einem bayrischen Dorf und hat sich für einen offenen Spender entschieden, der eine Vaterrolle einnehmen wollte. Nadine beschreibt, wie sie durch eine ICSI mit Zwillingen schwanger wurde. Vor allem aber lässt sie uns an ihren Überlegungen teilhaben, was mit den tiefgefrorenen Embryonen geschehen soll, die nach der im Ausland durchgeführten künstlichen Befruchtung übrig geblieben sind.

Als ich aus der Narkose aufwachte und mir der Arzt sagte, dass acht Eizellen punktiert werden konnten, war ich enttäuscht. Müde und enttäuscht. Aus diversen Foren wusste ich, dass Frauen oft die doppelte Anzahl oder mehr punktiert werden konnten. Und bei mir? Acht. Acht Eizellen. Und dafür die ganzen Hormone. Was, wenn sie sich nicht befruchten lassen?

Wenn es am Ende keine bis ins Blastozystenstadium schafft? Was dann? Da mich mein Frauenarzt für die Zeit zwischen Punktion der Eizellen und Transfer krankgeschrieben hatte, gönnte ich mir eine kleine Auszeit und verbrachte diese fünf Tage bei Martin, meinem Spender. Wir kannten uns schon fast zwei Jahre und hatten ein sehr freundschaftliches Verhältnis. Als ich zwei Tage nach der Punktion die Nachricht erhielt, dass sich sechs Eizellen befruchten ließen, war ich zufrieden und sehr optimistisch. Meine anfängliche Panik hatte sich gelegt und Vorfreude überkam mich. Gemeinsam mit Martin überlegte ich, wie viele der Embryonen ich transferieren lassen wollte. Eine? Oder zwei? Drei kamen nicht in Frage. Und wie viele könnten für weitere Versuche wohl kryokonserviert werden?

Als der Tag des Transfers kam, hoffte ich, dass sich drei oder vier befruchtete Eizellen zu Blastozysten entwickelt hatten. Dann würde ich zwei kryokonservieren und mir eine oder zwei einsetzen lassen. Bei einem Doppeltransfer nahm ich mir dann vor zu hoffen, dass es sich nur ein Embryo bei mir bequem macht. Denn Zwillinge, trotz Spender mit Vaterrolle? Das konnte ich mir nicht so recht vorstellen. Meine Familie wohnt weit weg und Unterstützung hätte ich kaum. Zwillinge, das klang zwar sehr romantisch, aber mindestens genauso schwierig. Es hatten sich tatsächlich vier Blastozysten entwickelt, zwei bekam ich transferiert, zwei wurden konserviert. Martin schaute beim Transfer zu, hielt meine Hand. Für mich war das ein heiliger Moment. Ich konnte auf einem Bildschirm mitverfolgen, wie zwei kleine Pünktchen oder Bläschen in meine Gebärmutter eingespült wurden. Ja, und ab genau diesem Zeitpunkt war die Angst vor Zwillingen verflogen, und ich hoffte und betete, dass es beide packen. Diese beiden kleinen Pünktchen sollten einmal Babys werden? Unvorstellbar. Ich bekam noch ein Foto meiner beiden und war hin und weg. Das erste Bild meiner Kinder? Emma und Lea. Ich war mir sicher: sie schaffen es beide.

Der Bluttest bei meinem Frauenarzt bestätigte es. Schwanger.

Jawohl. Als ich Ende der 6. Schwangerschaftswoche zum Ultraschall ging, sah man tatsächlich schon ein Herzchen schlagen. Es war grandios. Und dann entdeckte mein Frauenarzt eine zweite Fruchthöhle, allerdings ohne Herzaktivität. Der Frauenarzt sagte, dass sich dieser Embryo wohl zurückbilden werde. Doch ich war mir sicher: Auch da versteckt sich ein kleiner Embryo. Und tatsächlich. Eine Woche später hatte ich noch einen Termin in der Kinderwunschklinik und sah am Ultraschall deutlich zwei Herzchen schlagen. Martin und ich wurden Eltern. Wahnsinn. Auf diesen Moment hatten wir mehr als anderthalb Jahre gewartet.

Wir hatten uns über das Internet kennengelernt. Ich suchte einen Privatspender. Ob dieser dann häufigen oder nur sehr sporadischen Kontakt zum Kind halten wollte, war mir zu diesem Zeitpunkt völlig egal. Die Sympathie musste stimmen. Wir beschnupperten uns in ein oder zwei Besuchen, schrieben viele E-Mails und telefonierten häufig. Martin wollte gern eine Vaterrolle übernehmen, für mich war das okay, aber auch nicht besonders wichtig. Es war uns jedoch beiden klar, dass aufgrund der Entfernung Besuche nur wenige Male im Jahr stattfinden könnten. Nachdem unsere formalen Belange geklärt waren, begann die aufregende Hibbelzeit. Wir probierten es fast zwei Jahre lang mit sogenannten Becherversuchen. Leider blieben sie erfolglos.

In dieser Zeit lernten wir uns gut kennen, und für mich wurde der Gedanke, dass Martin tatsächlich eine echte Vaterrolle einnehmen könnte, immer realer und selbstverständlicher. Ich brauchte die Distanz nicht mehr, ich konnte mir nun regelmäßige Besuche vorstellen. Nur eines wollte ich: endlich schwanger werden! Ich ertrug dieses Warten nicht mehr. Die Hoffnung am Anfang jedes neuen Zyklus, die Rechnerei, wann der Eisprung stattfinden würde, die Überlegungen, ob Martin zu mir fahren würde oder ich zu ihm. Und immer diese Hoffnung, die dann nach ungefähr 28 Tagen wieder zerstört wurde.

Es war anstrengend, aufreibend. Nach zwei Jahren konnte ich so nicht mehr weitermachen. Ich schlug vor, in eine Kinderwunschklinik zu gehen. Um überhaupt behandelt zu werden, traten wir als Paar auf. Bei den Untersuchungen in der Kinderwunschklinik stellte sich dann heraus, dass Martins Spermiogramm nicht gut war. Also entschlossen wir uns zu einer ICSI.

Ich wusste, dass ich mir Hormone spritzen musste. Die Hormone waren für mich kein Problem, aber die Spritzen. Ich bin, was Spritzen angeht, ein echter Angsthase, und nun sollte ich mir die Dinger auch noch selbst geben? Für die erste Spritze brauchte ich ewig. Ich saß auf dem Sofa, die Hautfalte in der einen, die Spritze in der anderen Hand. Und ich wollte die Spritze reinpieksen. Es ging aber nicht. Ich hatte Angst. Alle sagten mir: mit Schmackes rein, dann merkst du nichts. Aber mir war einfach nur schlecht. Dann meinte mein Schwager, ich solle doch die Nadel langsam reindrücken. Und das war meine Rettung. Die Nadel rutschte, ohne dass ich es wirklich spürte, in den Speck. Am nächsten Tag hatte ich Muskelkater in der linken Hand. Immerhin hatte ich fast eine Dreiviertelstunde mit voller Kraft die Speckfalte gehalten. In den darauffolgenden Tagen war das Spritzen nur noch eine Aktion von höchstens zwei Minuten.

Das ist nun schon über drei Jahre her. Die Schwangerschaft verlief wunderbar. Ich konnte die Zeit genießen. Und ich fühlte, dass es etwas Besonderes ist, Zwillinge zu bekommen. Zwei Babys, die in mir heranwuchsen. Emma und Lea kamen nahe an ihrem errechneten Entbindungstermin zur Welt, ganz spontan. Die Geburt dieser beiden Zwerge war ein gewaltiges Erlebnis, kaum mit Worten zu beschreiben.

Emma und Lea waren zwei pflegeleichte Babys. So manchen Abend verbrachte ich dauerstillend mit ihnen an der Brust auf dem Sofa. Wenn Martin uns besuchte, ging er meist mit den beiden spazieren. Obwohl wir uns häufig sahen, hatte ich schnell das Gefühl, dass wir nicht mehr so vertraut miteinander umgehen konnten. Ich fühlte mich mit den Babys wie in einem schützenden Kokon und brauchte viel Ruhe. Ruhe für mich und die beiden. Und ich vermisste niemanden an meiner Seite. Martin ist bis heute kein wirklich »aktiver« Vater geworden. Manchmal bin ich enttäuscht darüber, wie wenig er sich einbringt.

Aber ich bin glücklich, mir geht es gut. Und ich bereue auch nichts. Ich habe zwei wunderbare Kinder, zwei Kinder, deren erstes Foto am fünften Tag nach ihrer Befruchtung entstanden ist. Und immer, wenn ich es mir anschaue, überlege ich, welche der beiden Blastozysten wohl Emma und welche Lea ist. Und dann muss ich unweigerlich daran denken, dass noch zwei weitere Blastozysten im Eis schlummern. Geschwister von Emma und Lea, Kinder von Martin und mir. Und immer wieder frage ich mich, was wäre gewesen, wenn der Arzt diese beiden anderen Blastozysten ausgewählt hätte? Wäre ich dann auch mit Zwillingen schwanger geworden? Wie sähen sie wohl aus, diese beiden Kinder? Und ich weiß, ich muss irgendwann zusammen mit Martin eine Entscheidung treffen, was mit diesen Embryonen passieren wird. Am liebsten wäre mir, ich würde sie zu mir nehmen können. Um noch einmal eine schöne Schwangerschaft und den Zauber der Geburt erleben zu dürfen. Aber da sprechen Kopf und Herz zwei verschiedene Sprachen. Alleinerziehend mit drei oder gar vier Kindern zu sein, stelle ich mir sehr schwer vor. Ich meine dabei nicht die Arbeit, die Belastung. Für mich hat die finanzielle Seite einen hohen Stellenwert. Die Kinder bleiben nicht immer klein, sie werden größer, die Ansprüche wachsen. Ich möchte mit meiner kleinen Familie in den Urlaub fahren, die Wohnung muss bezahlbar sein, Klassenfahrten müssen finanziert werden. Vielleicht wollen die Kinder studieren. Daher sagt die Vernunft, dass es am besten ist, meinen Kinderwunsch als erfüllt zu betrachten.

Doch was passiert nun mit den zwei kleinen Eskimos? Sie könnten verworfen, also über den Klinikmüll entsorgt werden. Oder für die Forschung gespendet werden. Das sind zwei

Optionen, die für mich nicht in Frage kommen. Eine dritte Möglichkeit wäre, die Embryonen zur Adoption freizugeben, zu spenden. Seit einiger Zeit setze ich mich mit dieser Alternative auseinander. Allerdings würde mir das viel leichter fallen, wenn es »nur« unbefruchtete Eizellen wären. Aber so sind es Vollgeschwister von Emma und Lea. Und sowohl eine anonyme als auch eine nichtanonyme Spende hat ihre Vor- und Nachteile. Da es mir aber wichtig ist, dass die möglichen Kinder in dem Wissen aufwachsen, als Embryonen adoptiert worden zu sein, schließe ich eine anonyme Spende aus. Ich möchte, dass das Kind / die Kinder die Möglichkeit bekommen, irgendwann Kontakt zu mir aufnehmen zu können, um ihre biologischen Wurzeln zu finden. Es ist jedoch schwierig, die Spende nichtanonym durchzuführen, da das auch im Ausland häufig verboten ist.

Mir ist dieses Thema sehr wichtig. Ich denke, dieser Aspekt wird in einer Kinderwunschbehandlung viel zu wenig beleuchtet. Natürlich hat jede Frau / jedes Paar vorrangig den Wunsch, möglichst viele befruchtungsfähige Eizellen zu produzieren. Und jede Frau / jedes Paar ist erleichtert, wenn genügend befruchtete Eizellen vorhanden sind, um diese einzufrieren. Leider wird aber das Thema, was am Ende mit den übrigen Embryonen passiert, kaum oder gar nicht angesprochen. Ich werde mich wohl in der nächsten Zeit mit Martin zusammensetzen müssen, um gemeinsam zu überlegen, was nun mit unseren beiden Eskimos passieren soll. Und ich hoffe sehr, dass er einer nichtanonymen Spende positiv gegenübersteht. Denn dann, da bin ich mir sicher, wird sich ein Weg im Ausland finden lassen.

Wie die rechtliche Lage aussieht

Der Weg zum Kind kann ziemlich lang werden. Nadine und ihr Spender aus dem vorigen Kapitel haben über zwei Jahre »gebastelt«, bis sie endlich schwanger wurde. Bei Greta dauerte es drei Jahre. Doch der Weg zum Kind ist auch aus räumlicher Sicht weit. Die restriktive und zudem rechtlich nicht eindeutig geregelte Situation in Deutschland führte in den letzten beiden Jahrzehnten zu einem regelrechten Befruchtungstourismus. Das geltende Recht deckt das komplexe Gebiet moderner Reproduktionsmedizin nicht vollständig ab. Es greifen hier Regelungen von verschiedenen Stellen: das im Strafgesetzbuch enthaltene Embryonenschutzgesetz von 1991, einzelne Paragrafen des Unterhaltsvorschussgesetzes und andere Passagen des Sozialgesetzbuches, das auf dem Bürgerlichen Gesetzbuch von 1896 beruht, sowie die Empfehlungen der Bundesärztekammer und die darauf beruhenden Richtlinien der Landesärztekammern.

Die aktuell gültige Version der Musterrichtlinie der Bundesärztekammer stammt aus dem Jahre 2006 und beruht auf einer Fassung von 1985. Partielle Änderungen erfolgten nach dem Inkrafttreten des Embryonenschutzgesetzes und nach dem Aufkommen der Behandlungsmethode ICSI, die 1992 in Belgien erstmals vorgestellt wurde. Die Richtlinie zur Durchführung der assistierten Reproduktion besagt, dass das Recht auf eine Behandlung nur Ehepaare sowie Frauen haben, die »mit einem nicht verheirateten Mann in einer festgefügten Partnerschaft«

zusammenleben, der die Vaterschaft anerkennen wird. Damit werden alleinstehende und gleichgeschlechtlich verpartnerte Frauen per se ausgeschlossen.

Rechtsverbindlich sind die Richtlinien der Bundesärztekammer nicht, dennoch sehen viele Ärzte sie, ihrem Berufsethos entsprechend, als verbindlich an. Rechtsverbindlich sind allerdings die Regelungen der Landesärztekammern, die von Bundesland zu Bundesland variieren. Da ist es kein Zufall, dass die wenigen Kinderwunschzentren, die momentan als die Geheimadressen von Singlefrauen mit Kinderwunsch gelten, vorrangig in den Bundesländern Berlin und Bayern liegen, den beiden Ländern, in denen die Berufsverordnungen der Landesärztekammer gar keinen Passus zum Thema assistierte Reproduktion enthalten. Ein Arzt, dessen Niederlassung in einem Bundesland liegt, das den Text der Musterrichtlinie der Bundesärztekammer in den Regelungen der Landesärztekammer übernommen hat, riskiert bei einem Verstoß seine Berufszulassung.

Erschwert wird die rechtliche Lage für Singlefrauen durch die Bestimmungen des Sozialgesetzbuches, demzufolge der Verursacher einer Schwangerschaft als unterhaltspflichtig gilt, bei einem anonymen Spender also der behandelnde Arzt. Die Samenbank Düsseldorf begründet die Ablehnung der Behandlung von Singlefrauen auf ihrer Website deshalb so: »Die Samenübertragungsbehandlung bei alleinstehenden Frauen oder in lesbischer Lebensgemeinschaft lebenden ist explizit nicht verboten, jedoch besteht für den behandelnden Arzt / Ärztin ein nicht unbeträchtliches Risiko, dass er / sie als ›Schwangerschaftsverursacher‹ zur Unterhaltspflicht herangezogen werden könnte. Daher sind diese Frauen in Deutschland von der Behandlung mit Spendersamen ausgenommen.«

Es gibt einige Mediziner in Deutschland, die diese Frauen trotzdem behandeln. Zwar ist die Anzahl dieser Ärzte im vergangenen Jahrzehnt stetig gewachsen, dennoch handelt es sich bislang bestenfalls um ein Dutzend Ärzte. Die meisten gehen nicht damit hausieren, dass sie auch Singlefrauen behandeln. Einige verlangen eine zusätzliche Absicherung von ihren Patientinnen. So fordert ein Arzt, dass die Frau eine Risikolebensversicherung für das Kind abschließt. Ein anderer verlangt einen notariell beglaubigten Vertrag, der ihn – als behandelnden Arzt – im Falle der Entstehung eines Kindes von Unterhaltsforderungen freispricht. »Hier sind dann nur im Vorfeld einige wenige rechtliche Schritte zu absolvieren«, hieß es etwa auf der Website des Ende 2014 in den Ruhestand gegangenen Münchner Reproduktionsmediziners Michael Poluda in Bezug auf Inseminationen bei Singles.

Sehr wenige Ärzte stehen offen dazu, dass sie Singlefrauen behandeln, etwa der Berliner Reproduktionsmediziner Matthias Bloechle, der von den Frauen liebevoll »Papa B« genannt wird. Auf meine Frage, warum er trotz der als Berufskodex der Ärzte geltenden Empfehlungen der Bundesärztekammer Singlefrauen behandelt, hat er eine eindeutige Antwort: Es gebe zu viele Regelungen, die zu sehr in die Persönlichkeitsrechte des Einzelnen eingreifen. Für ihn hat jede Frau das Recht auf Kinder, dem Staat stehe es nicht zu, dabei Einschränkungen vorzunehmen. Ein ethisches Dilemma sieht Bloechle darin nicht. »Im Grunde geht es doch um die Frage: Ist eine Nichtexistenz einer Existenz mit einem gewissen Defizit – nämlich keinen präsenten Vater in der Kindheit – vorzuziehen? Diese Frage würde wohl keiner ernsthaft mit Ja beantworten. Wichtig für ein glückliches Aufwachsen ist ja, geliebt, umsorgt und gefördert zu werden, und das ist bei den Kindern der Singlefrauen der Fall.« Bloechle räumt ein, dass es seine Berufskollegen in anderen Bundesländern schwerer haben, da sie den Entzug ihrer Zulassung als Arzt riskieren. Doch er betont auch, dass Ärzte Einfluss darauf nehmen können, welche Regelungen in die Richtlinien ihrer jeweiligen Landesärztekammer aufgenommen werden. Ein selbstbewussteres Auftreten der Ärzteschaft könnte so auch ein Weg sein, die Regelungen weniger bevormundend zu gestalten. Angst vor

Unterhaltsforderungen der von ihm behandelten Frauen hat Bloechle nicht. Andere Berliner Reproduktionsmediziner halten sich dennoch strikt an die Empfehlungen der Bundesärztekammer. »Ich wurde hochkant aus der Praxis geworfen, als ich mich nach einer IVF erkundigte und mich als Single outete«, berichtete mir eine Frau über ihren Besuch in einem großen Berliner Kinderwunschzentrum.

Vieles, was in anderen europäischen Ländern erlaubt ist, ist in Deutschland verboten. Dazu gehört das Einfrieren oder Weiterkultivieren von bereits geteilten Embryonen (Zweizellern). Wie kam es zu dieser restriktiven Gesetzgebung? Das deutsche Embryonenschutzgesetz, das auch Eizellspende, Embryonenadoption und Leihmutterschaft verbietet, stammt aus dem Jahr 1991, aus einer Zeit also, in der die moderne Reproduktionsmedizin in den Kinderschuhen steckte. Erste Inseminationen bei Menschen fanden bereits Ende des 19. Jahrhunderts in Frankreich statt, in Deutschland kam es erst um 1912 zu Diskussionen in Fachkreisen über dieses Thema. Man muss sich vor Augen führen, dass es künstliche Befruchtung seit über 100 Jahren gibt, dennoch ist diese Art der menschlichen Reproduktion im Bewusstsein der Öffentlichkeit ein ganzes Jahrhundert lang kaum präsent gewesen.

In der BRD der Nachkriegszeit herrschte eine besonders kritische Haltung, in den 1950er Jahren wurde bei den Reformentwürfen zur Strafgesetzgebung die künstliche Befruchtung generell als strafbar eingestuft. Zwar kam es nicht zu dieser Gesetzesänderung, aber der Deutsche Ärztetag, die höchste Instanz der Ärzteschaft, lehnte 1959 Inseminationen »aus sittlichen Gründen« ab: »Ihre Ausführung hat medizinische, rechtliche und psychologisch-ethische Folgen, die für den Arzt nicht übersehbar sind und für die er die Verantwortung nicht mittragen muss.«[1] Erst 1970 wurden Inseminationen durch den Ärztetag wieder »erlaubt«. Zuvor hatte es international Kritik an der deutschen Haltung gegeben, so formulierte der 9. Internationale Strafrechts-

kongress in Den Haag 1964, Deutschland sei »reproduktions-
medizinisch auf dem Weg in die ›normative Isolierung‹«.[2]

1978 wurde das erste in vitro gezeugte Kind in Großbritannien geboren, damals eine Sensation. Das erste deutsche »Retor-
tenbaby« kam vier Jahre später in Erlangen zur Welt. Seitdem
sind über 30 Jahre vergangen, die erste Generation der durch
künstliche Befruchtung entstandenen Kinder ist längst zu »ganz
normalen« Erwachsenen herangewachsen. Schätzungen zufolge
liegt die Zahl der durch IVF entstandenen Kinder heute bei über
einer Million. In Deutschland wurden im vergangenen Jahrzehnt jährlich 40 000 Kinder durch künstliche Befruchtung
gezeugt. Doch die Bedenken, die in den Anfangsjahren der
künstlichen Befruchtung mit der Angst vor »geclonten« und
»designten« Kindern bestanden, fanden ihren Niederschlag in
dem sehr restriktiven Embryonenschutzgesetz von 1991.

Eine Änderung dieses Gesetzes, eine Anpassung an die Entwicklung der letzten dreieinhalb Jahrzehnte ist überfällig. Es
fehlen Regelungen zur Situation von Kindern außerhalb der
Institution der heterosexuellen Ehe, zur Samenspende, zur
Eizellspende, zur Leih- und Tragemutterschaft, zur Kombination aus Samenspende und Eizellspende, zur Embryonenadoption, zum Umgang mit anonymen Spendern im Kontext des
Grundrechts jedes Menschen, von seiner Herkunft zu erfahren.
Doch der Gesetzgeber wagt sich nicht daran, das Thema stand
lange auf keiner Agenda. Initiativen von Betroffenen – es handelt
sich schließlich um ein Problem aller Menschen mit Kinderwunsch, egal ob Paar oder alleinstehend – haben daran bislang
wenig geändert.

Eine erste gesetzliche Anpassung erfolgte 2011, als der Bundestag die Präimplantationsdiagnostik mit Einschränkungen erlaubte. Der Impuls dazu kam von Bloechle, jenem Reproduktionsmediziner, der auch bei der Behandlung von Singlefrauen
in Deutschland eine Vorreiterrolle spielt. Er hatte dieses Diag-
noseverfahren 2005 angewandt und sich danach selbst ange-

zeigt, um juristisch zu klären, ob dieses Verfahren dem Embryonenschutzgesetz entspricht oder nicht. Sein Weg durch alle Instanzen ist in seinem Buch *Vom Recht auf ein gesundes Kind* nachzulesen. 2010 wurde er vom Bundesgerichtshof freigesprochen, was 2011 zur Erlaubnis der PID durch den Bundestag führte, allerdings nur in bestimmten Fällen und nach Beurteilung durch eine Ethikkommission. Mit dieser Entscheidung wurde jedoch nur eine winzige Lücke in der unvollständigen, nicht zeitgemäßen Gesetzeslage geschlossen.

Im August 2014 berief der Bundesjustizminister einen Arbeitskreis »Abstammung« ein, in dem Juristen, Medizinethiker und Psychologen neue rechtliche Antworten auf die Realität abseits des »Familienbildes männlicher Elternteil, weiblicher Elternteil, Kind« suchen sollen.[3] Reproduktionsmediziner wurden nicht dazu gerufen. Der Arbeitskreis soll unter anderem dazu beitragen, die Rechte von Samenspenderkindern und Regenbogenfamilien zu klären, da die geltende Gesetzgebung für »Inkonsequenzen und Wertungswidersprüche« sorge. Ehe die Rechtsprechung tatsächlich angepasst wird, werden sicher Jahre vergehen, aber es ist ein erster Schritt.

Für Singlefrauen mit Kinderwunsch ist die unklare gesetzliche Situation weiterhin eine zusätzliche Belastung. Die 39-jährige Anna zieht nach vier negativen IUI, zwei IVF und acht Inseminationen Bilanz: »Mich erfüllt es natürlich immer wieder mit Wut, in einem solch konservativen, engstirnigen Land zu leben, in dem ich mich als Singlefrau so ausgesetzt, so determiniert, so diskriminiert fühle. Gewiss ist das nicht der einzige Grund meiner Kinderlosigkeit, aber es macht doch einen Teil aus.«

Ärzte wie »Papa B« sind Ausnahmen, und auch wenn sich die Lage in den vergangenen fünf Jahren deutlich geändert hat und nun mehr Ärzte die Empfehlungen der Bundesärztekammer freier interpretieren und somit inzwischen einige Anlaufstellen für Singlefrauen in Deutschland bestehen, existiert nach wie vor ein Befruchtungstourismus in Länder mit weniger restriktiven

Regelungen. Gilt dies heutzutage vor allem für seltenere Methoden der künstlichen Befruchtung, wie Eizellspende oder Embryonenadoption, so betraf es noch vor zehn Jahren einfache
Inseminationen.

Eine Vorreiterrolle beim freien Zugang zu Samenbanken und
Inseminationsbehandlungen hatten die USA inne. 1982 wurde
im kalifornischen Oakland die erste Samenbank gegründet, die
sich vordergründig der Zielgruppe lesbischer oder unverheira-
teter Frauen verschrieb. Ihre Zielsetzung beschreibt die heute in
Berkeley ansässige The Sperm Bank of California (TSBC) als die
Gewährleistung des Zugangs zu einer »juristisch geschützten
und medizinisch sicheren Möglichkeit der Familiengründung«,
unabhängig von Familienstand und sexueller Orientierung.
Jahre später war die TSBC auch weltweit die erste Samenbank,
die offene Spender anbot und im Rahmen ihres »Identity
Release Programs« den durch Samenspende entstandenen Kindern im Erwachsenenalter ermöglichte, die Identität des Spenders zu erfahren.

1994 erschien in den USA das Buch *Single mothers by choice*
von Jane Mattes. Die Autorin, eine Psychotherapeutin aus New
York, hatte 1980 als Single ihren Sohn mit Hilfe einer Samenspende bekommen. Ihr Ratgeber befasst sich mit den wesent-
lichen Fragen, denen sich Frauen in diesem Entscheidungsprozess gegenüberstehen, und gibt praktische Tipps zur
Umsetzung des Kinderwunsches als Single. Das Buch beleuchtet
die Situation aus der Perspektive der US-amerikanischen Gege-
benheiten der 1980er Jahre, auch wenn der Hinweisteil in den
Folgeauflagen aktualisiert wurde. In Ermangelung anderer Lite-
ratur zu diesem Thema gilt es dennoch bis heute auch in deutsch-
sprachigen Ländern als Pflichtlektüre unter Frauen, die sich mit
der Mutterschaft als Single auseinandersetzen. Die 1998 erschie-
nene deutsche Übersetzung des Werkes trägt den etwas unglück-
lichen Titel *Ich will ein Kind, und zwar allein* und ist nur noch
antiquarisch erhältlich.

Lange vor dem Erscheinen ihres Buches, kurz nach der Geburt ihres Sohnes, hatte Jane Mattes die Organisation Single mothers by choice ins Leben gerufen. Aus der 1981 in New York entstandenen kleinen Gruppe zum Erfahrungsaustausch von Singlefrauen mit Kinderwunsch wuchs über die Jahre ein riesiges Netzwerk in den gesamten USA, dessen Vorsitzende und Sprecherin sie bis heute ist. Die Organisation hat sich zum Ziel gesetzt, Singlefrauen bei der Entscheidung für eine Mutterschaft Informationen und Unterstützung anzubieten. Sie betreibt die Website *singlemothersbychoice.org* und hat in den USA, Kanada und Europa lokale Gruppen gegründet.

In Deutschland gab es dergleichen nicht. Heterologe Inseminationen wurden zwar von Reproduktionsmedizinern durchgeführt, doch ausschließlich bei Ehepaaren, so dass es verborgen blieb, dass das Kind durch Samenspende entstanden war, da die Vaterschaft automatisch dem sozialen Vater zugeschrieben werden konnte. In den 1980er Jahren herrschte im Umgang mit Samenspende eine Politik der Vertuschung. In den Kliniken wurde mit anonymen Spendern gearbeitet, systematische Aufzeichnungen über die Spender existierten nicht, es gab keine Regelungen zur Aufbewahrungsfrist von Spenderdaten. Die Auswirkungen, die das für die erste Generation von deutschen Spenderkindern hatte, die heute junge Erwachsene sind, werden im vierten Kapitel beschrieben.

Welche Möglichkeiten hatten deutsche Singlefrauen in den letzten beiden Jahrzehnten für die Verwirklichung ihres Kinderwunsches? Im Zeitalter von Aids wurde die seit Jahrhunderten übliche Methode, durch eine Urlaubsaffäre oder einen One-Night-Stand schwanger zu werden, immer unpopulärer, zumindest für Frauen, die sich das gesundheitliche Risiko bewusst machten. Eine Alternative war die Reise in ausländische Kliniken, zum Beispiel in die USA. In den letzten anderthalb Jahrzehnten verschoben sich dann die befruchtungstouristischen Reiseziele, durch mitunter rasante Änderungen der Regelungen in den einzelnen Ländern. Ende der 1990er bis Mitte der 2000er Jahre waren die Niederlande die typische Anlaufstelle für deutsche Singlefrauen. Dort erfolgten Inseminationen für Singlefrauen mit anonymen Spendersamen. Als die Niederlande nur noch offene Samenbankspender zuließen, kam es zu einem drastischen Rückgang an spendewilligen Männern, so dass das Land in der Konsequenz einige Jahre lang keine Behandlung von Ausländerinnen mehr durchführte.

Frauen, für die aus medizinischen Gründen keine Insemination in Frage kam und die nur durch eine IVF schwanger werden konnten, mussten vor 2006 deutlich weiter reisen als nur ins Nachbarland. Zwar war eine IVF grundsätzlich in den Niederlanden, Großbritannien und Belgien möglich, doch der Weg der damals 38-jährigen Tricia führte sie nach Südafrika und Zypern, da sie aufgrund ihres Alters eine Präimplantationsdiagnostik wollte, um eine genetische Schädigung des Embryos auszuschließen. Außer den Flügen und der eigentlichen IVF-Behandlung musste sie auch selbst koordinieren, dass das Sperma der TSBC pünktlich zum Termin in die jeweilige Klinik geliefert wurde, da sie großen Wert auf einen offenen Spender legte. In dieser schwierigen Zeit begann sie als single-mom-to-be über ihren Weg zu bloggen und gründete im Internet eine kleine Newsgroup zum Austausch von Singlefrauen mit Kinderwunsch, aus der das heutige SFMK-Netzwerk hervorging.

Schwanger wurde Tricia erst 2007 durch eine IVF in Dänemark. Etwa zeitgleich mit den Restriktionen in den Niederlanden war eine Öffnung in den skandinavischen Ländern erfolgt, vor allem in Dänemark. Dort entstanden Hebammenpraxen, wie die Storkklinik oder Vitanova. Hintergrund war ein dänisches Gesetz von 1997, das es Ärzten verbot, Singles zu behandeln, jedoch nicht Hebammen. Diese führten nun Inseminationen mit offenem oder anonymem Spendersamen durch. Ihre Zielgruppe waren vorrangig lesbische und alleinstehende Frauen. Annette erzählt in ihrer Geschichte von ihren Reisen nach Kopenhagen. 2007 wurde das Gesetz von 1997 wieder auf-gehoben, so dass dänische Fertilitätskliniken nun auch IVF- und ICSI-Behandlungen für alleinstehende und lesbische Frauen anbieten konnten. Zahlreiche weitere Hebammenpraxen und Kliniken zogen nach, deutsche Kundinnen machten von Anfang an einen großen Anteil ihres Kundenstammes aus.

In den letzten Jahren sind Länder wie Tschechien, Russland und Spanien vor allem für Eizellspenden und Embryonenadoptionen beliebte Ziele geworden. Andere Singlefrauen lassen eine IVF oder ICSI in Großbritannien oder, wie Greta, in Belgien durchführen. Die belgische Reproduktionsmedizin ist zwar sehr aktiv in der Forschung, aber die belgischen Kliniken werben längst nicht so massiv um Kundinnen aus dem Ausland wie es die Kliniken in Dänemark oder Spanien tun. Daraus resultiert wohl die Tatsache, dass sich nur wenige deutsche Frauen in Belgien behandeln lassen. Ein weiterer Grund dürften die Kosten sein, die für Ausländerinnen dort um etliches höher sind als in Dänemark oder Tschechien. Belgien ist jedoch ein beliebtes Anlaufziel für Singlefrauen und Frauenpaare aus Frankreich, denen in ihrem Heimatland der Zugang zu Kinderwunschbe-handlungen gesetzlich verwehrt ist. »Bébés Thalys« – Thalys-Babys – heißen die in Belgien entstandenen Kinder in Frank-reich, benannt nach dem Expresszug Paris–Brüssel.

In diesem Kapitel erzählen zwei Frauen von ihren Reisen zum Kind. Annette fliegt mehrere Male nach Kopenhagen, um sich dort erst in einer Hebammenpraxis und später in einer Fer-tiliätsklinik behandeln zu lassen, mit Unterstützung von Medi-kamenten aus Frankreich. Später erwägt sie eine Embryonena-doption in Tschechien. Ulrike ist es besonders wichtig, sich im inneren Einklang mit ihrem Wunsch und der Natur zu befin-den. Sie nutzt alternative Methoden zur Erhöhung ihrer Frucht-barkeit, unternimmt »innere Reisen« zum Kind, bevor sie zu Inseminationen nach Dänemark reist und sich einen Termin für eine Eizellspende in Spanien geben lässt.

Warten und Hoffen – und am Ende doch ohne eigenes Kind

Als ich Annette das erste Mal traf, stand ich kurz vor einer Reise ins Ausland, um mich dort über meine Chancen zu informieren, ein Kind zu adoptieren. Ich hatte gerade ein Jahr mit vergeblichen Versuchen hinter mir, schwanger zu werden, und war dabei, die Hoffnung aufzugeben, denn eine künstliche Befruchtung kam für mich nicht in Frage. Doch Annette erzählte so mitreißend und voller Optimismus von der IVF, der sie sich unterzogen hatte, dass sie mir Mut machte, auch in diese Richtung zu denken. Sie selbst hatte keinen Erfolg bei ihren Versuchen, die heute 49-Jährige ist kinderlos geblieben. Für dieses Buch war sie bereit, noch einmal zurückzublicken auf ihre Kinderwunschzeit. Annette beschreibt eine Erscheinung, die viele Frauen mit Kinderwunsch erleben, den Sog weiterzumachen, den ewigen Kreislauf des Hoffens nach einem Fehlschlag, der manche Frauen jahrelang weiterprobieren lässt. Annette hatte die Kraft, Grenzen zu ziehen. Sie nahm nach mehreren IVF-Behandlungen und zwei biochemischen Schwangerschaften (ein Zustand, bei dem die Hormonwerte eine Schwangerschaft anzeigen, sich aber kein Embryo einnistet) Abschied von ihrem Kinderwunsch. Heute ist Annette kinderlos glücklich, mit neuem Job, neuer Wohnung, ihren Tieren und ehrenamtlichem Engagement. Mit Kindern kann sie hervorragend: Meine Tochter, die sonst eher schüchtern ist, nahm Annette sofort in Beschlag, als wir bei ihr zu Gast waren.

Alles begann 2006, mit einem Bericht im Fernsehen über ein Treffen von Frauen und ihren Kindern. Diese Kinder waren alle von ein und demselben Samenspender gezeugt worden. Das Treffen sollte dazu beitragen, Kontakte zwischen Halbgeschwistern herzustellen. In Amerika war es schon länger möglich, dass Frauen, die keinen festen Partner hatten, zur Samenbank gehen konnten, um sich ihren Kinderwunsch zu erfüllen.

Diese Dokumentation beschäftigte mich sehr, und ich fragte mich, ob das auch für mich als Single eine Möglichkeit wäre, ein Kind zu bekommen. Ich kannte keine Frau, die das für sich entschieden und umgesetzt hatte. Ich hatte nie zuvor etwas über das Thema gelesen oder gehört. Für mich hatte es bis dahin nur entweder »Kind mit Partner« oder »kein Kind« gegeben.

Von dem Tag an ließ mich diese Idee nicht mehr los. Es war, als sei eine Lawine in mir losgetreten worden. Ich wollte bald eine Entscheidung treffen, da ich mit 41 nicht mehr viel Zeit hatte. Ich hatte das Gefühl, dass das Schicksal nicht umsonst dafür gesorgt hatte, dass ich den Bericht gesehen hatte und mich dadurch mit meinem Kinderwunsch noch einmal auseinandersetzen sollte. Solange ich denken kann, wollte ich eigene Kinder. Als ich mit Ende 30 feststellen musste, dass mein Traum von einer eigenen Familie sich nicht erfüllt hatte, fiel ich erst in ein tiefes Loch, arrangierte mich aber später damit. Mit 41 hatte ich das Kinderwunschthema eigentlich abgeschlossen. Eigentlich. Es war eine spannende, sehr emotionale Zeit. Immer wieder verwarf ich den Traum vom eigenen Kind, um ihn dann später noch einmal aufzugreifen. Ich fing an, meine Möglichkeiten realistisch abzuschätzen. Was würde es für das Kind bedeuten, wenn ich mich bewusst für eine Zeugung durch Spendersamen entschied? Ich besorgte mir Bücher, las Artikel der Psychologin Petra Thorn, die sich auf dieses Thema spezialisiert hat, und besprach mich mit Freundinnen mit Kindern. In Deutschland war es damals für Singlefrauen offiziell nicht möglich, sich künstlich befruchten zu lassen. Manche Ärzte machten das zwar trotzdem, aber es war damals so teuer, dass ich mich schließlich für eine Hebammenklinik in Kopenhagen entschied. Dort wurden Inseminationen durchgeführt, und ich hatte die Möglichkeit, den Samen eines offenen Spenders zu kaufen.

Am Tag der Insemination war ich ziemlich aufgeregt. Ich fühlte mich meinem Traum vom eigenen Kind so nah wie nie zuvor. Die Hebamme, die mich betreute, war sehr nett, und die kleine, freundlich eingerichtete Klinik verbreitete eine positive Stimmung. Die Insemination war schnell vorbei und ich durfte noch eine halbe Stunde bei Musik entspannen. Ich stellte mir vor, wie die Samen sich bald mit meinem Ei treffen und dann mit viel Glück ein kleines Baby in mir wachsen würde.

Die Enttäuschung, dass es nicht geklappt hatte, war groß, aber ich hatte mich darauf eingestellt, dass ich nicht gleich beim ersten Mal schwanger werden würde. Dazu waren die Chancen in meinem Alter zu gering, noch dazu mit eingefrorenem Samen, da die Spermien dann nicht mehr so lange aktiv sind wie bei frischen Samen. Nach der zweiten erfolglosen Insemination beschloss ich, einen Schritt weiter zu gehen, bevor ich zu viel Hoffnung und Geld in weitere Inseminationen investierte. Ich hatte über das Internet eine Frau aus Deutschland kennengelernt, die in Kopenhagen eine In-vitro-Fertilisation hatte machen lassen und gleich schwanger geworden war. Sie hatte noch drei Portionen Spendersamen in der Klinik eingefroren und bot mir an, diese zu kaufen. Der Samen war von einem »offenen Spender« aus den USA, dessen Profil mir gut gefiel.

Für die IVF musste ich deutlich mehr Hormone spritzen. Ich fand eine Apotheke in Frankreich, die die teuren Medikamente günstiger als in Deutschland verkaufte und als sehr zuverlässig galt. Eine IVF mit Vor- und Nachbehandlung, Medikamenten, Anreise und Aufenthalt in Kopenhagen war so teuer, dass ich mir nicht mehr als drei IVFs würde leisten können. Ich muss gestehen, dass ich diese Kinderwunschzeit als sehr spannend und aufregend empfand. Ich bekam ein ganz besonderes Gefühl zu meinem Körper und meiner Weiblichkeit. Wie viele Follikel würden sich wohl entwickeln, wären sie alle gut, bin ich noch fruchtbar genug in meinem Alter? Würde ich passend Urlaub bekommen? Es wäre ja alles viel einfacher in Deutschland gewesen, aber so musste ich den Flug buchen, das Hotelzimmer für mindestens fünf Tage reservieren, weil ich im Vorfeld nicht genau wusste, an welchen Tagen ich wirklich da sein musste, dies hing ja von der Stimulation und der Größe der Follikel ab. Es war mit sehr viel Organisation verbunden.

Dann kam der Tag meiner ersten IVF, und ich reiste mit meinen elf Follikeln nach Kopenhagen. Ich war aufgeregt, per SMS hielt ich Familie und Freunde auf dem Laufenden. Ich hatte nach der Punktion zwei Tage starke Bauchschmerzen, so dass ich fast nur im Bett lag und betete, dass meine Eier sich gut befruchten lassen würden. Immer diese Warterei, das war das Schlimmste. Bei der Stimulation, bei der IVF, dann nach dem Einsetzen der Embryonen, immer dieses Hoffen, dass alles gut wird und sich die Strapazen lohnen.

Die Tage wurden endlos, jedes Ziepen im Bauch oder Brustspannen löste einen Hoffnungsschimmer aus. Wieder nahm ich Hormone, damit die Chancen der Einnistung optimiert wurden. Ab dem elften Tag machte ich Schwangerschaftstests, immer wieder negativ. Dann endlich: positiv! Auch die Blutuntersuchung bei meiner Ärztin bestätigte eine Schwangerschaft. Ich konnte mein Glück nicht fassen. Ich sollte nach zwei Tagen wiederkommen, dann müsse der Wert deutlich höher sein. Wieder Warten und Hoffen. Zwei Tage später das Aus. Der Wert war kaum gestiegen. Ich war verzweifelt. So kurz davor – und dann doch nicht. Nicht schwanger zu werden, das war traurig genug, aber den positiven Test schon in den Händen zu halten und dann doch nicht das Glück einer gesunden Schwangerschaft zu erleben, das war nicht so einfach zu verdauen. Hinzu kam, dass ich zur Überwachung ins Krankenhaus musste, da meine Werte nicht runter gehen wollten. Ich wurde mit der Diagnose nach Hause entlassen, dass eine Eileiter- oder Bauchhöhlenschwangerschaft nicht zu sehen sei. So hoffte ich weiter auf ein Wunder. Schließlich war doch Weihnachten, dachte ich fast trotzig. Dennoch die Angst, denn die Ärztin hatte mir eingeschärft, dass ich mich auf jeden Fall melden müsste, wenn ich plötzlich Bauchschmerzen bekommen würde. Das wäre gefährlich. Am 27. Dezember, einem nasskalten Schneeregentag, erfuhr ich dann, dass meine Blutwerte wieder fast normal seien, also keine Gefahr mehr bestehen würde, aber eben auch kein Wunder passiert war.

Im neuen Jahr plante ich dann bald wieder eine neue Behandlung. So schnell wollte ich nicht aufgeben. Schließlich war ich doch schon kurz davor gewesen. Das nächste Mal würde es bestimmt klappen. Auch wenn es seltsam klingt, ich konnte die Spielsüchtigen verstehen, die sich nach »Fastgewinnen« kurz vor dem erträumten Ziel fühlten – es eben nur noch ein, zwei Mal probieren müssten, um endlich den Hauptgewinn zu bekommen. So ähnlich ging es mir auch. Auch die zweite IVF verlief negativ. Beim dritten Mal schien sich alles gegen mich verschworen zu haben. Meine Ärztin war im Urlaub, die Klinik in Kopenhagen sagte, dass ich aufgrund der Werte einen Tag eher kommen solle. Am Samstagmorgen, drei Stunden, bevor ich abreisen wollte, rief mich die Klinik an, sie hätten keinen Samen da zum Auftauen. Ich flippte aus. Ich hatte drei Proben abgekauft und zwei verbraucht, wo war die dritte Probe? Ich war verzweifelt. Wo sollte ich jetzt so kurzfristig noch eine Probe von einem offenen Spender herbekommen?

Ich versuchte, eine dänische Samenbank zu kontaktieren, aber samstags war keiner da. In meiner Verzweiflung rief ich meine Hebammenklinik an und fragte, ob ich von ihnen offene Spendersamen bekommen könne. Sie bejahten, aber ich müsse das unbedingt vorher mit der Klinik besprechen. Die Klinik wollte erst ablehnen, aber als ich sie darauf hinwies, dass sie schließlich meine dritte Probe verloren hätten und deshalb nun auch verpflichtet seien zu helfen, erklärten sie sich nach einigem Hin und Her einverstanden. Ich könne für den Transport einen Kühlbehälter vorher bei ihnen abholen. Der Punktionstermin war allerdings schon um zehn Uhr, also müsse ich früh in die Klinik, dann den Samen abholen und wieder zurück. In der Hebammenklinik waren sie so nett und wollten extra meinetwegen am Sonntag früh in die Praxis kommen. Erleichtert fuhr ich zum Flughafen, dort gab es auch noch Probleme mit meinem Ticket. Als ich endlich im Flugzeug saß, war ich fix und fertig. War das ein schlechtes Omen? Wollte das Schicksal mich testen? So schnell gab ich nicht auf. Mit dem Taxi fuhr ich am nächsten Tag hin und her und transportierte den Spendersamen in einer Thermoskanne.

Diesmal hatte ich so viele befruchtete Eier, dass ich sogar drei Embryonen einfrieren lassen konnte. Trotzdem war die dritte IVF wieder negativ. Ich wusste nicht, wie oft ich die finanzielle, die emotionale, aber auch die hormonelle Belastung noch mitmachen könnte und wollte. Ich war schon 44, ab welchem Alter würde ich die Grenze ziehen?

Könnte ich mir ein Leben ohne eigenes Kind jetzt wieder vorstellen? Ich war ja schon einmal an diesem Punkt gewesen, vor dem Fernsehbericht. Würde ich dort wieder hinkommen? Oder würde das jetzt nicht mehr so einfach gehen? Würde ich aufhören können? Mein Verstand sagte Ja, aber könnte ich das wirklich oder würde ich wie einige andere Frauen immer weiter machen in der Hoffnung, dass es irgendwann klappen würde? Wie weit würde ich gehen, um ein Kind zu bekommen?

Im Mai 2009 wurden mir die letzten drei Embryonen eingesetzt. Auch diese durfte ich mir unter dem Mikroskop ansehen. Acht kleine Zellen aneinandergeklebt. Noch ein paar Stunden, und es wären 16 Zellen. Ich fühlte den größten Respekt vor dieser kleinen Einheit des Lebens. Als sie mir eingesetzt wurden, empfand ich eine große Dankbarkeit, dass ich als Frau, im Gegensatz zu den Männern, die Chance hatte, Leben in mir wachsen lassen zu können, aus zwei kleinen Zellkernen neues Leben entstehen zu lassen. Wir alle haben in der Schule Genetik, Meiose und Mitose gelernt, aber die Gelegenheit zu haben, einen Zellkomplex zu sehen, aus dem später, nach unendlichen Zellteilungen und Ausdifferenzierungen ein Mensch entstehen kann, das hat mich sehr berührt.

Endlich. In der siebten Woche sollte ich zur Ultraschalluntersuchung kommen. Ich war nervös und hatte ein ungutes Gefühl. Als meine Ärztin den Ultraschallkopf einführte, sahen wir leider keine schöne Fruchthöhle mit Embryo. Sie suchte die gesamte Gebärmutter ab, aber sie fand nichts. Die Tränen schossen mir in die Augen. Wie konnte mir so etwas ein zweites Mal passieren? Die Blutwerte zeigen eine Schwangerschaft an und dann … nichts! Es traf mich wie ein Schlag in die Magengrube. Wie mechanisch zog ich mich an. Die Ärztin umarmte mich beim Abschied und bat mich, in drei Tagen wieder zu kommen. Bei Schmerzen solle ich mich sofort melden, da die Gefahr einer Bauchhöhlen- oder Eileiterschwangerschaft bestünde. Das kannte ich ja schon. Ich spürte, tief in mir, dass es für mich keine weiteren Versuche mehr geben würde. In mir war alles so leer, wie mein Bauch ohne Fruchthöhle und ohne Wunschkind. Irgendwie fühlte ich mich noch schwanger, da sich ja die sich teilenden Zellen irgendwo in mir befanden, zumindest zeigten das meine Blutwerte noch an. Eine Bekannte hatte im Ultraschall schon den Herzschlag des Embryos sehen können, nur leider im Eileiter. Wie schrecklich. Wenigstens blieb mir das erspart. Meine Ärztin machte alle drei Tage eine Blutuntersuchung, aber der Wert fiel nur ganz langsam. Es dauerte fast zwei Wochen, bis sie mir Entwarnung geben konnte.

Ich ließ mich bei einer Klinik in Tschechien auf die Warteliste für eine Embryonenspende setzen und sagte mir, dass ich mein Bauchgefühl darüber entscheiden lassen würde, wenn sich die Klinik melden sollte. Ich konnte zu diesem Zeitpunkt mit meinem Kinderwunsch noch nicht komplett abschließen. Ich war noch nicht so weit. Nur in einem Punkt war ich mir mittlerweile wirklich sicher: keine IVFs mehr mit eigenen Eizellen. Embryonenspende? Ein »anonymer« Embryo, das würde bedeuten, dass mein Kind später auf keinen Fall seine genetischen Eltern kennenlernen konnte. Wollte ich das? Der Kinderwunsch war da, aber mein Herz konnte eine Embryonenspende nicht annehmen. Auch wenn ich mir sagte, dass es auch eine Art von Adoption sei, ich den Embryo mit meinem eigenen Blut ernähren würde und er dadurch zu einem Teil von mir werden würde. Ich wusste, es war nicht dasselbe, wie ein bereits vorhandenes Kind ohne Zuhause zu adoptieren. Die nächsten Monate passierte nichts. Ich hörte nichts aus Tschechien. Mit jeder Woche merkte ich aber, wie ich mich immer mehr von dem Gedanken verabschieden konnte, schwanger zu werden, ein eigenes Kind großzuziehen, ein eigenes Baby auf meiner Hüfte herumzutragen, Einschlaflieder zu singen, Ostereier zu bemalen, alle Dinge, die ich mit einem eigenen Kind erleben wollte. Diese Träume vom eigenen Kind, wiedererweckt durch einen kurzen Fernsehbericht und zwei positive Schwangerschaftstests, jetzt musste ich sie wieder begraben.

Es fiel mir nicht leicht, aber ich fing an, loszulassen. Ich hatte alles probiert und viel investiert, an starken Emotionen, Operationen, Medikamenten und natürlich auch an Geld. Wie lange würde ich meinen Körper mit Hormonen vollpumpen wollen und damit auch ein Krebsrisiko eingehen? Wie alt wollte ich sein, wenn mein Kind zur Welt kommt? Diese Fragen hatte ich mir immer wieder gestellt, und dadurch konnte ich letztendlich Abschied nehmen. Ich hatte es versucht, aber es sollte nicht sein.

2010 machte ich eine siebenwöchige Reise nach Costa Rica, danach wechselte ich meinen Job und meine Wohnung. Ich hatte das Gefühl, etwas Neues in meinem Leben beginnen zu müssen. Ich stellte fest, dass mein Leben auch ohne eigenes Kind lebenswert und interessant ist, dass ein Leben ohne Kind manchmal auch Vorteile hat. Ich kann frei über mein Leben entscheiden, viel reisen, meine Freizeit flexibler gestalten.

Mittlerweile gehe ich einmal wöchentlich zu ARCHE, einem Verein, der Kinder aus schwierigen Verhältnissen unterstützt, und helfe den Kindern bei den Hausaufgaben. Ich bin der Lieblingsbabysitter meiner Freunde. Ich wohne in einem Haus mit vier Familien und habe immer wieder die Kinder bei mir zum Plätzchen backen, spielen und zum Ostereierbemalen. Ich

verbringe gern Zeit mit Kindern. Ich engagiere mich im Natur-
und Umweltschutz und plane noch einige Projekte, die auch
Kinder miteinbeziehen. Mal sehen, was sich umsetzen lässt.
Abends kuschele ich mit meinen Katzen auf dem Sofa und
genieße meine Ruhe.

Eine gute Freundin sagte einmal zu mir:»Annette, du musst
das für dich tun, denn dein größter Traum war immer Familie
mit Kindern. Wenn es nicht klappt, kannst du dir immer noch
sagen, dass du alles probiert hast, es aber nicht hatte sein sollen.
Vielleicht hast du dann eine andere Bestimmung. Wenn du es
nicht tust, wirst du dich ewig fragen, was wäre, wenn …« Sie
hatte recht. Ich bin zufrieden mit meinem momentanen Leben
und bin dankbar, dass ich die Gelegenheit hatte, diese Kinderwunschzeit zu erleben. Ich möchte sie auf keinen Fall missen.
Ich habe viel erlebt, sehr viel über mich gelernt und mit der Zeit
festgestellt: Es gibt auch ein schönes und erfülltes Leben ohne
eigene Kinder.

»Überall um mich herum gab es Spermien zu kaufen.«

An der Nordsee treffe ich mich mit der 44-jährigen Designerin Ulrike aus Hamburg. Ihre kleine Tochter schläft im Kinderwagen, während wir uns unterhalten. Ulrike hat einen Brief an sie verfasst, in dem sie von ihrem Weg erzählt. Ausschnitte daraus haben wir in dieses Buch aufgenommen. Sie beschreibt, wie sie sich zu einer Eizellspende in Spanien entschließt. Und wie ihr innerer Weg sie dann doch woanders hinführt. Ulrike nutzt alternative Methoden, um sich und ihren Körper auf die Ankunft ihres Kindes vorzubereiten.

Meine liebe Klara,

wie verdreht doch alles war: da hatte ich 20 Jahre lang alles getan, um kein Baby zu bekommen. Und jetzt musste ich mich ganz umstimmen. Den Körper und die Seele. Beide zurückprogrammieren auf ihre natürliche Bestimmung. Damit sie Ja zu dir sagten, damit du, mein Schatz, endlich auf die Welt kommen konntest.

Gewollt habe ich dich schon immer, mein ganzes Leben lang. Ich habe gewartet und gewartet und gewartet. Auf den richtigen Mann, auf den richtigen Moment und immer auf die Zeichen einer Schwangerschaft. Vier Jahre, bevor du endlich zu mir kamst, habe ich angefangen, mit allem, was mir einfiel, nach dir zu suchen. Warum nicht schon vorher, wirst du mich fragen. Ich wollte immer eine richtige Familie, die aus Mama, Papa, Kind besteht. Mir war es lieber, darauf zu verzichten, als mit jemandem eine Familie zu gründen, der das nicht auch wollte. Ich wusste nicht um die Möglichkeiten, die uns beide letztlich zusammen führen würden.

Nach einer schweren Trennung von einer großen Liebe hatte ich mit 35 Jahren die Hoffnung, jemals noch Mutter zu werden, vollkommen verloren. Die besten Jahre, dahin. Ich übernahm eine bis heute andauernde Patenschaft für einen Jungen in Kambodscha. Ich ordnete mein Leben neu, lebte allein und atmete tief durch.

Seit vielen Jahren fuhr ich mit einer Freundin einige Male im Jahr an die Nordsee. Wir stapften durch den Sand, stemmten uns gegen den Wind bis zum Wasser und genossen die unendliche Weite, die uns dort empfing. Wahrscheinlich unterhielten wir uns wieder einmal über Kinder und unser Leben. Sie hatte das Thema Kinderwunsch bereits für sich abgeschlossen. Ich dagegen nicht. Aber wie machen ohne Mann? Beiläufig erzählte sie mir von einem Roman, darin unterhielten sich Frauen beim Proseccofrühstück über Samenspenden. Gibt es das wirklich? Ich war elektrisiert und ein bisschen euphorisch. Bei meiner Recherche im Internet eröffnete sich mir eine völlig neue Welt. Es war tatsächlich möglich, in Skandinavien, in Holland, in England. Überall um mich herum gab es Spermien zu kaufen, irre. Endlich hatte ich eine Perspektive und war mir sicher, dass ich Mutter werden konnte. Es fühlte sich an wie eine kleine Rettung. Ich war glücklich und optimistisch.

Ich beschäftigte mich mit den Möglichkeiten, als alleinstehende Frau Mutter zu werden, eine kleine Familie ohne Mann zu gründen. Wenn es nicht anders geht, warum dann die Reihenfolge nicht einfach umdrehen: erst Kind und dann Mann? Ich suchte Kliniken, die mir diesen Weg ermöglichen könnten. Eine Klinik in Dänemark wirbt mit dem Satz: »Jede Frau hat das Recht, Mutter zu sein.« Das gefiel mir gut.

Nun wurde es endlich konkret und du, mein Schatz, schienst in greifbarer Nähe. Bald, ganz bald würde ich eine Mama sein … und dann traf ich doch noch den Mann, der wie ich eine Familie wollte. Einer, der auch noch mal alles richtig machen wollte. Wir waren uns schnell einig und suchten mit all unserer Sehnsucht nach dem perfekten Glück. Er wusste von meinem Vorhaben, Mutter zu werden, von Dänemark, von den Möglichkeiten im

Ausland. Wahrscheinlich hat das auch seinen männlichen und sportlichen Ehrgeiz geweckt, diese ausländischen, tiefgekühlten Konkurrenten zu besiegen. Wir wohnten nicht in derselben Stadt und wollten uns zum Sex nach Plan treffen, etwas kochen, einen schönen Abend haben … Als es schließlich soweit war, funktionierte es nicht. Er konnte nicht, und ich war traurig und irritiert. Aber auch ganz wach und klar, um augenblicklich zu wissen, dass das nichts werden würde. Mein Kinderwunsch war sehr, sehr stark. Ich war überzeugt, den Weg auch allein gehen zu können. Es tauchten nebenbei natürlich auch andere Schwierigkeiten auf, die letztlich zu unserer Trennung führten.

Alles wieder auf Anfang. Wieder allein und auch befreit für die Reise zu dir. Da war er nun, mein Startschuss, laut und deutlich. Mach dich endlich nach Dänemark auf und hol dein Kind nach Hause. Verknüpft mit einem Urlaub auf Samsö entschied ich mich, in Aarhus die Diersklinik aufzusuchen, um ein persönliches Informations- und Aufnahmegespräch zu führen. Es sollte Aarhus sein, nicht Kopenhagen. Ich glaubte, dass sich Hektik und Stress, was ich beides in der Hauptstadt vermutete, eher negativ auf die Befruchtung auswirken würden. Aarhus ist die zweitgrößte Stadt Dänemarks, sehr beschaulich, gemütlich, künstlerisch. Wie dafür gemacht, um in Ruhe schwanger zu werden.

Die Klinik liegt im Künstlerviertel der Stadt, inmitten von hübschen Straßen. Ich fühlte mich wie zu Hause. Nach einem einstündigen Gespräch mit der Hebamme Lise Fries begab ich mich mit meiner Spenderliste auf die Insel. Samsö empfing mich mit seiner Einfachheit, seiner Friedlichkeit, mit seinem Alles-ist-richtig-so. Auf der Insel gibt es einen Findling, an dem einer alten Überlieferung zufolge schon die Wikinger um ihre Kinder gebeten haben. Ich machte mich auf den Weg zu diesem heiligen Stein. Er lag mitten in einem ungemähten Weizenfeld. Auf ein weißes Deckchen legte ich mein Stückchen Brot und hub gerade schüchtern und etwas verschämt mit meiner Bitte an, als mich ein aufgescheuchtes Rebhuhn fast zu Tode erschreckte. »Es funktioniert!«, war mein erster Gedanke. Im Gepäck war jetzt eine Entscheidung für mein Leben. Zuversicht, Träume und Hoffnung brachten mich aufs Festland zurück.

30 Namen, 35 Augenfarben, Körpergrößen, Gewichte, Haarfarben, Blutgruppen und Berufe. Und unter diesen Spendern sollte ich einen aussuchen, deinen Vater. Ich sollte, ganz entgegen meiner Auffassung, mir völlig unbekannte Menschen aussortieren. Schubladen auf und rein mit allen Männern, die ich spontan irgendwie für doof, unvorstellbar, voll mit Vorurteilen befand. Wie würdest du sein, wenn du deinem Vater ähneln würdest? Wie solltest du sein, damit ich mit dir gut zurechtkäme? Wie dürftest du sein, damit du du sein wirst? Also: rein mit den roten Haaren, damit du dich später mir nicht so fremd fühlen würdest, rein mit den Programmierern, weil die vielleicht in einer Ecke still und brav hocken würden, um nachzudenken, rein mit dem Fleischer wegen der groben Hände und dem breiten Gesicht und so weiter. Übrig blieben eine mehrfach durch- und wieder zurückgestrichene Liste voller Plus- und Minuspunkte und zwei Spender. Zurück in Hamburg durchforstete ich die Dateien der European Spermbank und fand dort meine übriggebliebenen Favoriten. Gegen einen Obolus konnte ich ein Kinderfoto, einen sehr umfangreichen Anamnesebogen, ein Interview als Audiodatei und eine handgeschriebene Nachricht für die entstehenden Kinder bekommen. Die Entscheidung war klar. Dein Papa sollte Randy, die Nummer 36, werden. Wenn du 18 Jahre alt sein würdest, dürftest du seine Kontaktdaten bekommen und ihn kennenlernen. Du würdest viele Geschwister haben, und ich war sicher, ihr würdet euch mögen.

Ich wollte schwanger werden und mir blieb nicht mehr viel Zeit. In einem halben Jahr feierte ich meinen 42. Geburtstag und die Statistik, in dem Alter schwanger werden zu können, war niederschmetternd. Ich war dabei, mir meine Wahrscheinlichkeit mühsam zusammenzuklauben: hier ein Prozent für gesundes Essen, das nächste für Meditationen ... eins für die Tees, die ich seit nunmehr zwei Jahren trank, eine Sorte für die erste Zyklushälfte, einen anderen Tee für die zweiten 14 Tage. Ich hatte verschiedene Globuli genommen, auf deren Wirkung ich aus Erfahrungsberichten im Internet vertraute. Ich ließ mich bei meiner Frauenärztin untersuchen, alles war wunderbar. Ich begann, Yoga zu machen, reduzierte meine Arbeitsstunden und brachte Ordnung in meinen Alltag. Ich stellte meine Ernährung nach den Empfehlungen der britischen Reproduktionsmedizinerin Marilyn Morgan um, verzichtete weitestgehend auf künstliche Zusatzstoffe, Zucker, rotes Fleisch, um meine verbliebenen Eier wirklich ausreifen zu lassen. Das Ganze sollte ein Vierteljahr dauern. Nebenbei produzierte ich Kunst: ich malte sehr viel, töpferte schöne Gefäße und Schalen. Auch eine nackte, schwangere Frau entstand.

Ich hatte viel Gutes von der Fruchtbarkeitsmassage gehört. Durch Bauch- und Fußmassage könne der Hormonhaushalt ausgeglichen und angekurbelt werden. Gab es hier in Hamburg jemanden, der das macht? Ich fand in Hildegard Herberth eine Expertin für Massagen zum Mutterwerden und Muttersein. Aufmerksam, stirnrunzelnd und neugierig hörte sie sich meine Geschichte an. Und legte los. Sie knetete, drückte und walkte meinen Bauch und die Füße durch und stimmte mich auf Bilderreisen und Visualisierungen ein. Ich ging vier Mal im Monat zu ihr. Es war so ganz anders als beim Arzt. So gut aufgehoben und verstanden hatte ich mich noch nie gewusst.

Es war soweit: November, der Eisprungtest zeigte positiv, der Ultraschall sagte Go. Anruf in Aarhus und sofort los zu meiner ersten Insemination. Etwas Fremdes war nun in mir, vielleicht schon du? Ich sprach mit dem kleinen Ding in meinem Bauch. Doch pünktlich am Tag 32 bekam ich meine Periode. Auf in den zweiten Zyklus. Baby, gibt es dich schon? Du musst von selbst kommen. Ich kann dir nur signalisieren, dass ich bereit bin. Test. Negativ: Ich war nicht schwanger.

Unruhe machte sich in mir breit. Die Zeit lief mir davon. Wäre das Geld doch besser in eine IVF oder ICSI investiert? Ich nahm Kontakt zu der Klinik IVF SYD Fredericia auf. Gleichzeitig hatte ich in Hamburg im Endokrinologikum um einen Termin gebeten. Ich hatte mich entschlossen, nach den beiden nächsten intrauterinen Inseminationen mit der IVF zu beginnen. Es war eine Geduldsprobe. Die Fruchtbarkeitsmassage trug mich durch die Wochen. Ich sollte mir vorstellen, wie es sein würde, dich, mein Baby auf dem Arm zu halten. Ich sollte die Silberschnur finden, die uns beide verband, damit du mich finden könntest. Bei Birgit Zart hatte ich davon gelesen. Wie die Babys warteten, um auf ihrem Schlitten in ihre Familie zu rutschen. Die nächste Insemination fand in einer Kinderwunschklinik in Hamburg statt. Einzige Auflage: ein Lebenspartner für die Akten musste her. Ich hatte tatsächlich einen privaten Spender gefunden. Alles geschah ohne Medikamente, um zu sehen, wie sich mein Körper verhält. Sämtliche Hormonwerte wurden akribisch geprüft. Der Zyklus ging ohne Schwangerschaft zu Ende. Aus einem anderen Grund war ich froh, dass diese IUI nichts geworden war. Ich hätte niemals gedacht, dass mich derart romantische Gefühle für den Spender überrollen würden, wie es jetzt der Fall war. Meine Entscheidung für die Zukunft stand jetzt fest: Es kommt nur ein Spender in Frage, den ich nicht persönlich kenne.

Im Folgezyklus sollte Clomifen mehrere Eier reifen lassen. Mir ging es mit den Medikamenten nicht besonders gut. Depressive Verstimmungen begleiteten mich, ich war müde und total lustlos, ein verstopfter und aufgeblähter Bauch tat sein Übriges. Ich konnte Sperma von Cryos bestellen, das in Hamburg eingelagert wurde und mit dem ich befruchtet werden sollte. In der Zwischenzeit wurde ich Tante eines wunderbaren kleinen Jungen.

Das Ergebnis der Ultraschalluntersuchung war spärlich: Ich hatte nur zwei Eizellen. Die Klinik in Hamburg lehnte eine künstliche Befruchtung ab, es seien zu wenig Eier und diese schon zu reif für eine Punktion. Ich entschied mich in letzter Minute für Dänemark. Zwei Spermaportionen lagen noch dort. In der Gewissheit, dass das meine letzte Reise dorthin sein würde, verabredete ich mit der Klinik Termine für zwei im Abstand von 20 Stunden aufeinanderfolgende Inseminationen. Den Eisprung löste ich mit einer Spritze aus. Am darauffolgenden Morgen machte ich mich auf den Weg. Aarhus war kalt, windig und sehr entspannt, voller Schnee. Als ich wieder in Hamburg war, bekam ich noch am selben Abend eine japanische Akkupunktur. Sie sollte die Einnistung begünstigen. Und ich fühlte mich noch immer aufgedunsen von den Medikamenten. Babylein, wo steckst du nur? Wie weit ist unser Weg zueinander?

Ein neuer Gedanke: Eizellenspende. Ein kleines Mädchen war der Auslöser. Ich habe nicht gedacht, dass ich solche Gefühle je haben würde. Wenn ihre Mutter mich gelassen hätte, dann hätte ich die Kleine gleich mitgenommen. Sie war erst ein Vierteljahr alt und hatte sich sage und schreibe drei Stunden auf meinem Arm gekuschelt und geschmust, als würde sie mich kennen. Sie hatte mich richtig um jedes ihrer zehn Fingerchen gewickelt. Ab da waren mein Herz und meine Gedanken offen. Ich würde dich fühlen und lieben können, egal, wessen Gene du in dir vereinst. Vielleicht trug ja auch mein 42. Geburtstag dazu bei, plötzlich alles klar und realistisch zu sehen. Ich ringe sehr um meine Entscheidungen, treffe sie dann nach intensivem Abwägen ziemlich schnell und kann mich auf mein Bauchgefühl immer gut verlassen. Bei meinem letzten Gespräch in der Klinik in Hamburg hatte ich mit dem Chef die Risiken und Chancen besprochen. Eine Eizellenspende fand er sinnvoll und würde mich auch von Hamburg aus betreuen.

Mein Kind, wann kommst du? Ich meditierte, visualisierte und dachte nach. Ich hatte dich gesehen, wie du im Schatten einer Tanne auf dem Waldboden spieltest. Warst du ein Mädchen oder ein Junge. Fragen über Fragen und meine Sehnsucht war so groß. Kein Weg schien mehr zu weit, um zu dir zu kommen.

Letztlich telefonierte ich mit einer Klinik im spanischen Valencia, sehr ausführlich. Das Gespräch war in Bezug auf IVF noch deutlicher: Wenn man alles rausrechne, die wenigen Eier, die Chromosomenschäden, die natürlichen Abgänge, so müsste ich einer Schwangerschaftschance von fünf, vielleicht auch sieben Prozent ins Auge sehen. Das Telefonat bestätigte mich in meiner Vermutung, dass mit meinen eigenen Eiern wahrscheinlich nichts mehr zu machen sei. Dieser Abschied war langwierig, traurig und schwer. Jetzt war ich erleichtert, dass ich eine Perspektive hatte und gesundheitlich nicht so belastet werden würde. Der Flug nach Valencia war gebucht, das Hotel ausgesucht, der Termin mit der Klinik gemacht. Und dann kamst du. Am Morgen des 11. März 2011 hielt ich den ersten positiven Schwangerschaftstest meines Lebens in den Händen. Ich habe dich gefunden und du hast mich gefunden. Die Insemination in Dänemark war wider Erwarten doch erfolgreich gewesen. Wir sind uns fast auf natürlichem Weg begegnet, so wie ich es immer wollte. Und alles, was ich dazu getan habe, war wichtig. Meine Schwangerschaft mit dir unter meinem Herzen war schön, entspannt und die ausgewogenste und zufriedenste Zeit meines Lebens. Am 23. November 2011 habe ich dich, mein kleines Mädchen, geboren. Du heißt Klara Lise. Klara, weil mir der Name schon immer gefiel, und Lise, weil die Hebamme in Dänemark mich beeindruckt und ermutigt hat und du deine dänischen Wurzeln auch in deinem Namen haben solltest. Ich danke von Herzen allen, die mit mir auf dich gewartet und dich so liebevoll begrüßt haben. Klara, du bist mein großes Glück, mein Sonnenschein. Du bist genau so, wie ich es mir immer erträumt habe und noch viel besser. Ich bin dankbar, dass ich deine Mutter sein kann. Ich selbst bin ganz geworden, zufrieden und glücklich.

Deine Mama

Die
Vaterfrage

Die Sonnenkäfer sitzen beim Mittagessen und besprechen ihre Familiensituation. »Nein, ich habe keinen Papa!«, sagt eine Fünfjährige selbstbewusst. »Nein, Lina hat wirklich keinen Papa«, wird sie von ihrer Freundin unterstützt. Für die Vorschulkinder ist das Thema damit erschöpfend behandelt. Meine Tochter Lina hat tatsächlich keinen Vater, sie ist durch eine Samenspende entstanden. Der Samenspender ist für die Fünfjährige »der Mann, der Mama geholfen hat«, ihr Wunschkind zu bekommen. Diese Erklärung hat sie als Dreijährige, als sie begann, nach einem Vater zu fragen, nicht befriedigt. Damals wollte sie am Ende der, wie ich hoffte, kindgerechten Erläuterung unserer speziellen Familienkonstellation die Sache doch endlich auf den Punkt bringen: »Und ist dieser Mann nun mein Papa oder nicht?«

Wie definiert man Papa? Biologisch gesehen hat jeder Mensch einen Vater, den Mann, dessen Spermien mit der mütterlichen Eizelle verschmolzen sind. Beinhaltet dieser biologische Vorgang eine Vaterrolle? Oder heißt Vatersein, für ein Kind da zu sein? Viele der Singlemütter von Samenspenderkindern legen Wert darauf, zwischen der biologischen Erzeugerrolle (dem Spender) und einem sozialen Vater (einem anwesenden Partner) zu unterscheiden. In diesem Kapitel geht es darum, wie den Kindern ihre Entstehungsgeschichte vermittelt wird, welche praktischen, moralischen und finanziellen Fragen bei der

Auswahl eines Spenders eine Rolle spielen und welche juristischen Regelungen gelten. Zugleich ist es ein Versuch, sich der Vaterfrage auch aus der Perspektive der Männer und der Kinder zu nähern. Zwei Samenspender sprechen über ihre Motivation und zwei ganz unterschiedliche Frauen erzählen von Spendern, fehlenden Vätern und Familienmodellen.

Aufklärung ist immer eine schwierige Sache, im Falle von Samenspenderkindern erst recht. In einem sind sich Experten und Betroffene aber einig: Frühzeitige Aufklärung ist nicht nur richtig, sondern geradezu notwendig. Samenspenderkinder, die erst als Jugendliche oder gar als Erwachsene erfahren haben, wie sie entstanden sind, haben häufig ein massives Problem damit. Der Verein Spenderkinder, ein Zusammenschluss von Erwachsenen, die durch Samenspende in der Ehe ihrer Eltern gezeugt wurden und deren sozialer Vater nicht ihr biologischer ist, wendet sich auf seiner Website *spenderkinder.de* explizit gegen das Verschweigen: »Das haben viele von uns, die erst spät von ihrer Zeugungsart durch Samenspende erfahren haben, als großen Vertrauensbruch ihrer Eltern ihnen gegenüber erlebt. In der Adoptionsforschung ist es schon lange anerkannt, dass man den Kindern am besten so früh wie möglich von ihrer Herkunft erzählt, um den Menschen eine kontinuierliche Identitätsentwicklung zu ermöglichen. Aus psychologischer Sicht gilt dies für andere Familien- und Entstehungsformen in gleicher Weise, auch wenn einige Reproduktionsmediziner entgegen fachlicher Empfehlungen immer noch Verschweigen als mögliche Alternative propagieren.« Ein solcher Vertrauensbruch lässt sich schwer, manchmal gar nicht wieder überbrücken. Jahrelanges Verschweigen impliziert auch, dass etwas »nicht richtig« ist mit dieser Art der Entstehung des Kindes.

Die Situation von Samenspenderkindern mit Singlemüttern ist etwas anders als jene der im oben erwähnten Verein organisierten Spenderkinder. Dort gab es den Ehemann als sozialen Vater, der für die Außenwelt erst einmal ganz selbstverständlich auch als Erzeuger galt. Eine Vertuschung der Samenspende lag nahe, um das Bild der heilen Familie nach außen hin aufrecht zu erhalten und die Zeugungsunfähigkeit des Ehemannes nicht öffentlich machen zu müssen. Bei Singlefrauen hingegen ist, wie auch bei lesbischen Paaren, der fehlende Vater offensichtlich. Diese Lücke muss mit Erklärungen gefüllt werden. Eine britische Studie über jugendliche und erwachsene Spenderkinder belegt, dass spät Aufgeklärte mehr negative Gefühle entwickelten als die früh aufgeklärten Kinder. In einer 2009 veröffentlichten soziologischen Studie von Vasanti Jadva, Tabitha Freeman, Wendy Kramer und Susan Golombok wurde nach Familientypen unterschieden. Es zeigte sich, dass Kinder von Singlemüttern oder lesbischen Paaren insgesamt früher über ihre Entstehung aufgeklärt wurden als Kinder heterosexueller Paare.

Bei einer israelischen Studie aus dem Jahr 2010 stellte sich heraus, dass nur zwei der 62 befragten Singlemütter nicht wollten, dass ihr Kind erfährt, dass es über eine Samenspende entstanden ist. Die anderen Mütter wollten ihre Kinder zwar über ihre Entstehung aufklären, zwei Drittel von ihnen hatte dies aber zum Zeitpunkt der Befragung – die meisten Kinder waren jünger als vier Jahre – noch nicht getan. Die Psychologinnen Ruth Landau und Ruth Weissenberg interpretierten die Probleme der Mütter mit frühzeitiger Aufklärung vorrangig als Schwierigkeit, die richtigen Worte und die richtige Gelegenheit zu finden. Da die frühe Aufklärung aber nachgewiesenermaßen wichtig für eine gesunde psychosoziale Entwicklung ist, was der Mehrheit der befragten Mütter auch bewusst war, sehen die Autoren der Studie einen großen Beratungsbedarf in dieser Hinsicht.

Eine ebenfalls 2010 publizierte Studie der Soziologin Lucy Blake und ihrer Kollegen des Centre for Family Research in Cambridge beschäftigte sich mit der Frage, wie Eltern die richtigen Worte finden, um ihren Kindern den Vorgang der Samenspende zu erklären. Hierzu wurden aus Vater und Mutter bestehende Familien mit siebenjährigen, durch Samen- oder Eizellspende entstandenen Kindern befragt. Die Eltern berichteten, dass die Kinder gelassen und »neutral« auf die Aufklärung reagierten, die in der Regel schrittweise und spätestens im Alter von vier Jahren erfolgte. Wie viel die Kinder tatsächlich begriffen, ließe sich schlecht beurteilen, räumen die Verfasser allerdings ein. Auf jeden Fall bietet die Studie einen Einblick in die zum Teil sehr bildhaften, kreativen Erklärungsmodelle, die manche Eltern nutzten: »Papas Kaulquappen waren alle, deshalb mussten wir uns Kaulquappen von jemand anders besorgen.«

Im englischsprachigen Raum sowie in Skandinavien gibt es eine Anzahl von Aufklärungsbüchern, die den Eltern durch kindgerechte Sprache, bildhafte Vergleiche und großflächige Illustrationen die Aufklärung ihrer Kinder erleichtern wollen. So liegt das Kinderbuch *The pea that was me* (Die Erbse, die ich mal war) der US-amerikanischen Familientherapeutin Kim Kluger-Bell mittlerweile in sechs verschiedenen Variationen vor: für die Konstellationen eines heterosexuellen Paares mit Samenspende, eines heterosexuellen Paares mit Eizellspende, eines heterosexuellen Paares mit Embryonenadoption, einer Singlefrau mit Samenspende, eines gleichgeschlechtlichen Frauenpaares mit Samenspende sowie eines gleichgeschlechtlichen Männerpaares mit Eizellspende und Tragemutterschaft. In Deutschland hat bisher nur die Familientherapeutin Petra Thorn Aufklärungsbücher für Kinder veröffentlicht. 2015 erscheint in ihrem eigenen Verlag das erste Aufklärungsbuch der Reihe *Unsere Familie*, das sich speziell an Singlemütter und ihre durch Samenspende entstandenen Kinder richtet. Viele Mütter greifen gern auf Bücher dieser Art zurück, um mehr Sicherheit für die Gespräche mit ihren Kindern zu gewinnen.

Die 34-jährige Sprachwissenschaftlerin Kerstin ist keine Frau, die Berührungsängste bei der Kommunikation über Samenspende hat. Die Mutter dreijähriger Zwillinge erzählt, wie sie damit umgeht: »Meine Kinder sind noch zu klein, um Fragen nach ihrer Herkunft zu stellen. Ich rede aber in ihrem Beisein offen über das Thema und hoffe, dass es für sie später einmal völlig normal sein wird, und dass sie sich nicht daran erinnern können, es einmal nicht gewusst zu haben. Es gibt immer wieder Situationen, in denen das Gespräch auf meine familiäre Situation kommt. Manchmal höre ich von Verkäuferinnen Sätze wie ›Sieht einer wie die Mama aus und einer wie der Papa?‹, dann antworte ich, dass ich den Vater nie gesehen habe, und mein Gegenüber ist verwirrt. Oder es fragen mich andere Mütter im Kindergarten, wo denn der Vater sei, und ich antworte, dass ich das nicht weiß, weil ich mit einer Samenspende schwanger geworden bin. Die anderen verlieren aber ausnahmslos das Interesse, sobald einmal darüber gesprochen wurde. Mir ist bewusst, dass ich mit meiner Offenheit über die Samenspende eine Entscheidung getroffen habe, die meine Kinder nicht mehr rückgängig machen können. Würde ich aber zu ihrer Entstehung schweigen, so wäre auch das eine Entscheidung, zwar eine, die jederzeit veränderbar wäre, aber auch eine, die ich nur schlecht vor den Kindern und auch vor mir selbst rechtfertigen könnte. Ich sehe in der Samenspende nichts Peinliches, und so sollen auch meine Kinder in dem Gefühl aufwachsen, dass ihre Herkunft nichts ist, wofür man sich schämen muss oder worüber man nicht reden darf. Zudem hoffe ich, durch meine Offenheit dazu beizutragen, dass diese Form der Familienplanung mehr Akzeptanz in der Gesellschaft gewinnt.«

Auch die Familientherapeutin Petra Thorn betont, wie wichtig der offene Umgang mit dem Thema ist. Thorns Praxis ist die einschlägige Anlaufstelle für Beratungen bei Familiengründung mit Hilfe von Samen- oder Eizellspende. Auch Singlefrauen kommen zu ihr. Thorns vorsichtiger Schätzung nach lassen sich vielleicht fünf Prozent der Singlefrauen mit Kinderwunsch beraten. Im Unterschied zu den Frauen, die sich im SFMK-Forum austauschen und ihren Kinderwunsch reflektieren, ehe sie ihn umsetzen, kommen zu Thorn eher Frauen, die ihren

Kinderwunsch als Single zwar bereits verwirklicht haben, sich nun aber im Nachhinein mit Problemen konfrontiert sehen, die sie nicht vorausgesehen haben.

Die drei häufigsten Themenfelder in Thorns Sprechstunde sind erstens Probleme, mit der Art der Entstehung des Kindes umzugehen, zweitens Schwierigkeiten, die aus der Anonymität des Samenspenders (oder der Eizellspenderin) erwachsen, und drittens Konflikte mit Spendern aus dem privaten Umfeld. Es gibt Frauen, die nach der Geburt ihres Kindes nicht mehr zu ihrer Entscheidung stehen und für die Außenwelt einen One-Night-Stand erfinden. Die Familientherapeutin betont, dass es sehr problematisch für das Kind ist, wenn die Mutter die Entstehungsart als verunsichernd erlebt. Die Zielsetzung ihrer Beratung liegt darin, die Mütter so zu bestärken, dass sie in der Lage sind, die Kinder über ihre Entstehung aufzuklären. Außerdem wolle sie den Müttern bewusst machen, dass ihre eigenen Bedürfnisse nicht unbedingt denen ihrer Kinder entsprechen.

Eine weitere Gruppe in Thorns familientherapeutischer Beratung sind Frauen, die sich für komplett anonyme Spender entschieden haben. Zumeist seien das ältere Frauen, die ihren Kinderwunsch so verzweifelt umsetzen wollen, dass sie dafür alles in Kauf nehmen und die möglichen Bedürfnisse des potenziellen Kindes hinten anstellen. Eine Frau, die sich für eine Eizellspende mit anonymer Eizellspenderin und anonymem Samenspender entscheidet, verhindert, dass das Kind jemals etwas über seine genetischen Wurzeln erfahren kann.

2013 fällte das Oberlandesgericht Hamm ein Urteil, das Weichen in Bezug auf die Verwendung anonymen Spendersamens bei Kinderwunschbehandlungen stellte. Samenspenderkindern wurde das Recht zugesprochen, Informationen über ihre genetische Herkunft zu erhalten. Eine junge Frau, Sarah P., hatte die Kinderwunschklinik in Essen, in der ihre Eltern 1990 behandelt worden waren, auf Herausgabe der Spenderdaten verklagt. Das Gericht entschied, dass die Interessen des Spenderkindes »höher zu bewerten« seien »als die Interessen des beklagten Arztes und der Samenspender an einer Geheimhaltung der Spenderdaten […]. Eine Einigung zwischen den Eltern und dem behandelnden Arzt, die Anonymität des Samenspenders zu wahren, stellt im Verhältnis zu dem ungeborenen Kind einen unzulässigen Vertrag zu Lasten Dritter dar.« Doch auch wenn die Identität des Spenders bekannt ist, weil er aus dem privaten Umfeld kommt, ist oft die Beratung von Petra Thorn gefragt, vor allem, wenn die Rollenverteilung im Vorfeld nicht eindeutig geklärt wurde. Manchmal will der Spender seine Vaterrolle intensiver ausüben, als die Mutter das dachte oder möchte. Wenn ein bekannter Spender seine Vaterrechte einklagt, wird jedes Familiengericht zu seinen Gunsten entscheiden. Der Schwerpunkt von Thorns Praxis liegt auf der Aufklärung der Eltern von Samenspenderkindern und auf deren Befähigung, selbst Aufklärungsarbeit bei ihren Kindern zu leisten. Über die tatsächlichen Befindlichkeiten der Kinder kann auch die Familientherapeutin wenig sagen, denn die meisten sind noch zu jung. Bislang seien nur drei Spenderkinder als junge Erwachsene in ihrer Praxis gewesen. Doch Thorn schließt nicht aus, dass es in einigen Jahren mehr sein werden.

Ein wichtiges Argument der Gegner von Singlemutterschaft ist, dass für die gesunde psychologische Entwicklung eines Kindes ein Vater vorhanden sein muss. Grundsätzlich lässt sich einwenden, dass abwesende Väter nicht nur bei Singlemüttern ein Thema sind. Singlefrauen entscheiden sich jedoch bewusst für eine Mutterschaft ohne präsenten Vater. Die bisherigen Forschungsergebnisse ergaben keine nachteiligen Auswirkungen auf die Kinder aus vaterlosen Familien. Den Frauen, die sich als Single für eine Mutterschaft entschieden, wird attestiert, dass »kein wesentlicher negativer Effekt im Hinblick auf die familiären Beziehungen und die Entwicklung der Kinder zu beobachten« ist. Das ist die Schlussfolgerung der einzigen deutschen Publikation, die sich der Frage »Sind Bedenken hinsichtlich der

Kinderwunschbehandlung lesbischer und alleinstehender Frauen berechtigt?« stellt. Der fünfseitige Artikel, verfasst von der Psychologin Anne Brewaeys und ihren Forschungskollegen S. Dufour und Heribert Kentenich, einem Reproduktionsmediziner, referiert die bis 2004 erschienenen Studien zur Entwicklung von Kindern in dieser Familienkonstellation. Keine der Studien wurde in Deutschland durchgeführt. Die Auswertung der internationalen Forschung führt die Autoren zu zwei grundsätzlichen Aussagen. Zum einen, dass Samenspenderkinder in lesbischen Familien, also mit einer Mutter und einer Co-Mutter, »keine Unterschiede in der Entwicklung ihres Verhaltens, der Emotionalität, der sozialen Fähigkeiten und der Geschlechtsidentität« im Vergleich zu Kindern aufweisen, die in Familien mit Mutter und Vater aufwuchsen. Zum zweiten, dass aufgrund fehlender Untersuchungsdaten »nur vorläufige Aussagen über das Wohlergehen von Kindern möglich [ist], welche von Singlemüttern nach Donor-Insemination großgezogen werden«. Der größte Teil der weltweit existierenden Forschungsarbeiten wurde im Centre of Family Research der Universität Cambridge durchgeführt. Im Rahmen soziologischer Langzeitstudien wurden dort Samenspenderkinder von Singlemüttern im Alter von zwei Jahren[4] und in der Pubertät[5] untersucht. Die Ergebnisse des Teams um Susan Golombok bestätigen: Als Jugendliche zeigten die Kinder der Solomütter keine Abweichungen gegenüber den Jugendlichen aus den Vergleichsgruppen (lesbisches Mütterpaar und Vater-Mutter-Kind-Familien).

Singlefrauen sollten bei der Auswahl des Spenders vor allem bedenken, welche Auswirkungen die von ihnen gewählte Konstellation auf das Kind haben könnte. Die grundsätzliche Entscheidung muss zwischen einem privaten Spender und einem Spender von der Samenbank getroffen werden, in beiden Fällen besteht die Wahl zwischen einem anonymen und einem nicht anonymen Spender. Bei nicht anonymen Spendern muss außerdem geklärt werden, ob der Spender eine Vaterrolle haben soll

111

oder nicht. Hier ein kleiner Überblick zu den bestehenden Konstellationen mit dem jeweiligen Konfliktpotenzial.

Ein privater Spender muss nicht zwangsläufig aus dem privaten Umfeld stammen. Der Begriff bedeutet zunächst nur, dass es ein Spender ist, dem die Frau persönlich begegnen kann, im Unterschied zu einem Spender von der Samenbank, von dem sie nur eine Portion Sperma erhält, ohne den Mann, von dem es kommt, jemals zu treffen. Über Annoncen oder Vermittlungsportale im Internet können Frauen Kontakt zu privaten Samenspendern aufnehmen. Dabei entstehen in der Regel bis auf den Betrag für die Annonce oder die Aufnahme in das Vermittlungsportal keine oder nur geringe Kosten für die Frau, die meisten Spender bieten ihre Dienste unentgeltlich oder gegen einen geringen Obolus an.

Die Variante, die dem traditionellen Familienbild am nächsten kommt, ist eine Co-Elternschaft mit einem privaten Spender mit Vaterrolle. Das Kind hat einen präsenten Vater, der Anteil an seinem Aufwachsen nimmt und finanzielle Unterstützung in Form von Unterhaltszahlungen gewährt. Es ist allerdings sehr schwierig, einen Mann zu finden, der dazu bereit ist, Vater zu sein, ohne in einer Beziehung mit der Mutter zu stehen. Zwei Unbekannte binden sich für über 18 Jahre aneinander, müssen sich immer absprechen, selbst Jobwechsel und Umzüge können zu Problemen führen. Vor allem aber können sich die Modalitäten komplett ändern und müssen unter Umständen neu verhandelt werden, wenn neue Partner ins Spiel kommen. »Elternschaft ist unaufkündbar«, schreibt Jeanne, die in einer solchen Konstellation lebt.

Zu einem Problem kann diese Variante werden, wenn nicht eindeutig geklärt ist, inwieweit sich der Spender als Vater einbringen soll. Hier können seitens der Mutter Erwartungshaltungen entstehen, die dann enttäuscht werden. Julia, eine 35-jährige Erzieherin, beschreibt das eindrücklich: »Ich bin enttäuscht darüber, wie sehr unsere Erwartungen in Bezug auf den Begriff der Vaterrolle auseinander gehen. Ja, wir hatten unsere Vereinbarungen getroffen. Damals, als wir mit der Bechermethode begannen. Doch inzwischen lernten wir uns besser kennen, meine Grenzen ihm gegenüber sind aufgeweicht. Während der Elternzeit bin ich in seine Nähe gezogen, damit er eine Bindung zu seinem Kind aufbauen kann. Das hatte er nicht verlangt oder gewünscht, das war eine spontane Idee von mir. Es war von meiner Seite ein weiterer Schritt auf ihn zu. Wir haben ein gemeinsames Sorgerecht. In meinen Augen beinhaltet das auch eine gemeinsame Sorgepflicht, obwohl wir darüber nicht extra gesprochen haben. Ich hatte wohl erwartet, dass er seine Grenzen flexibler setzt. Ich bin schon enttäuscht, dass er meinem Sohn zum Beispiel kein Geschenk mitbringt, wenn er uns besuchen kommt. Ich finde es auch sehr schade, dass er keine Kinderarzttermine wahrgenommen hat, mal die eine oder andere Nachtwache geschoben oder das Baby morgens in der Früh versorgt hat, wenn wir bei seiner Familie zu Besuch waren. Das sind alles Punkte, die für mich in dem Begriff Vaterrolle drinstecken. Für mich besteht momentan Franks Funktion nur auf dem Papier. Zu seiner Familie, Franks Eltern und Geschwistern, haben mein Sohn und ich guten Kontakt. Sie haben uns schon einige Male zu Hause besucht. Sie haben Verständnis dafür, dass ich mit meinem Sohn momentan allein keine langen Autofahrten unternehmen kann. Dieses Verständnis fehlt mir bei Frank. Mir scheint, ihm ist nicht bewusst, wie anstrengend und fordernd der Alltag neben meiner Berufstätigkeit mit einem Kleinkind ist.«

Ein privater Spender kann auch ein Freund oder guter Bekannter sein. Hier besteht bereits ein Vertrauensverhältnis, so dass eine größere Sicherheit in Bezug auf das spätere Einhalten der getroffenen Vereinbarungen gegeben ist, wenn auch keine Garantie. Problematisch bei dieser Konstellation ist unter Umständen die ungeklärte Gefühlslage, wenn einer der beiden Gefühle für den anderen hegt und an sich mehr möchte als die sachliche Vereinbarung einer Co-Elternschaft. Katrin, die sich für ihren Exfreund als Samenspender entschied, beschreibt dieses Konfliktpotenzial in ihrer Geschichte sehr anschaulich. Die Frau kann sich auch für einen privaten Spender entscheiden, der keine Vaterrolle übernimmt, sondern nur sporadischen Kontakt zu dem Kind wünscht, so wie es Aniyah beschrieben hat. Eine andere Möglichkeit ist ein Spender, der zwar keinen Kontakt will, aber bereit ist, sein Kind später zu treffen, wenn das Kind das wünscht. Flora berichtet in ihrer Geschichte (im letzten Kapitel) von einem solchen Arrangement. Als Vorteil dieser Variante empfinden viele Frauen, dass sie nicht gezwungen sind, sich bei der Erziehung des Kindes mit einem Fremden abzusprechen. Für das Kind besteht aber trotzdem die Möglichkeit, seinen biologischen Vater kennenzulernen. Zu den Risiken dieser Variante gehört, dass der Spender trotz gegenteiliger vorheriger Abmachungen eine Vaterschaftsklage anstrengt und sich um das Sorgerecht bemüht. Für das Kind könnte es problematisch werden, dass sein Erzeuger, wenn es ihn als »Vater« betrachtet, von seiner Existenz weiß, aber nichts oder kaum mit ihm zu tun haben möchte. Für Marie, deren Bericht in diesem Kapitel zu lesen ist, war das ein Grund, sich gegen einen bekannten Spender zu entscheiden. Sie vergleicht die Situation mit der eines Scheidungskindes: »Ihr Vater wollte keinen Kontakt zu ihr. Sie hat ihre ganze Kindheit sehr darunter gelitten und sagte klipp und klar, dass sie lieber gar keinen Vater gehabt hätte, als einen Vater, der sich einen Dreck für sie interessiert.«

Eine Alternative ist die Entscheidung für einen anonymen privaten Spender, der sich relativ einfach über die einschlägigen Internetportale zur Vermittlung von Samenspendern finden lässt. Hier muss sich die Frau über die Risiken im Klaren sein, die sie eingeht. Um seine Identität zu schützen, schwärzt ein anonymer Spender seine persönlichen Angaben auf Gesundheitsnachweisen und Tests, die damit wenig aussagekräftig sind. Der Spender ist ein völlig Unbekannter, so dass aus Sicherheitsgründen zu empfehlen ist, sowohl das Treffen zum Kennenlernen als auch die Übergabe des Spermas an einem öffentlichen Ort zu absolvieren. Frauen, die sich mit anonymen Spendern getroffen haben, raten dazu, sich nicht in der eigenen Wohnung zu treffen und eine Vertrauensperson im gleichen Café als Backup sitzen zu haben, um in Konfliktsituationen Unterstützung erhalten zu können. Spender und Empfängerin müssen, obwohl sie sich nicht kennen, in kurzer Zeit so viel Vertrauen zueinander aufbauen, dass sie hoffen können, er werde später keine Vaterschaftsklage und sie keine Unterhaltsklage anstrengen.

Ein weiterer Nachteil der Entscheidung für einen anonymen Spender ist, dass das Kind seinen biologischen Vater nicht kennenlernen kann und niemals erfahren wird, wie viele Halbgeschwister es hat, sofern sein Erzeuger ein sogenannter Massenspender ist. In Gesprächen mit Freunden und Familie spüren viele der Singlefrauen der Frage nach, wie wichtig das Wissen um den Erzeuger für das Kind ist. Bei mir war es eine Freundin, die ohne Vater aufgewachsen ist und ihn auch nie vermisst hat, die mir sehr eindringlich deutlich gemacht hat, wie wichtig es für ein Kind sein kann, den Vater kennenzulernen. Sie hatte ihn als Jugendliche auf Drängen ihrer Mutter kontaktiert. Sie selbst wollte es gar nicht, meinte aber im Nachhinein, dass das sehr klarsichtig von ihrer Mutter und für sie selbst sehr wichtig war, sich mit diesem Teil ihrer Herkunft auseinandergesetzt zu haben, auch wenn in ihrem Fall keine Beziehung aufgebaut wurde, im Gegenteil.

Anders als bei den Unwägbarkeiten einer Vereinbarung mit einem privaten Samenspender besteht bei der Inanspruchnahme einer Samenbank ein deutlich höheres Maß an Sicherheit. Dort zugelassene Spender sind gesund, die Spermaproben werden zunächst sechs Monate tiefgekühlt gelagert und danach noch einmal auf HIV getestet (HIV hat eine Inkubationszeit von bis zu zwölf Wochen), ehe sie zur Verwendung freigegeben werden. Dafür fehlt die persönliche Komponente: Die Frauen können den Spender nicht in Augenschein nehmen und auf ihren Bauch hören (wie es viele Frauen bei der Entscheidung für oder gegen einen Spender tun), sondern müssen sich mit den wenigen Angaben, die die Samenbank preisgibt, zufriedengeben. Sabine erzählt im Interview, das in diesem Kapitel zu lesen ist, wie sich für sie die Auswahl des Spenders anhand der Samenbankdaten anfühlte.

Bei der Entscheidung zwischen offenem oder anonymem Spender von der Samenbank spielen neben den Kosten, die für anonyme Spermaproben deutlich geringer sind, die gleichen Kriterien wie bei privaten Spendern eine Rolle. Das Wesentliche ist, dass das Kind bei einem offenen Spender die Möglichkeit hat, später etwas über seinen Erzeuger zu erfahren. Es besteht aber auch das Risiko, dass das Kind später Probleme mit der ungewöhnlichen Art seiner Zeugung mittels tiefgefrorener Spermien hat. Da laut Angaben des Europäischen Verbandes der Reproduktionsmediziner, der European Society of Human Reproduction and Embryology (ESHRE), die Anzahl der durch IVF und ICSI gezeugten Kinder im Jahr 2012 weltweit bereits bei fünf Millionen lag, ist allerdings anzunehmen, dass diese Zeugungsart von immer mehr Menschen als selbstverständliche Variante gesehen wird.

Die Entscheidung für eine bestimmte Samenbank und den Spendertyp hängt auch von der Art und dem Ort der assistierten Empfängnis ab. Hier greift ein Dschungel von Regelungen, der sich aus den gesetzlichen Regelungen in dem Land, in dem die assistierte Empfängnis stattfindet, den Regelungen der jeweiligen Arzt- oder Hebammenpraxis oder Kinderwunschklinik und den Bestimmungen der Samenbank zusammensetzt. So durften im Nachbarland Dänemark beispielsweise bis zu einer Gesetzesänderung im Jahre 2012 die Reproduktionsverfahren IVF und ICSI ausschließlich mit anonymen Spendersamen durchgeführt werden, während offener Spendersamen nur für Inseminationen in Hebammenkliniken verwendet werden durfte.

Die Kosten von mehreren Hundert Euro pro Spermaprobe spielen bei der Entscheidung für den Spender jedoch auch eine Rolle. Die meisten Frauen brauchen mehrere Versuche, bis sie schwanger werden, und spätestens nach fünf erfolglosen Versuchen überdenken sie ihre Vorgehensweise und entscheiden sich eventuell um. Katharina, deren Geschichte im sechsten Kapitel zu lesen ist, überlegt an einem bestimmten Punkt: »Vielspender, exklusiver Privatspender, aktiver schwuler Vater oder doch lieber Samenbank? Alles scheint wieder wie neu und überlegenswert.« Es gibt Frauen, die mit der Samenbankvariante beginnen und sich nach einiger Zeit aus Kostengründen nach privaten Spendern umsehen. Ich erinnere mich an meine Spendersuche im Internet. Es war eine mühsame Suche, viel Spreu, wenig Weizen. Es hat ein Dreivierteljahr gedauert, bis ich meinen Spender gefunden hatte. Es braucht gegenseitige Sympathie bei notwendiger Distanz und eine Riesenportion gegenseitigen Vertrauens.

Die Entscheidung für einen Spender muss auch im Hinblick auf die rechtlichen Konsequenzen der jeweiligen Konstellation überdacht werden. Bei einem privaten bekannten Spender, der die Vaterschaft für das Kind anerkennt, müssen Singlefrau und Privatspender im Vorfeld gemeinsam entscheiden, ob die Mutter das alleinige Sorgerecht haben soll oder ob sich beide das Sorgerecht teilen. Grundsätzlich hat die unverheiratete Mutter das Sorgerecht. Wenn der Spender aber mit dem Wunsch der Mutter auf alleiniges Sorgerecht nicht einverstanden ist, kann er sich um das Sorgerecht bemühen. Dies ist nach einer Entscheidung des Europäischen Gerichtshofs für Menschenrechte, die die Rechte von Vätern stärken will, seit 2013 möglich. Die Mutter müsste in diesem Fall eine sehr gute Begründung haben, warum der Spender das Sorgerecht nicht bekommen darf. »Das ist eine meiner Horrorvorstellungen, dass ich mich dann doch mit einem Fremden auseinandersetzen muss, der sich dann plötzlich nicht mehr an Abmachungen hält«, fasst eine Berliner Singlefrau ihre Überlegungen zusammen.

Darüber hinaus haben bei einem bekannten Spender sowohl die Frau als auch das Kind Anspruch auf Unterhalt. Wenn beide eine Vereinbarung treffen, die diese Verpflichtung ausschließt, hat das nur symbolischen Charakter und kann jederzeit juristisch angefochten werden. Eine solche Vereinbarung gilt im Juristendeutsch als »sittenwidrig« und hat vor Gericht keinen Bestand. Das Kind ist erbberechtigt gegenüber dem Vater, es ist ihm gegenüber aber auch unterhaltspflichtig, wenn dieser im Alter bedürftig wird.

Ein durch Samenspende entstandenes Kind hat keinen Anspruch auf Unterhaltsvorschuss. Die Paragrafen des Unterhaltsvorschussgesetzes sehen Samenspende nicht vor. Um den Gesetzgeber zu zwingen, grundsätzlich Stellung zu nehmen, gab es in den vergangenen Jahren einige Klagen von Singlemüttern, eine in Freiburg, eine in Frankfurt, eine in Berlin. Die Frage des Anspruchs auf Unterhaltsvorschuss bei anonymer Samenspende müsse in »verallgemeinerungsfähiger Form« in der Berufungsinstanz geklärt werden, formulierte einer der mit der Sache befassten Rechtsanwälte. Da der Weg durch die Instanzen lang ist, gibt es erst seit 2013 eine Aussage des Bundesverwaltungsgerichtes dazu, die auf der Klage der Mutter eines 2005 nach anonymer Samenspende geborenen Kindes beruht. Das Gericht urteilte, dass ein Anspruch auf Unterhaltsleistungen nach dem Unterhaltsvorschussgesetz »in der Regel« nicht besteht, »wenn die Feststellung der Vaterschaft infolge der Inanspruchnahme einer im Ausland bezogenen anonymen Samenspende durch die Kindesmutter von vornherein aussichtslos ist«. Inwieweit der Europäische Gerichtshof anders entscheidet, bleibt abzuwarten. Gängige Praxis seit 2013 ist nun, sich auf dieses Urteil des Bundesverwaltungsgerichts zu berufen.

Ebenso gängige Praxis in den Jugendämtern ist es allerdings, Kindern aus One-Night-Stands Unterhaltsvorschuss zu gewähren. Die Ablehnung des Unterhaltsvorschusses bei Samenspenderkindern wird damit begründet, dass die Mutter von vornherein in Kauf nimmt, dass kein unterhaltspflichtiger Vater zur Verfügung steht und somit kein »planwidriger Ausfall« von Unterhaltsleistungen vorliegt. Das Gleiche trifft aber auch für One-Night-Stands zu – man darf einer volljährigen Frau zumuten, dass ihr bekannt ist, dass sie bei ungeschütztem Geschlechtsverkehr mit einem Unbekannten schwanger werden kann. Auch hier führt die Mutter bewusst einen Lebenssachverhalt herbei, in dem kein unterhaltspflichtiger Vater da ist. Dennoch werden Samenspende und One-Night-Stand unterschiedlich behandelt, hier besteht noch Klärungsbedarf.

Auch wenn Singlefrauen gar keinen Unterhaltsvorschuss für ihr Kind einfordern wollen, sind sie manchmal dazu gezwungen, ihn dennoch zu beantragen, um mit dem Ablehnungsbescheid nachzuweisen, dass ihr Kind keinen Anspruch darauf hat. Da einige Sozialleistungen als nachrangige Leistungen gelten, muss die Frage des Unterhaltsanspruchs geklärt werden, ehe zum Beispiel Wohngeld beantragt werden kann. Gerade mit dem reduzierten Einkommen während der Elternzeit sind Singlemütter, zumal diejenigen mit mehreren Kindern, oft wohngeldberechtigt. Bislang erfolgt keine fiktive Anrechnung des Unterhalts auf das zugrunde liegende Einkommen für die Berechnung von Leistungen wie Arbeitslosengeld II oder Wohngeld, wenn klar ist, dass das Kind keinen Anspruch auf Unterhaltsvorschuss hat.

Im Interesse des Kindes ist es vielen Frauen wichtig, so viel wie möglich über den Spender zu erfahren. Die meisten Frauen interessiert dabei vor allem, was die Motivation des Spenders ist. Samenbankspender werden Männer zumeist, weil es eine bezahlte leichte Nebentätigkeit ist. Bei schwulen Männern, die privat spenden, ist meist der eigene Kinderwunsch der Auslöser. Sie wollen die Kinder mit aufwachsen sehen, sogenannte Co-Väter sein, wie Martin in Nadines Erfahrungsbericht im zweiten Kapitel.

Die Motive der anderen privaten Samenspender sind weniger leicht herauszufinden. Bei heterosexuellen Männern, die eine

Vaterrolle einnehmen wollen, spielen sicher viele individuelle Faktoren eine Rolle. »Warum ein Mann Distanzvater werden will, ist mir weiterhin unklar«, schreibt Jeanne nach Jahren der Kooperation.

Anders ist die Situation bei einem Co-Vater, mit dem ich ein Gespräch führte. Der 33-jährige Jochen ist bereits Vater einer fünfjährigen Tochter, mit der er überwiegend allein zusammenwohnt. Er wünschte sich ein Geschwisterkind für sie, ehe der Altersunterschied zu groß werden würde. Dabei wollte er sich nicht davon abhängig machen, ob und wann er wieder in einer Beziehung mit einer Frau leben würde. Er entschied sich für die Co-Elternschaft mit einer lesbischen Frau, deren Partnerin nicht als Co-Mutter fungieren möchte. Das Kind wird abwechselnd bei der Mutter und bei ihm aufwachsen.

Was treibt private Spender an, die anonym oder im Hintergrund bleiben wollen? Sie erhalten in der Regel keine Aufwandsentschädigung. Sie nehmen Reisen in andere Städte auf sich, um sich mit den Frauen zu treffen, die einen Spender suchen, sie bezahlen ärztliche Untersuchungen wie Spermiogramm oder HIV-Test selbst und müssen zum Eisprungtermin der Frau kurzfristig und zuverlässig zur Verfügung stehen. In Ausnahmefällen vereinbaren Spender und Empfängerin, dass die Spesen des Spenders (Anreise, Atteste, Arbeitszeitausfall) ersetzt werden, noch seltener wird die Spermaspende selbst bezahlt, und wenn, dann liegen die Beträge bei 50 bis 100 Euro pro Spende, manchmal werden auch Pauschalen gezahlt.

»Ich will helfen«, sagt Peter, der bereits für mehrere Frauen gespendet hat, in unserem Gespräch. Ähnliche Antworten geben viele Männer, wenn sie von den Frauen nach ihrer Motivation gefragt werden. Die Antworten bleiben oft vage und unbefriedigend. Doch wenn das Bauchgefühl stimmt, nehmen die Frauen das in Kauf. Aniyah, deren Geschichte schon zu lesen war, beschreibt ihr erstes Gespräch mit dem Spender wie folgt: »Nach seiner Motivation habe ich ihn gefragt und danach, wie er sich denn den Kontakt zu dem Kind vorstellen würde. Er wolle den Frauen helfen, sagte er, dies sei ihm ein Anliegen. Darüber hinaus könne das Kind zu ihm Kontakt haben und ihn treffen und kennenlernen. Konkretes kam da noch nicht auf den Tisch, aber das waren die Sachen, die mir erst mal wichtig waren. Er wirkte ehrlich. An irgendeinem Zeitpunkt des Gesprächs merkte ich, dass das für mich okay war.«

In diesem Kapitel erzählen zwei Männer und zwei Frauen von Samenspenden und fehlenden Vätern. Sascha und Peter sind Männer, die seit einigen Jahren als private Samenspender unterwegs sind. Hier berichten sie, wieso sie das tun und was sie dabei empfinden. In Sabines Geschichte geht es um das Defizit, das Sabines Tochter verspürt, die einen Vater vermisst. Marie berichtet von drei Vätermodellen: Der Vater ihrer ersten Tochter kümmert sich kaum um das in einer Beziehung entstandene Kind, der Vater ihrer zweiten Tochter ist ein anonymer Samenspender, und ihr neuer Freund soll der Vater ihres dritten Kindes werden.

»Ich will helfen.«

Ein Gespräch mit den Samenspendern Sascha und Peter.

Zwei private Samenspender, die mehrere Kinder auf diesem Weg gezeugt haben, waren bereit, mit mir über ihre Motivation zu sprechen. Beiden war dabei der Schutz ihrer Identität sehr wichtig, denn in ihrem privaten Umfeld weiß niemand von diesem Teil ihres Lebens. Sascha lebt in einer festen Partnerschaft, Peter ist verheiratet. Beide haben Kinder mit ihren Partnerinnen. Peters Söhne sind bereits erwachsen, Saschas Kinder noch im Schulalter. Beide Männer wirken auf Anhieb sympathisch, es ist angenehm, sich mit ihnen zu unterhalten, auch wenn sie beim Thema Samenspende wortkarg bleiben. Sie haben einen

Universitätsabschluss, leben in München beziehungsweise in Berlin. Sowohl der 39-jährige Sascha als auch der 52-jährige Peter haben Anzeigen in den einschlägigen Internetportalen geschaltet, in denen Gesuche und Angebote für Samenspenden annonciert werden. Sie spenden ausschließlich privat, nicht für Samenbanken. Beide spenden unentgeltlich und aus einem Gerechtigkeitsempfinden heraus. Sie bleiben als Spender im Hintergrund, die Kinder wachsen bei den Müttern auf, ohne dass die Spender sich einmischen.

Wie seid ihr darauf gekommen, Samen zu spenden? Gab es einen konkreten Anlass, eine bestimmte Situation?

Sascha: Ganz zufällig. Ich wurde von Freundinnen angesprochen, ein lesbisches Paar, ob ich ihnen beim Kinderwunsch durch eine Becherspende helfen würde. Ich habe mich erkundigt, und tatsächlich hatten die beiden keine legale Möglichkeit, um in Deutschland an Spendersperma zu kommen. Da ich es sehr diskriminierend finde, dass lesbische Paare nicht die gleiche medizinische und soziale Unterstützung bekommen wie Hetero-Paare, habe ich mich entschlossen, privat zu spenden. Wie ich später erfuhr, haben auch Alleinstehende dieses Problem, und so half ich zwei alleinstehenden Frauen. Mir war dabei wichtig, dass die Frau oder das Paar in der Lage ist, das Kind gut zu erziehen.

Peter: Ich kannte ein lesbisches Pärchen, das über die Schwierigkeiten sprach, ein Kind zu bekommen, das sie beide sich so wünschten. Da habe ich angefangen, darüber nachzudenken. Warum sollten die keine Kinder haben? Es gibt keinen Grund. Höchstens einen moralischen, aber der zählt nicht wirklich.

Was sind eure Beweggründe?

Sascha: Die Möglichkeit, mit für mich »wenig« Aufwand anderen zu helfen, und die Freude danach, Fotos zu bekommen oder die Kinder mal zu sehen.

Peter: Ich habe gespendet nach reiflicher Überlegung, weil ich zu dem Schluss kam: Diejenigen, die sich wirklich so sehr ein Kind wünschen, bekommen oft keines. Aber bei den anderen, da geschieht es einfach. Das ist nicht gerecht.

Habt ihr Kriterien, wem ihr spendet? Welche Kriterien sind das, wonach entscheidet ihr?
Sascha: Das wichtigste Kriterium ist, dass die Frau emotional, mental und auch finanziell in der Lage ist, ein Kind großzuziehen. Mir ist auch wichtig, dass die Sympathie, die Chemie stimmt und dass man sich unterhalten kann. Da wir ja einen späteren Kontakt vereinbaren, muss eine Art freundschaftliches Verhältnis entstehen. Wie eng der Kontakt dann wird, entscheidet sich mit der Zeit.
Peter: Eine gewisse Affinität zur Person muss vorhanden sein. Und wichtig: Die ökonomischen Verhältnisse müssen stimmen.

Trefft ihr mit den Frauen vor dem Spenden eine Vereinbarung, wie eure Zusammenarbeit und euer zukünftiger Umgang aussehen wird? Wenn ja, wie sieht diese Vereinbarung aus (mündlich, schriftlich), was enthält sie?
Sascha: Ja, wir vereinbaren mündlich, dass die Frauen mich ab und zu informieren, wie es dem Kind geht, und dass sie mir Fotos schicken. Über die Fotos freue ich mich immer sehr. Ich bin auch bereit, das Kind später zu treffen, wenn die Mutter das wünscht. Schriftliche Vereinbarungen treffe ich nicht, denn wenn man sich nicht vertraut, kann man es auch gleich lassen. Abgesehen davon sind »Verträge« dieser Art in Deutschland sowieso nichtig.
Peter: Bisher wollten die Frauen keinen Kontakt. Das habe ich respektiert und werde es weiter respektieren. Vereinbarungen gibt es immer nur auf Vertrauensbasis und mündlich.

Möchtet ihr regelmäßig erfahren, wie es den Kindern geht?

Sascha: Ja. Die ganz anonyme Spende lehne ich ab. Deswegen spende ich auch nicht über eine Kinderwunschklinik, was ich machen könnte. Es würde sich für mich komisch anfühlen, gar nicht zu wissen, wie es den mit mir genetisch verwandten Kindern geht.

Peter: Ich freue mich über Fotos. Daran kann man schon erkennen, ob es den Kindern gut geht. Und ich respektiere einfach die Meinung und Vorstellungen der Mütter. Ich mische mich da nicht ein.

Wie fühlt ihr euch damit, dass die Kinder genetisch von euch sind, aber im Alltag nichts oder wenig mit euch zu tun haben?

Sascha: Das Ganze ist nicht einfach: Einerseits will ich mich nicht einmischen, andererseits versuche ich, trotzdem irgendwie auf sie aufzupassen, denn ich habe schon auch einen starken Beschützerinstinkt den Kindern gegenüber.

Peter: Wenn ich sehe, dass die Kinder mir auf den Fotos gleichen, dann bewegt mich das schon. Aber ich vertraue darauf, dass die Mütter ihnen das geben, was sie brauchen. Einen zusätzlichen Vater, der plötzlich erscheint und sich einmischt: Nein, danke! Das kann nur schiefgehen.

Was denkt ihr darüber, dass die Kinder ohne Vater aufwachsen?

Sascha: Damit habe ich kein Problem, viele gute Menschen sind ohne Vater groß geworden, und viele weniger gute mit Vater. Es ist zwar nicht einfach, aber mit einer starken Mutter kein Problem.

Peter: Manche sagen, das geht gar nicht. Ich bin da anderer Meinung: Es geht! Viele Kinder wachsen ohne Vater auf, auch in sogenannten geordneten Verhältnissen.

Wie offen geht ihr in eurem Umfeld damit um, dass ihr Samen spendet?

Sascha: Mein Umfeld ist nicht informiert, und ich hoffe, es bleibt so, bis meine eigenen Kinder erwachsen sind. Vielleicht reden wir dann darüber.

Peter: Das habe ich ganz für mich behalten.

Warum sprecht ihr nicht darüber? Wirst du es später erzählen?

Sascha: Ich weiß noch nicht, ob ich es später erzählen werde. Es war ja einzig und allein meine Entscheidung, Samen zu spenden, dafür brauche ich mir bei niemandem ein Okay zu holen. Und mein Mitteilungsbedürfnis ist nicht besonders groß.

Peter: Ich weiß nicht, ob ich es später erzählen werde.

Wie viele Kinder sind bisher durch eure Samenspenden entstanden?

Sascha: Das möchte ich nicht beantworten.

Peter: Vier. Davon zwei in der gleichen Familie.

Seid ihr noch aktiv als Spender?

Sascha: Ja, ich bin noch aktiv, will aber ab einem gewissen Alter aufhören.

Peter: Nein, ich bin nicht mehr aktiv. Genug ist genug.

»Als würde man sich bei Neckermann einen Pullover bestellen.«

Die 42-jährige Sabine wurde nach drei Inseminationen in München und zwei künstlichen Befruchtungen in einer tschechischen Klinik schwanger. Die Erwachsenenpädagogin ist ohne Vater aufgewachsen, der Vater fehlte ihr aber auch nie. Ganz anders ist das bei ihrer inzwischen vierjährigen Tochter: Seit sie sprechen kann, fragt sie nach einem Vater. Sabine, eine groß gewachsene Frau, spricht bedacht und zurückhaltend darüber. Ihre Tochter dagegen ist ein Wirbelwind. Das Mädchen ist ganz fasziniert davon, dass meine Tochter »auch keinen Papa« hat, und schon unterhalten sich die beiden über eine gemeinsame Leidenschaft: Pferde.

Wie ist es dazu gekommen, dass du dich entschlossen hast, als Single ein Kind zu bekommen?

Der Kinderwunsch war schon immer präsent. Es kam eigentlich schon früh der Gedanke an künstliche Befruchtung auf, ohne dass ich mich wirklich damit beschäftigt hatte. Das war mehr eine Art Witz. Aber die zwei Beziehungen, die ich hatte, dauerten nicht lange, und beide Männer wollten keine Kinder.

Wann hast du in Erwägung gezogen, dass die Variante »künstliche Befruchtung« nicht nur ein Witz, sondern eine echte Alternative sein könnte?

Mit 37. Der Kinderwunsch war extrem groß. Ich dachte, die ganzen Jahre hat es nicht geklappt, einen Partner zu finden, und jetzt bleibt mir nicht mehr viel Zeit, um noch einen Mann kennenzulernen und Vertrauen aufzubauen und so weiter ... Dann habe ich mich erst mal informiert, im Internet gesucht und festgestellt, dass es tatsächlich machbar ist. Ich habe mich damit auseinandergesetzt, mit allen Vor- und Nachteilen, zu welchen Problemen es kommen kann, wenn man allein ein Kind großzieht. Ich bin selbst auch ohne Vater aufgewachsen, meine Mutter war alleinerziehend. Ich habe ihr erzählt, dass ich das jetzt angehen will. Sie hat mir gesagt, was da alles auf mich zukommen kann und wird, an Problemen, an Belastungen.

Wie war ihre Grundhaltung?

Erst einmal war sie in Sorge, ob ich das schaffen kann, weil sie ja wusste, wie schwierig das ist. Wir haben das ganz intensiv durchgesprochen, das Finanzielle, die Betreuung, wenn ich wieder arbeiten gehe. Was mache ich, wenn meine Mutter nicht mehr da ist und mir nicht mehr helfen kann. Und ich war am Ende trotzdem sicher, dass ich das durchziehen will, und sie hat gesagt: »Dann ziehen wir es gemeinsam durch.«

Eure Bedenken waren also praktischer Natur, zum Beispiel, wie man Kinderbetreuung und Job vereinbart. Hattet ihr auch Bedenken der Art, dass es egoistisch oder verantwortungslos sein könnte, einem Kind von vornherein seinen Vater vorzuenthalten?

Nein, weniger. Das kommt daher, dass ich einen Vater nie vermisst habe und der Meinung bin, dass man etwas, das man nicht kennt, auch nicht vermissen kann. Daher habe ich mir damals nicht vorstellen können, dass es mal so kommen könnte, wie es nun gekommen ist, dass mein Kind einen Vater immens vermisst. Und dass man einem Kind damit vielleicht auch etwas »wegnimmt«. Sicher habe ich darüber nachgedacht, aber diese Überlegungen standen nie wirklich im Vordergrund. Aber trotzdem war das mit ein Grund dafür, dass ich einen offenen Spender ausgewählt habe, damit mein Kind, wenn es einmal den Wunsch haben sollte, seinen Erzeuger kennenzulernen, diese Möglichkeit auch hat. Mir war wichtig, dass mein Kind diese Chance haben sollte. Und ich wollte nicht, dass mein Kind später sagt, ich hätte aber gern meinen Vater mal getroffen, und ich muss dann antworten, geht nicht, denn ich wollte damals Geld sparen.

Du bist ohne Vater aufgewachsen. Wie wichtig war ein Vater für dich in deiner eigenen Biografie?

Meine Eltern hatten sich bereits vor meiner Geburt getrennt. Mein Vater hat nie den Kontakt zu uns gesucht. Erst als ich erwachsen war, drängte ihn seine neue Partnerin, nach seiner Tochter zu forschen. Mit Anfang 20 habe ich ihn kennengelernt, aber es war nie so, dass ich ein Bedürfnis danach hatte. Auch im Nachhinein würde ich nicht sagen, dass das wichtig für mich war. Aber ich wollte meinem Kind diese Möglichkeit nicht schon von vornherein nehmen. Jeder ist ja anders.

Wie bist du schwanger geworden?

Ich hatte bei meinen Recherchen herausgefunden, dass es Möglichkeiten in Dänemark und Holland gibt. Dann erfuhr ich von einem Arzt in München, der Singlefrauen behandelt, und habe drei IUIs bei ihm gemacht. Da ich Endometriose habe und nicht wusste, ob ich damit durch eine Insemination überhaupt schwanger werden konnte, bin ich dann auf ICSI umgestiegen. Beim zweiten Versuch in Tschechien mit kryokonservierten Eizellen bin ich schwanger geworden.

Wie hast du den Spendersamen ausgewählt?

Der Münchner Arzt hatte eine Liste mit etwa 15 Spendern, aus denen man wählen musste. Es gab auch nur drei, vier Infos zu jedem Spender. Er bestand auf offene Spender, obwohl er die Meinung vertritt, dass man den Kindern nicht sagen sollte, dass sie über Samenspende entstanden sind, das hat er auch öfter gegenüber der Presse geäußert.

Die tschechische Klinik bestand auf der European Sperm Bank, sie akzeptierten nichts anderes. Das war für mich aber kein Problem, auch wenn die Auswahl damals nicht ganz so groß wie heute war.

Wie hat es sich angefühlt, einen »Mann zu bestellen«?

Es war schon aufregend. Letztlich bestimmt man damit ja über 50 Prozent seines Kindes, zumindest vom Genetischen her. Ich hatte eine Liste mit Kriterien, die mir wichtig waren, nach denen ich ausgewählt habe: zum Beispiel keine Herzkrankheiten, weil es bei uns eine starke familiäre Vorbelastung gibt mit Herzinfarkten und Schlaganfällen. Kein Krebs. Die Körpergröße, da ich selbst schon recht groß bin. Und wenn ich es mir schon aussuchen kann, dann habe ich auch auf Bildung geachtet. So etwas wie Haarfarbe, Augenfarbe war mir egal. Wichtiger war mir, wie beschreibt er sich selbst, welche Werte vertritt er, wie ist sein Verhältnis zu seiner Familie, was würde er seinem Kind vermitteln. Die endgültige Entscheidung war dann doch eine Gefühlssache. Es war seltsam, dann die Bestellung wirklich abzuschicken: als würde man sich bei Neckermann einen Pullover bestellen und hätte Größe, Farbe und Qualität angegeben. Nach dem Abschicken habe ich gezittert, das weiß ich noch, ich war sehr angespannt und habe überlegt, ob ich das Richtige getan habe. Andererseits: Ich wusste mehr über den Spender, als manche über ihren Partner. Die Informationen habe ich alle ausgedruckt und abgeheftet, um sie für mein Kind aufzubewahren.

Es ist ja nun so gekommen, dass deine Tochter viel nach einem Vater fragt. Wann fing das an, wie äußert sie es?

Ich hatte nicht damit gerechnet, dass mein Kind einen Vater so vermissen wird. Es fing relativ früh an, da war sie knapp anderthalb Jahre, als sie in die Kinderkrippe kam und sah, dass andere Kinder von ihren Papas und Opas abgeholt wurden. Sprechen konnte sie noch wenig, aber sie fragte oft: »Papa?« oder hat geweint: »Mein Papa, mein Papa.« Alle anderen Väter kannten meine Tochter, weil sie jeden mit einer Umarmung begrüßt hat. Das tat und tut immer noch sehr weh. Es war anfangs ein Schock, vor allem, dass es so früh anfing. Ich habe überlegt, wie ich es ihr erkläre. Anfangs habe ich gesagt, du hast keinen Papa. Später dann, du hast zwar einen Papa, aber nicht so wie andere Kinder, der wohnt ganz weit weg, der kann dich nicht abholen oder mit dir spielen. Es kam zu Situationen, in denen sie im Supermarkt laut gerufen hat: »Mein Papa ist weg« oder »Wo ist mein Papa?« Einmal waren wir zu Besuch bei Bekannten, das andere Kind begrüßte seinen Vater und meine Tochter begrüßte dessen Begleiter, einen Fremden, mit den Worten: »Mein Papa ist da.« Das war ganz schlimm.

Dann gab es eine Phase, in der sich das beruhigt hat. Jetzt ist es aber gerade wieder extrem ausgeprägt. Sie nennt mich »Papa«. Wenn wir nach Hause kommen, sagt sie: »Papa, wir sind da.« Wenn wir zu Besuch sind, fragt sie nach Papa. Sie sucht bei Bekannten immer den Kontakt zu den Vätern. Sie spricht fremde Männer an, versucht sie zu umarmen.

Ich erkläre ihr immer wieder, dass es verschiedene Familien-modelle gibt, Familien mit und ohne Papa, mit einem oder mit zwei Papas. Viel gebracht hat aber unser letztes deutschlandwei-tes SFMK-Treffen. Es hat sie sehr beeindruckt, dass alle Kinder auf diesem Treffen genau wie sie nur eine Mutter haben. Sie hat mich bei jedem einzelnen Kind noch einmal gefragt, ob es einen Papa hat, und es war wichtig für sie zu erfahren, dass die ande-ren Kinder ebenfalls keinen Vater haben.

Ich versuche ihr momentan vor allem zu vermitteln, dass sie auf der Straße keine fremden Männer ansprechen soll. Vielleicht haben andere Kinder, mit Vater, diese Phase auch, das kann ich nicht einschätzen.

Deine Tochter scheint ja offensichtlich ein Defizit zu verspüren. Wie geht es dir damit?

Meine Entscheidung für diesen Weg bereue ich nicht. Ich würde es trotzdem immer wieder so machen. Aber es belastet mich. Es tut mir weh für sie, weniger für mich. Ich hoffe, dass es sich bessert, wenn man ihr mehr erklären kann. Wenn sie mehr versteht, was dahinter steckt.

Hast du erwogen, nach einer ständigen männlichen Bezugsperson für deine Tochter zu suchen?

Ja. Da sie ja auch keinen Großvater hat, wollte ich einen »Ersatzopa« für sie finden. Das ist eine Initiative bei uns im Ort, aber leider ist die Warteliste sehr lang, das würde wohl noch zwei, drei Jahre dauern. Sie ist beliebt bei den Nachbarn, sie ist der Sonnenschein hier im Haus. Und hier haben wir auch einen »Opa« gefunden, für den sie das »dritte Enkelkind« ist. Aber das ändert nichts an der Papasache, sie unterscheidet zwischen Opa und Papa. Die Lücke bleibt also.

Aber ich habe die Hoffnung noch nicht aufgegeben, dass ich eines Tages einen Partner finde, der eventuell ein Vaterersatz für meine Tochter sein könnte. Das ist ja genau das, worüber ich nachgedacht habe, bevor ich meinen Kinderwunsch umsetzen wollte. Dass es irgendwann zu spät sein wird, Kinder zu bekommen, aber nicht, einen Partner zu finden.

Wie siehst du euren Alltag? Führt ihr ein »normales« Familienleben oder unterscheidet es sich von dem anderer Familien?

Es ist schon ein normales Familienleben. Ich merke natürlich manchmal bei Gesprächen mit anderen Familien, dass es dort anders läuft. Meine Tochter und ich sind sehr eng, obwohl sie viel bei ihrer Oma ist. Es ist eben so, dass sich der gesamte Alltag zwischen ihr und mir abspielt, und bei anderen sind die Kinder mal mit dem Vater, mal mit der Mutter unterwegs, es gibt eine Arbeitsteilung. Manchmal werde ich da neidisch, ich hätte auch gern ab und an die Möglichkeit zu sagen, ich muss mal durchatmen, kümmere du dich. Wenn es um Entscheidungen geht, kann es zwar ein Vorteil sein, sie allein zu treffen, aber manchmal ist es auch gut, die Verantwortung mit jemandem teilen zu können.

Es gibt so viele Familienmodelle heutzutage, da würde ich schon sagen, wir führen ein normales Familienleben, nur enger und intensiver.

Wie siehst du deinen Weg insgesamt rückblickend? Was würdest du genauso, was würdest du anders machen?

Ich bin da etwas zerrissen. Einerseits wäre ich gern jünger Mutter geworden. Dann wäre noch ein Geschwisterkind möglich gewesen, meine Mutter wäre jünger, um uns mehr zu unterstützen. Andererseits war es aber genau der richtige Moment in meinem Leben, an dem ich in allen Punkten in meinem Leben einfach bereit und so weit war (der Job, die Wohnung). Insofern: Es war der richtige Zeitpunkt, und es ist okay so, wie es ist.

Wie siehst du eure Zukunft?

Meine Tochter ist ein herzensguter Mensch, ich glaube, sie wird viele Freunde haben, sich auch immer darum kümmern, man wird viel mit ihr unternehmen können. Ich bin mir sicher, dass sie ihren Weg gehen wird. Insgesamt glaube ich, dass wir als Kleinfamilie glücklich sein werden. Das Problem ist eher, dass wir zu eng sind, wie auch ich es mit meiner Mutter bin. Für mich war es eine starke innere Angst, von Kind an, meine Mutter zu verlieren, weil sie meine einzige wirkliche Bezugsperson ist. Da versuche ich bei meiner Tochter gegenzuarbeiten, weil ich die Befürchtung habe, dass es sich bei ihr auch in diese Richtung entwickelt. Ich sehe jetzt schon, dass sie auch starke Verlustängste hat. Einerseits ist sie extrem selbständig, andererseits kriegt sie Panik, wenn ich weg bin. Ich hoffe aber, dass sich das irgendwann gibt. Es ist eben alles nur eine Phase.

Hast du dir überlegt, was geschehen soll, wenn dir etwas passiert? Wer wird sich um das Kind kümmern, falls du irgendwann nicht mehr in der Lage dazu bist?

Die ursprüngliche Überlegung war, dass meine Tochter zu meiner besten Freundin kommen sollte, da meine Mutter einfach zu alt ist. Allerdings hat sich bei meiner Freundin die Situation jetzt sehr verschlechtert, ihre Mutter ist gestorben, der Vater ein Pflegefall, sie hat Probleme im Job, so dass das momentan nicht ginge. Wir haben damals zwar keinen Vertrag abgeschlossen oder eine Verfügung getroffen, aber es war fest abgesprochen.

Das heißt, ich muss einfach darauf vertrauen, dass es mir weiter gut geht. Ich will aber ein neues Testament aufsetzen und verfügen, dass in dem Fall, wenn meine Tochter in eine Pflegefamilie kommen muss, sie in der Nähe bleibt, dass der Kontakt zu meiner Mutter und unserer Familie in Schweden gehalten werden muss. Ich hatte auch überlegt, ob meine Patentante meine Tochter mit aufnehmen würde, aber sie ist auch schon Mitte 50, das würde schwierig werden, auch wenn sie es bestimmt machen würde. Auf jeden Fall werde ich meine Erwartungen an eine Pflegefamilie ausformulieren.

Meinst du, dass du im Alltag kompensierst, Dinge anders machst, als du sie in einer Familie mit Vater machen würdest?
Ich unternehme mehr mit ihr, als ich es tun würde, wenn wir mit jemandem zusammen leben würden. Ich kompensiere nicht bewusst, der Alltag ist einfach anders. Aber es ist auf keinen Fall so, dass ich ihr zum Beispiel öfter Eis kaufe, um den fehlenden Vater auszugleichen.

Wie wichtig ist für dich die Suche nach Halbgeschwistern deiner Tochter?
Sehr wichtig. Nicht nur für mich, sondern auch für sie. Sie könnte andere Kinder kennenlernen, die vielleicht ein ähnliches Aussehen, einen ähnlichen Charakter haben, die die gleichen genetischen Anlagen mitbringen, das ist dann fast so etwas wie Familie. Und für mich ist es natürlich interessant zu sehen, was sie von ihrem Vater hat. Ich erkenne in ihr, was sie von mir hat, aber die anderen Eigenschaften, die fremden, da weiß ich nicht, ob sie von ihrem Vater stammen oder ob es ihre ganz eigenen sind.

Was hast du unternommen, um nach eventuellen Halbgeschwistern deiner Tochter zu suchen?

Ich habe im SFMK-Forum angeregt, dort eine Plattform zu schaffen, mit deren Hilfe man schauen kann, ob eine andere Frau Kinder desselben Spenders hat. Außerdem habe ich meine Tochter in eine internationale Datenbank eingetragen, das Donor Sibling Registry. Dort sind auch Halbgeschwister registriert. Inzwischen habe ich per Mail mit ihnen Kontakt aufgenommen. Sie stammen aus Kanada und Norwegen. Durch sie habe ich auch von weiteren Halbgeschwistern in Dänemark und Schweden erfahren.

Welche Art von Kontakt stellst du dir in Zukunft vor?

Zunächst weiter einen Austausch per E-Mail. Die Leute, die sich im Donor Sibling Registry eintragen, haben ja Interesse an einem Kontakt. Ich bin sicher, dass es auch zu einem Treffen kommen wird. Und auch ein längerfristiger Kontakt wäre für mich vorstellbar, wenn man eine gute Verbindung zueinander hat.

Es hat sich ja tatsächlich ergeben, dass eine andere Frau aus dem SFMK-Forum zwei Kinder von demselben Spender hat. Die Kinder sind jünger als deine Tochter. Wie ist das für dich?

Wir haben über das Forum Kontakt aufgenommen, per Mail. Wir fanden beide den Erstkontakt sehr schwierig, wir wussten nicht, wie wir aufeinander zugehen sollten, wir kannten uns ja nicht. Ich wusste nicht, wie Anni dazu steht. Mittlerweile haben wir einige Male gemailt und telefoniert. Wir wollen uns auf jeden Fall einmal treffen, mit den Kindern zusammen. Leider wohnen wir sehr weit auseinander, so dass das nicht einfach spontan möglich ist. Anni wird aber nächsten Sommer zum SFMK-Jahrestreffen nach Hessen kommen, spätestens dort werden wir uns sehen.

Vätermodelle

*Die 28-jährige Studentin Marie aus Hamburg erzählt davon, wie
sie mit 20 nach einer gescheiterten Beziehung mit ihrer Tochter
plötzlich allein ist und sich entschließt, ihr zweites Kind per
Samenspende zu bekommen. Sie entscheidet sich zuerst für einen
offenen Spender, wechselt später aber zu einem anonymen Spender. Sie ist zu dem Schluss gekommen, dass ein anonymer Spender
psychologisch eine Grenze darstellt: Das Kind wird von Anfang an
mit dem Wissen aufwachsen, dass es keinen Vater hat. Ein Kind
eines offenen Spenders hingegen nährt Hoffnungen, dass es mit 18
Jahren »seinen Vater kennenlernen« kann. Doch in der Praxis gibt
es kein Kennenlernen, vielleicht einen Briefwechsel, höchstens ein
Telefonat oder ein Treffen, aber niemanden, der einem Vater, den
sich das Kind vielleicht erträumt hat, gleichkommt, niemanden,
der die vielen Fragen des Kindes beantworten wird.*

*Marie ist im Moment mit ihrem dritten Kind schwanger. Sie
wählte wieder den Weg der Insemination in Dänemark mit dem
Sperma des gleichen anonymen Spenders. Ihre Erzählung endet
an dem Punkt, als sie einen neuen Partner kennenlernt und mit
ihm ein gemeinsames Kind plant. Diese Beziehung ist inzwischen
zerbrochen.*

Meine Töchter sind sieben und drei Jahre alt. Ein Vater fehlt
keiner der beiden, die Kleine hat noch nie danach gefragt, die
Große akzeptierte meinen neuen Freund schnell als sozialen
Vater. »Ich hatte mal einen anderen Vater«, verkündete meine
große Tochter in der Straßenbahn, kurz nachdem ich Christian
kennengelernt hatte. Die Partnerschaft ist für uns alle eine
Bereicherung, doch es war nicht so, dass uns zuvor etwas gefehlt
hätte. Für die Kinder und mich war das Leben zu dritt völlig
normal und gut so, wie es ist.

Schon mit 15 Jahren wusste ich: Ich möchte gern sechs Kinder haben. Natürlich mit meinem Traummann. Doch leider sah

die Realität ganz anders aus. Mit 20 Jahren und einer gerade angefangenen Ausbildung hatte ich eine schwere Trennung hinter mir und war alleinerziehende Mutter eines neugeborenen Mädchens. Ich tat mich schwer damit, mich von meiner Traumvorstellung einer heilen Familie zu verabschieden. Nie wieder würde ich bei null anfangen können, nie wieder die Möglichkeit haben, eine »normale« Familie zu haben. Von nun an konnte ich nur noch eine Patchworkfamilie gründen. Doch selbst davon war ich ja weit entfernt. Erst einmal waren wir zu zweit. Nach den schwierigen ersten Monaten, die von dem Trennungsschmerz und dem Akzeptieren der Situation als Alleinerziehende geprägt waren, haben wir zwei uns gut arrangiert. Ich begann, mein Glück mit meiner Ella zu genießen. Dazu brauchte ich keinen Mann.

Doch als Ella anderthalb Jahre alt war, schlichen sich immer wieder Gedanken in meinen Kopf. Gedanken, die ich in den vorangegangen Monaten nicht zugelassen hatte. Gedanken an ein weiteres Kind. Aber allein? Ein Partner war weit und breit nicht in Aussicht. Selbst wenn ich zu dem Zeitpunkt einen neuen Partner kennengelernt hätte, so hätte ich kaum auf der Stelle mit ihm ein Kind haben wollen, da ich mich schon einmal so in einem Mann getäuscht hatte.

Das Allerstressigste war für mich, dass ich mich ständig mit meinem Exfreund, dem Vater meiner Tochter, auseinandersetzen musste, und wir wegen jeder Kleinigkeit Streit hatten, sei es wegen des Unterhalts, den er nicht zahlen wollte, oder wegen der Absprachen und des Einhaltens von Umgangsterminen. Wir waren alle paar Wochen zu Gesprächen beim Jugendamt und am Ende sogar vor dem Familiengericht. Diese ständigen Konflikte haben mich und unseren Alltag sehr belastet. Sonst aber fand ich das Leben als Alleinerziehende schön, das hätte ich früher nicht für möglich gehalten. Schön und unkompliziert. Deshalb kam mit dem stärker werdenden Wunsch nach einem zweiten Kind auch der Gedanke auf: Warum dieses Mal nicht gleich allein ein Kind bekommen? Wenn ich das mit einem schaffe, dann auch mit zweien. Vor allem, wenn der Stress mit dem Exfreund wegfallen würde.

Ich brauchte keinen Mann an meiner Seite, der mir im Alltag mit zwei Kindern hilft. Aber was ist mit dem Kind, braucht es nicht einen Vater? Hab ich das Recht, ein Kind ohne Vater in die Welt zu setzen? Ellas Vater war zwar kein Prachtexemplar, aber sie hatte einen. Schließlich half mir eine Bekannte sehr bei der Entscheidungsfindung. Sie war ein Scheidungskind und ihr Vater wollte keinen Kontakt zu ihr. Sie hat ihre ganze Kindheit sehr darunter gelitten und sagte klipp und klar, dass sie lieber gar keinen Vater gehabt hätte, als einen Vater, der sich einen Dreck für sie interessiert. Und so sehe ich es mittlerweile auch, es ist besser für ein Kind zu wissen, dass es keinen Vater hat, als zu wissen, dass es einen Vater hat, der sich nicht interessiert.

Viele »heile« Familien sind nicht so intakt, wie sie nach außen wirken. Eltern lassen sich scheiden und die Kinder erleben schmerzhaft die Trennung und den oft folgenden Rosenkrieg. Das alles würde mein Kind nicht erleben. Es würde wissen, dass ich mir von ganzem Herzen ein zweites Kind gewünscht habe. Und ist nicht das das Wichtigste für ein Kind, geliebt zu werden? Mit Menschen aufzuwachsen, bei denen es täglich spürt, wie willkommen es ist, sich geborgen und geliebt zu fühlen? Ist es nicht egal, ob diese Familie nur aus einer Mutter besteht und nicht aus Mutter und Vater? Ich würde dieses Kind von ganzem Herzen lieben. Ella würde eine großartige Schwester sein, meine Eltern wunderbare Großeltern. Es hätte keinen Vater, aber viele andere Menschen, die da sein würden, auf die es sich verlassen könnte. Und wer weiß, vielleicht würde eines Tages ja auch ein neuer Mann an meiner Seite sein, der auch ein Papa für meine Kinder sein könnte. Aber auch ohne ihn wären wir eine Familie.

Als ich das für mich geklärt hatte, überlegte ich, wie ich meinen Kinderwunsch umsetzen könnte. Die Möglichkeit, mittels einer privaten Samenspende und der Bechermethode schwanger zu werden, kam für mich nie in Betracht, da in Deutschland ein Samenspender als leiblicher Vater alle väterlichen Rechte geltend machen kann und man diese auch nicht durch einen Vertrag ausschließen kann. Nach meinen schlechten Erfahrungen mit Ellas Vater wollte ich dieses Risiko nicht eingehen. Ich hatte gehört, dass in den USA auch lesbische Paare mit Hilfe einer künstlichen Befruchtung schwanger werden können. Bei meiner Suche im Internet stieß ich bald auf Homepages von Kinderwunschkliniken und Hebammenpraxen in Dänemark, die Inseminationen auch bei Singlefrauen anboten.

Ich kontaktierte die Diersklinik, eine Hebammenpraxis in Aarhus. Ich entschied mich für einen offenen Spender und suchte mir von der Spenderliste der Klinik einen Spender mit optischer Ähnlichkeit zu meiner Tochter aus. Ich war tierisch nervös vor der ersten Insemination. Als nach zwei Wochen meine Periode einsetzte, war ich total traurig. Ich war so sicher gewesen, dass es auf Anhieb klappen würde, weil ich noch so jung war und mit Ella damals sofort nach dem Absetzen der Pille schwanger geworden war.

Aber erst der vierte Versuch, inzwischen bei einer Arztpraxis im dänischen Apenrade, war erfolgreich. Das Sperma kam von einem anonymen Spender, denn die dänische Gesetzgebung erlaubte es zum damaligen Zeitpunkt nur Hebammenpraxen, das Sperma offener Spender zu verwenden, während Arztpraxen ausschließlich anonymen Spendersamen einsetzen durften. Vor allem aus pragmatischen Gründen hatte ich gewechselt: Die Arztpraxis verlangte für die Inseminationen um die 200 Euro weniger als die Hebammenpraxis, so dass ich die Chance hatte, mir ein, zwei Versuche mehr leisten zu können.

Die Schwangerschaft mit meinem zweiten Kind konnte ich, anders als bei Ella, in vollen Zügen genießen. Auch wenn mit einem dreijährigen Kleinkind und einem Vollzeitstudium nicht so viel Zeit zum Ausruhen blieb, so war dieses Mal kein Mann da, der mich stresste. Nach einer leichten Geburt hielt ich meine zweite Tochter Lili im Arm. Sie war perfekt. Der schönste Moment war für mich, als Ella zum ersten Mal ihre kleine Schwester hielt. Und wenn ich mir früher Gedanken darüber gemacht habe, ob es für die Kinder etwas ändert, dass sie »nur« Halbgeschwister sind, so weiß ich heute, dass es völlig egal ist. Die beiden Schwestern lieben sich über alles.

Was ich jedoch nicht erwartet hatte, war, dass der Wunsch nach einem dritten Kind so schnell kommen würde. Ich hatte gehofft, dass ich mich auch mit zwei Kindern komplett fühlen könnte. Doch schon am dritten Lebenstag von Lili wusste ich, dass ich noch ein weiteres Kind auf demselben Weg bekommen wollte. Aber das hatte noch Zeit, erstmal musste ich den Alltag mit zwei Kindern und Studium wuppen.

Ich hatte mir vorher das Leben mit zwei Kindern viel schwieriger vorgestellt, als es in Wirklichkeit ist. Der Alltag allein mit zwei Kindern unterscheidet sich wenig vom Alltag mit nur einem Kind. Vielleicht wäre es anstrengender gewesen, wenn ich einen kürzeren Altersabstand gehabt hätte. Aber da Ella ja schon fast vier Jahre alt war, als Lili geboren wurde, war sie schon sehr selbständig, was vieles erleichtert hat.

Ich denke, dass man sich, um als alleinerziehende Mutter von zwei Kindern und als Vollzeitstudentin glücklich zu sein, bewusst sein muss, dass man nicht alles perfekt machen kann. Ich habe für mich entschieden, dass die Kinder meine oberste Priorität sind, deshalb verbringe ich nachmittags, während meine Kommilitonen noch in der Bibliothek fleißig lernen, die Zeit mit Ella und Lili.

Wichtig finde ich als Alleinerziehende ein gutes soziales Netzwerk. Regelmäßig helfen mir meine Freunde und meine Eltern aus, wenn ein Kind krank ist, die Kita geschlossen ist oder mal wieder Ferien sind, damit ich trotzdem meine Seminare besuchen kann, mit einem Kind etwas allein unternehmen oder auch einfach mal einen Abend für mich haben kann. Auch wenn ich alleinerziehend bin, trage ich nicht die komplette Verantwortung allein. Meine Familie und meine Freunde tragen auch einen Teil dieser Verantwortung mit. Ich musste mit der Zeit erst lernen, mir einzugestehen, dass ich eine gute alleinerziehende Mutter sein und gleichzeitig Hilfe annehmen kann.

Um mein drittes Kind zu bekommen, fuhr ich wieder nach Dänemark. Ich hatte bei der Samenbank Sperma vom selben Spender wie bei Lili gekauft, da mir die Vorstellung gefiel, dass Lili und das Baby die gleichen Wurzeln verbinden würde. Auch wenn sie nie Kontakt zu dem Spender haben könnten, so hätten sie zumindest die Möglichkeit, in der anderen Ähnlichkeiten zu entdecken. Doch bevor die IUI stattfinden konnte, sagte mir mein Arzt, dass das Sperma nicht aufgetaut werden konnte. Es waren kaum bewegliche Spermien vorhanden. Zum Glück hatte ich zwei Portionen bestellt, so dass ich dem Arzt mein Okay gab, diese aufzutauen. Doch auch dieses Mal gab es ein Problem, wenngleich ein ganz anderes. Als ich dem Arzt sagte, dass ich gespannt sei, wie ein zweites Kind von demselben Spender aussehen würde, schaute er nochmals in meine Akte und stellte fest, dass die Spendernummern nicht übereinstimmten. Leider hatte er mir damals aus Versehen die falsche Spendernummer gesagt, woraufhin ich das falsche Sperma bestellt hatte. Ich stand nun also vor der Wahl, das Sperma des anderen Spenders zu benutzen oder diesen Zyklus ungenutzt zu lassen. Ich fuhr ohne Insemination nach Hause.

Die drei darauffolgenden Inseminationen waren alle negativ und dann musste ich wegen einer Zyste pausieren. In dieser Zeit kam in mir nach sechs Jahren Singledasein wieder der Wunsch nach einem Partner auf. Ich versuchte mein Glück mit einer Internetsinglebörse – und landete einen Volltreffer. Der erste Mann, den ich getroffen hatte, wurde auch mein neuer Freund. Schon bei unserem ersten Treffen erzählte ich ihm von der Entstehung von Lili. Er war überrascht, aber letztendlich fand er es dadurch leichter, für Lili ein Papa zu sein. Bei Lili ist diese Position noch leer, während Ella grundsätzlich einen Vater hat, wenn dieser auch nicht präsent ist in ihrem Leben. Ich habe mir im Vorfeld viele Gedanken gemacht, wie es wohl sein würde, wenn ich mal einen neuen Partner haben würde und wie die Kinder mit der Veränderung umgehen würden. Nachdem wir so lange ein eingespieltes Frauenteam gewesen waren, hatte ich mit vielen Schwierigkeiten und Anpassungsschwierigkeiten gerechnet. Doch die Kinder haben Christian so schnell ins Herz geschlossen und ihn als einen Papa angenommen, dass eher wir Erwachsenen mit unseren Gefühlen erst einmal klarkommen und uns auf Partnerebene darüber einig werden mussten, wie schnell wir uns als Familie betrachten wollten.

Nicht ganz leicht ist es natürlich auch mit meinem Wunsch nach einem dritten Kind. Dieser lang gehegte Wunsch verschwindet nicht einfach, wenn ein Partner auf der Bildfläche auftaucht. Nach einem Jahr Beziehung ist nun der Punkt gekommen, an dem wir an ein gemeinsames Kind denken. Ich fühle mich angekommen. Ich habe zwei wunderbare Kinder, sie haben einen wundervollen Papa und ich meinen Traummann. Und bald bekommen wir unser erstes gemeinsames Kind. Ich werde meine kleine Schar Kinder haben. Von drei verschiedenen Männern. Eine Patchworkfamilie. Sie entspricht nicht der gesellschaftlichen Norm und es wird immer wieder Leute geben, die darüber schlecht urteilen. Aber es ist meine kleine Familie, und ich bin stolz auf sie.

Über die Rolle
der eigenen Gene

Bisher ging es immer um Frauen, die selbst ein Kind geboren haben. Ulrike hat im dritten Kapitel bereits die Frage angerissen, welche Alternativen bestehen, wenn es keine Möglichkeit gibt, ein leibliches Kind auszutragen und zu gebären, sei es, weil die eigenen Eizellreserven zu Ende gehen oder aus anderen Gründen. Muss ein Kind die eigenen Gene haben, damit man es lieben und annehmen kann? Ulrike hat diese Frage für sich mit einem eindeutigen Nein beantwortet, als sie sich entschied, eine Eizellspende in Anspruch zu nehmen. Und die 45-jährige Bettina, die nach zwei Jahren Kinderwunschbehandlung derzeit nach einer Eizellspende schwanger ist, betont, dass sie ganz bewusst sagen könne, »die gleichen Gene haben für mich geringere Bedeutung als überhaupt ein Kind zu bekommen«.

Bei der Mehrheit der Frauen mit einem sehnlichen Kinderwunsch ist dieser verbunden mit dem Wunsch, eine Schwangerschaft zu erleben, das Wachsen und Reifen des neuen Lebens im eigenen Körper zu spüren. Diese Ursehnsüchte gehören für die meisten Frauen unlösbar zum Prozess des Mutterwerdens dazu. So kommt es, dass viele Frauen eher die Optionen Eizellspende oder Embryonenadoption in Erwägung ziehen als darüber nachzudenken, ein Kind zu adoptieren oder eine Pflegschaft zu übernehmen. Die Annahme eines »fremden« Kindes ist für viele erst der Plan B, wenn alles andere nicht klappt.

Für manche Frauen ist es jedoch gleich Plan A, wie für

Simone und Franziska. Dass Adoption heutzutage von vielen alleinstehenden Frauen gar nicht erst erwogen wird, hängt auch damit zusammen, dass sie denken, Adoption wäre für Singles in Deutschland nicht gestattet. Dem ist aber nicht so, Adoptionen durch alleinstehende Frauen sind sehr wohl möglich, unterliegen aber einigen Einschränkungen.

Grundsätzlich bestehen fünf Möglichkeiten, ein nicht leibliches Kind in die Familie aufzunehmen. Die erste Möglichkeit, das Austragen eines Kindes mit komplett fremden Genen, das zum Beispiel durch die Kombination von Eizell- und Samenspende entstanden ist, oder das Einpflanzen eines zur Adoption freigegebenen Embryos, soll ebenso wie Leih- oder Tragemutterschaft hier nicht weiter Erwähnung finden. All diese Verfahren sind in Deutschland verboten. In diesem Kapitel geht es ausschließlich um die vier Möglichkeiten, ein bereits geborenes Kind, dessen leibliche Eltern es zeitweise oder dauerhaft nicht mehr versorgen wollen oder können, an Kindes statt anzunehmen. Dabei handelt es sich um Inlandsadoption, Auslandsadoption, Dauerpflegschaft und Kurzzeitpflege.

Im Zeitalter von Empfängnisverhütung und Sozialleistungen werden nur noch selten Kinder zur Adoption freigegeben, so wurden 2012 bundesweit gerade einmal 1543 Kinder adoptiert, hat das Statistische Bundesamt ermittelt (hinzu kommen noch Verwandtschafts- und Stiefkindadoptionen). Die Entscheidung über eine Adoption in Deutschland treffen die Vormundschaftsgerichte, die sich dabei auf die beratende und vermittelnde Arbeit der Jugendämter stützen. Rechtliche Grundlage ist das Adoptionsvermittlungsgesetz. Wie in den Berichten von Simone und Véronique anklingt, bevorzugen viele Jugendämter in der Praxis eher verheiratete Paare, bevor sie ein Kind an Alleinstehende oder in gleichgeschlechtlicher Partnerschaft lebende Menschen vermitteln (bei denen nach derzeitigem Rechtstand einer der beiden als Single adoptieren muss und der Partner später die Möglichkeit der Stiefkindadoption hat). »Die Annahme eines Kindes durch eine alleinstehende Person bedarf der besonders eingehenden Kindeswohlprüfung«, heißt es in den Empfehlungen der Bundesarbeitsgemeinschaft der Landesjugendämter. Adoptionsbewerberinnen, die mir von ihren Erfahrungen berichteten, sprachen davon, dass sie diese Prüfung als »wahnsinnig von Willkür« geprägt empfunden hätten, da jedes Jugendamt andere Maßstäbe ansetze.

Bei einer *Inlandsadoption* haben Singlefrauen kaum Chancen, ein Kind vermittelt zu bekommen. Adoptionswillige Paare in einer festen Partnerschaft heiraten meist noch schnell, um von den Jugendämtern als geeigneter beurteilt zu werden und auf der Warteliste ein Stück nach oben zu rutschen. Singles haben diese Möglichkeit nicht. Hinzu kommt, dass bei den Jugendämtern der Konsens herrscht, dass es dem Kindeswohl diene, wenn der Altersunterschied zwischen Kind und Elternteil maximal 40 Jahre beträgt. Dies ist eine Empfehlung der Bundesarbeitsgemeinschaft der Landesjugendämter. Da viele Singlefrauen erst um die 40 herum vor der Entscheidung für eine Adoption stehen, haben sie von vornherein keine Chance, ein Baby oder Kleinkind zu adoptieren und somit ein Kind von Beginn an beim Aufwachsen begleiten zu dürfen.

Mehr Aussicht auf Erfolg hat der Weg über eine *Auslandsadoption*. Deutschland ist seit 2002 Vertragsstaat des »Haager Abkommens über den Schutz von Kindern und die Zusammenarbeit auf dem Gebiet der internationalen Adoption«. Auslandsadoptionen werden, je nach Herkunftsland, über die Jugendämter oder über zugelassene Adoptionsvermittlungsagenturen in freier Trägerschaft vermittelt, die mit den jeweiligen Herkunftsländern verhandeln und verhindern sollen, dass im Adoptionsprozess Missbrauch betrieben wird. Die einzelnen Agenturen konzentrieren sich jeweils auf einige wenige Länder, aus denen sie Kinder vermitteln. Allerdings liegt das Alter der aus dem Ausland vermittelten Kinder bei mindestens zwei Jahren. Gründe hierfür sind zum einen die langen Behördenwege, vor allem aber der Passus des Haager Abkommens, der besagt, dass das Herkunftsland ein Kind erst nach »gebührender Prüfung der Unterbringungsmöglichkeiten für das Kind im Heimatstaat« zur Vermittlung ins Ausland freigeben kann. Dies wird in den Herkunftsländern unterschiedlich geregelt, in Bulgarien zum Beispiel ist es vorgeschrieben, dass das Kind erst drei inländischen Bewerbern zur Adoption vorgeschlagen werden muss, erst dann darf es ins Ausland vermittelt werden.

Die meisten Adoptionsvermittlungsagenturen akzeptieren Singles, sofern die Gesetzgebung in den Herkunftsländern eine Adoption an Alleinstehende erlaubt. Adoptionsbewerberinnen durchlaufen einen langwierigen Eignungsprozess, in dessen Verlauf sie sich »nackig machen« müssen, wie Simone es beschreibt. Sie werden auf Herz und Nieren geprüft und auf ihre soziale, gesundheitliche, psychische und finanzielle Eignung abgeklopft, ehe sie sich überhaupt in die Warteliste für ein Kind einreihen dürfen. Wenn man die Informations- und Entscheidungsphase vernachlässigt, dauert die reine Eignungsprüfung bei den Jugendämtern mindestens ein Jahr, bei den Agenturen geht es meist deutlich schneller. Danach darf die Bewerberin der Vermittlungsagentur ihr sogenanntes Dossier einreichen, auf dessen Grundlage nun ein Kind gesucht wird. Bis der Bewerberin ein Kind vorgeschlagen wird, kann es sehr lange dauern, in den wenigsten Fällen handelt es sich um Monate, meist um Jahre. Zwei oder drei Jahre sind die Regel, auch längere Wartezeiten sind möglich. In der Zwischenzeit kann sich die Rechtslage ändern, das Herkunftsland gestattet vielleicht sogar keine Auslandsadoptionen mehr, so wie beispielsweise Anfang 2013 in Russland ein Gesetz verabschiedet wurde, das von da an alle Adoptionen in die USA verbot. Auswirkungen für deutsche Singles hat der im Juli 2013 beschlossene Zusatz zum russischen Adoptionsgesetz, der besagt, dass in Zukunft keine Kinder mehr an unverheiratete Personen vermittelt werden dürfen, die Bürger eines Staates sind, der gleichgeschlechtliche Ehen erlaubt.

Die Gebühren, die eine Adoptionsvermittlungsagentur für die Vermittlung eines Kindes berechnet, liegen zwischen 10 000 und 30 000 Euro. Hinzu kommen die Kosten für gesundheitliche Gutachten und für die Reisen ins Herkunftsland zu Kennenlern- oder Gerichtsterminen. Die Zahlung dieser Summe beinhaltet jedoch keine Erfolgsgarantie, sollte es aus irgendwelchen Gründen nicht zur erfolgreichen Adoption kommen (zum Beispiel, weil die Gerichte des Herkunftslandes der Adoption nicht zustimmen). Die hohen Kosten schränken die Zahl der Interessenten für eine Auslandsadoption ein, zumal langfristig nachweisbare finanzielle Sicherheit für eine Adoptionsvermittlung ohnehin vorausgesetzt wird. Andererseits haben Frauen bei der Annahme eines Adoptivkindes, das jünger als acht Jahre ist, Anspruch auf Elterngeld und können somit das erste, meist besonders schwierige Jahr mit dem Kind zu Hause bleiben.

Eine Alternative zur Adoption ist die Aufnahme eines Pflegekindes. Auch hier müssen die Bewerberinnen einen umfassenden Überprüfungsprozess durchlaufen, Franziska erzählt in ihrem Bericht davon. Die Voraussetzungen für eine Eignung variieren hier ebenfalls drastisch von Jugendamt zu Jugendamt. Während in Berlin mit Plakataktionen und Flyern um Pflegeeltern geworben wird und ausdrücklich auch Alleinstehende und Wohngemeinschaften angesprochen werden, um die vielen Kinder, die eine neue Familie brauchen, schnell vermitteln zu können, wird es Alleinstehenden in anderen Bundesländern schwer bis unmöglich gemacht, ein Pflegekind aufzunehmen. So forderte ein Münchner Jugendamt von einer alleinstehenden Bewerberin, sie solle drei Jahre mit dem Pflegekind zu Hause bleiben. Da eine Pflegemutter zwar Elternzeit nehmen darf, aber im Unterschied zu einer Adoptivmutter kein Elterngeld erhält, ist es für Singles in jedem Fall eine Herausforderung, die Eingewöhnungszeit des Pflegekindes im neuen Zuhause finanziell zu überbrücken.

Der wesentliche Unterschied zur Adoption ist, dass ein Pflegekind noch eine Herkunftsfamilie hat, zu der, wenn möglich, regelmäßiger Kontakt gehalten werden muss und in die das Kind theoretisch jederzeit zurückgeht, sobald dort die Voraussetzungen wieder gegeben sind. Bei der Übernahme einer Pflegschaft muss man sich der Tatsache bewusst sein, dass man das Kind jederzeit wieder gehen lassen muss, vielleicht auch in eine Familiensituation, die man selbst als ungünstig für das Kind erachtet. Entscheidendes Kriterium für eine solche Rückführung in die Herkunftsfamilie ist das Kindeswohl. Pflegemütter müssen sich darauf einstellen, dass es zu Konflikten und belastenden Situationen mit der Herkunftsfamilie kommen kann oder diese sogar auf Rückgabe des Kindes klagt. In Einzelfällen kann es so weit gehen, dass die pflegenden Eltern sich sicher sind, dass das Kind bei ihnen deutlich besser aufgehoben ist, der die Entscheidung treffende Familienrichter dies aber anders einschätzt. In der Regel gilt jedoch, dass das Kind nicht mehr rückgeführt wird, wenn es länger in der Pflegefamilie als in der Herkunftsfamilie gelebt hat. Der Arbeitskreis zur Förderung von Pflegekindern e. V. in Berlin beziffert die Zahl der Rückführungen bei Dauerpflegschaften auf drei Prozent.

Ein Kind wird zur Dauerpflege vermittelt, wenn das Jugendamt einschätzt, dass eine Rückführung in die Herkunftsfamilie nicht mehr möglich sein wird. Theoretisch kann sich diese Einschätzung über die Jahre ändern, in der Praxis kommt das aber sehr selten vor. In der Regel verbleiben Kinder in Dauerpflegschaft bis zur Volljährigkeit in der Pflegefamilie. Pflegeeltern werden, so regelt es das Achte Buch des Sozialgesetzbuchs, von den Jugendämtern finanziell unterstützt. Sie erhalten einen monatlichen Betrag, das sogenannte Pflegegeld, dessen Höhe in den einzelnen Bundesländern variiert und jährlich neu festgelegt wird. Das Pflegegeld dient der Deckung der Unterhaltskosten des Kindes und beinhaltet darüber hinaus einen Betrag für die Erziehungsleistung der Pflegeeltern.

Bei der Kurzzeitpflege, die manchmal auch Krisenpflege genannt wird, ist von vornherein klar, dass das Kind nach einer gewissen Zeit wieder in seine Herkunftsfamilie zurückgeht. Für einen begrenzten Zeitraum, der offiziell mit drei bis sechs Monaten beziffert wird, in der Realität aber manchmal bis zu zwei Jahren beträgt, wird ein Kind aus seiner in einer Krisensituation steckenden Familie herausgenommen und geht zurück, sobald sich die Situation dort wieder stabilisiert hat. Anders als bei der Dauerpflegschaft, bei der es sehr wahrscheinlich ist, dass das Pflegekind bis zur Volljährigkeit bei der Pflegemutter bleibt, bedeutet eine Kurzzeitpflegschaft auf jeden Fall nur die übergangsweise Begleitung eines Kindes auf seinem Lebensweg. Die baldige Trennung ist vorprogrammiert. Für Frauen mit Kinderwunsch und dem Traum von einer langfristig stabilen Familie ist eine Kurzzeitpflege deshalb meist nicht die Variante der Wahl.

Adoptiv- und Pflegekinder sind keine unbeschriebenen Blätter. Als Mutter übernimmt man die Verantwortung für ein Kind, das durch seine Lebensumstände bereits geprägt wurde. Je älter das Kind ist, umso mehr hat es schon erlebt. Die Kinder haben meist Überlebensstrategien entwickelt, um mit schwierigen Situationen umzugehen, die sie beim Einzug in ein neues Zuhause nicht einfach so ablegen. Adoptiv- und Pflegemütter benötigen deshalb besonders viel Toleranz, Verständnis und Belastungsfähigkeit, um den Alltag mit einem mehr oder weniger traumatisierten Kind zu meistern und das Kind liebevoll beim Aufwachsen zu begleiten.

Drei Frauen erzählen in diesem Kapitel, wie ihr Weg sie zur Aufnahme eines fremden Kindes führte, bei Simone und Véronique über Umwege, bei Franziska zielstrebig und direkt. Véronique versucht erst, mit Hilfe künstlicher Befruchtung schwanger zu werden, die Eingriffe in ihren Körper widerstreben ihr aber, und sie setzt sich mit ihrer Angst auseinander, dass sie ein Pflegekind vielleicht wieder gehen lassen muss. Franziska berichtet für dieses Buch über den Ablauf bei der Aufnahme eines Pflegekindes und erzählt vom Aufbau einer sicheren Bindung zu ihrem Pflegesohn. Diese Phasen wird auch Simone bald erleben, die vor Kurzem einen dreijährigen Jungen aus dem Ausland adoptiert hat.

»Es gefällt mir, mutig zu sein.«

Für Pflegemütter ist das Loslassenkönnen, weit mehr als für leibliche und Adoptivmütter, ein wichtiges Kriterium, dem sich Frauen stellen müssen. Eine anschauliche Darstellung dieses Prozesses liefert Véronique in ihrem Bericht, in dem sie den weiten Weg von einer idealisierten Vater-Mutter-Kind-Konstellation zu einer Mutter-Pflegesohn-Realität nachzeichnet. Nach acht erfolglosen Versuchen, schwanger zu werden, von denen zwei in einer biochemischen Schwangerschaft endeten, nahm die 41-jährige Veranstaltungsorganisatorin einen zweijährigen Jungen in Dauerpflegschaft.

Meine Eltern haben sich kennengelernt, da waren sie 24 und 26. Sie verliebten und verlobten sich, heirateten und bekamen zwei Kinder. In meiner Kindheit kannte ich nur diesen einen Lebensentwurf: Man findet irgendwann »den Richtigen«. Eine andere Möglichkeit gab es in meiner Vorstellung nicht. Weder wurde mir eine Alternative vorgelebt, noch wurde über eine gesprochen. Später ahnte ich, dass ich für diesen Lebensentwurf vielleicht gar nicht gemacht bin, aber da hatten mich schon unzählige Liebesromane und Liebesfilme mit ihrer »Prinz-auf-dem-Schimmel«-Romantik infiltriert, und so hoffte auch ich auf den Blitzschlag, der mein Leben verändern würde. Als reflektierte 25-Jährige ließ ich dann langsam den Gedanken zu, dass dieser Prinz eventuell länger brauchen könnte, als es für Kinder erforderlich ist. Und da ich gern Notfallpläne in der Tasche habe, nahm ich mir schon damals vor, mit spätestens Anfang 30 »zur Samenbank zu gehen«. Das war zwar noch ein sehr schwammiger und unausgereifter Notfallplan, aber zumindest war mir fortan der Gedanke nicht mehr fremd.

Mit 33 dann kam tatsächlich mein Prinz und ich war glücklich. Dass sich dieser Prinz nicht ans Drehbuch hielt, wollte ich erst nicht wahrhaben. Wie? Keine Heirat? Keine Kinder? Das kann nicht sein! Ich hoffte, irgendwie würde sich das schon alles regeln. Erst vier Jahre später trennte ich mich, weil ich vor lauter persönlichem Verzicht nicht mehr in den Spiegel schauen konnte. Danach dauerte es nicht mehr lange und ich begriff, dass ich mich viel zu sehr auf nur einen Weg fixiert hatte. Dass ich für diesen einen Lebensplan – der eigentlich nur vorgegeben und nie mein eigener war – zu wenig pragmatisch und zu leidenschaftlich bin. Dass ich das Abenteuer liebe und mich zu freiheitsliebenden, ungebundenen Männern hingezogen fühle … Mir wurde bewusst, dass ich in anderen Bereichen schon längst unkonventionelle Wege gegangen und damit glücklich war.

Die Zeit, in der ich den für mich längst veralteten Traum von der konventionellen Familie über Bord warf, habe ich in sehr positiver Erinnerung. Ich fühlte mich auf einmal unsagbar frei, die ganze Welt stand mir offen. Ich dachte diesmal ernsthaft über Samenspenden und auch über Pflegekinder nach und konnte mir auf einmal so vieles vorstellen.

Nach der ersten Euphorie kam jedoch eine harte Zeit: Freundschaften zerbrachen wegen meiner neuen Pläne und Überlegungen, als Single Mutter zu werden. Moralische Bedenken wurden von manchen sehr massiv und wenig freundschaftlich vertreten. So etwas könne man einem Kind nicht antun. Ich würde mich selbst überlasten. Eine Therapeutin weissagte: »Sie werden großes Leid über sich und das Kind bringen.«

Und so stellte ich mich, mein Leben, mein Beziehungsverhalten und meine Trennung in Frage. Es folgte eine Depression, die rückblickend das Beste war, was mir passieren konnte: Sie stand für das notwendige Chaos, aus dem neue Strukturen entstehen konnten. Während ich mich mit meiner Krankheit befasste, lernte ich, wie ungesund es sein kann, wenn man meint, etwas müsse sein. Ich lernte, liebevoller und weniger streng mit mir umzugehen und das Leben so anzunehmen, wie es ist.

Gleichzeitig entschloss ich mich nun endgültig, mir meinen Traum vom Kind selbst zu erfüllen. Zuerst dachte ich sehr intensiv über Pflegekinder nach. Ich merkte, dass der Wunsch, ein Kind zu begleiten und aufwachsen zu sehen, viel größer war als der Wunsch, schwanger zu werden oder meine Gene weitergeben zu können. Zudem gefiel mir der Gedanke, dass da eben schon ein Kind existiert, für das gesorgt werden muss, das ein schönes Zuhause braucht. Knackpunkt bei dieser Sache war die Gefahr, das Kind wieder gehen lassen zu müssen. Ich merkte, wie es mir bei dem Gedanken daran die Kehle zuschnürte, und so verwarf ich diese Überlegung wieder.

Ich hatte eigentlich schon den Entschluss gefasst, die einzige Möglichkeit, die mir anscheinend offen stand, zu nutzen: Ich wollte für eine künstliche Befruchtung nach Dänemark fahren. Ich hatte nichts auf der hohen Kante, entschied mich aber trotzdem für die Samenbank mit einem offenen Spender. Irgendwie würde ich das Geld schon zusammenbekommen. Fortan schuftete ich wie eine Verrückte und hielt mich an einen strengen Sparplan. Die Frauen im SFMK-Forum versorgten mich mit allen relevanten Informationen, ihr Wissen war unerschöpflich. Am meisten half jedoch ihr stets offenes Ohr und die vielen klugen Kommentare auf dem Weg meiner Entscheidungsfindung. So viele Frauen in derselben Situation kennenzulernen und viele von ihnen auch beim Berliner Stammtisch persönlich zu treffen, bewirkte, dass ich mich schon nach wenigen Monaten nicht mehr wie ein bunter Hund fühlte. Im Gegenteil, ich stand stolz zu meinem Vorhaben.

Gleichzeitig erfuhr ich auch, dass es mit Ende 30 lange nicht so einfach ist, schwanger zu werden. So war ich vorbereitet, als es mit der ersten, der zweiten, der dritten und auch der vierten IUI nicht klappte. Trotzdem konnte mich nichts gegen die riesige Enttäuschung wappnen, die sich nach jeder euphorischen Zeit der Hoffnung wie ein schwarzer Vorhang um mich schloss. Allmählich fing ich an, sehr genau darüber nachzudenken, warum mein Kinderwunsch so groß war. Was bedeutete meine Verlustangst für ein Kind?

Ich kam zu der Überzeugung, dass Verlustängste keinem Kind gut tun würden und dass ich mich ihnen stellen muss, anstatt vor ihnen zu fliehen. Ich machte mir bewusst, dass ich mich vollwertig fühlen kann, ohne ein leibliches Kind zu bekommen. Dass aber für mein Gefühl, erfüllt zu sein, ein Kind in meinen Haushalt gehört. Das alles bewegte mich dann dazu, mich doch als Pflegemutter zu bewerben. Der Gedanke, ein lieb gewonnenes Kind wieder gehen lassen zu müssen, fand ich zwar noch immer schlimm, aber er schnürte mir nicht mehr die Kehle zu. Die Statistik sagte mir, dass es bei einer Dauerpflege nur bei fünf Prozent aller Fälle zu einer Rückführung in die Herkunftsfamilie kommt. Und ein Satz dazu klang mir immer im Ohr: »Kinder gehen immer irgendwann – manche etwas früher als andere.«

Nun verfolgte ich gleichzeitig zwei Pläne, die für mich den gleichen Stellenwert hatten: Ich durchlief all die Seminare und Gespräche mit dem Jugendamt, die zu einer Qualifikation als Pflegemutter gehörten. Einfach etwas tun zu können, wie ein erweitertes polizeiliches Führungszeugnis zu beantragen oder ein ärztliches Attest einzuholen, war eine willkommene Abwechslung zu dem bloßen und nervenaufreibenden Warten, das die Kinderwunschbehandlung mit sich bringt. Gleichzeitig fuhr ich für den Wunsch nach einem leiblichen Kind aber auch härtere Geschütze auf und versuchte es mit einer IFV.

Die knapp 4000 Euro, die ich dafür benötigte, lieh ich mir von meinen Vater. Von den finanziellen Ausgaben abgesehen, bedeutet die IVF tägliches Hormonespritzen über viele Tage und eine Punktion der Eizellen unter Narkose. Alles fühlte sich sehr unnatürlich an und ich mochte nicht, was ich meinem Körper damit antat. Noch einmal gab es ein banges Zittern mit einem viel zu niedrigen Blutwert: eine weitere biochemische Schwangerschaft. Das kurz darauffolgende Negativ war noch schwerer zu ertragen als bei den IUIs. Langsam begann ich zu glauben, dass es für mich bereits zu spät ist. Und trotzdem wagte ich es ein zweites Mal. Ich verkaufte alles Entbehrliche an Wert, das ich in meiner Wohnung fand – unter anderem einige geerbte Schmuckstücke von meiner Großmutter. Diesmal war mir das Spritzen wirklich zuwider, ich hatte genug von den Hormonen. Schon während dieses Versuches war mir klar, dass ich das nicht mehr mitmachen wollte.

Fast gleichzeitig mit dem Negativ dieser zweiten IVF wurde ich nach fünf intensiven Gesprächen und einem Hausbesuch als Pflegemutter anerkannt. Von diesem Moment an zeichnete sich mein Weg sehr klar vor mir ab. Ich freute mich auf meine Aufgabe als Pflegemutter, der Wunsch nach einem eigenen Kind geriet dadurch in den Hintergrund. Ich war froh, mich nicht länger mit meinem Zyklus, mit Hormonen, Behandlungsmethoden und den Möglichkeiten der Finanzierung auseinandersetzen zu müssen – und die Kinderwunschbehandlung in den Wind schießen zu können. Frohen Mutes wartete ich auf mein Pflegekind.

Ich wartete einen Monat, zwei Monate, drei Monate, ein halbes Jahr. Nach sieben Monaten bekam ich dann einen Kindervorschlag. Aufgeregt führte ich Gespräche mit dem Träger, dem Jugendamt und dem Vormund – und musste dann feststellen, dass ich mit den äußeren Bedingungen um dieses kleine Kind nicht leben konnte. Das Milieu der Herkunftsfamilie war mir so fremd, dass ich mir nicht sicher war, wie gut ich damit umgehen könnte. Darüber hinaus hatten gleich drei Familienmitglieder – getrennt voneinander – sehr häufige, regelmäßige Besuchsrechte. Ich lehnte ab. Vom zuständigen Jugendamt und dem

Vormund wurde ich sehr herablassend behandelt. Mein klarer Weg geriet ins Wanken und mein Mut war nicht mehr so groß. Gleichzeitig musste ich auch mit ansehen, wie all den Paaren, die mich in den Seminaren für Pflegeeltern begleitet hatten, nach und nach erfolgreich Kinder vermittelt wurden.

Der nächste Kindervorschlag kam fünf Monate später. Auch diesmal musste ich schweren Herzens ablehnen. Ein Kind mit diagnostizierter Bindungs- und Wahrnehmungsverarbeitungsstörung hätte mich überlastet. Wieder überholte mich meine Situation als Single und ich fragte mich, ob ich als Alleinerziehende überhaupt eine Chance hätte, ein anderes Kind als die ganz großen »Problemfälle« aufnehmen zu dürfen. Von anderen Städten wusste ich, dass an Alleinerziehende erst dann ein Kind vermittelt wird, wenn vorher zwei Paare abgelehnt hatten. Auch bei meinen beiden Vorschlägen wurden vor mir mindestens zwei Paare gefragt. Zum wiederholten Mal brachte mich mein Weg des Kinderwunsches an eine persönliche Grenze – an einen Punkt, an dem ich noch einmal loslassen musste. Diesmal war es die Dringlichkeit, mit der ich mir ein Pflegekind herbeisehnte. Ich versuchte, mich wieder auf andere Dinge im Leben zu konzentrieren. Ich plante berufliche Projekte und fand letztendlich den Gedanken, vielleicht erst in ein paar Jahren das »richtige Kind« kennenzulernen, gar nicht mehr so schlimm. Ich freute mich über meine Freiheit und Ungebundenheit und konnte auf einmal wieder all die Vorzüge sehen, die ein Singleleben mit sich bringt. Als ich den dritten Kindervorschlag bekam, schien alles zu stimmen. Ein zweijähriger Junge suchte ein neues Zuhause, nachdem er acht Monate lang in einer Kriseneinrichtung für Kinder leben musste. Als ich ihn kennenlernte, wusste ich sofort, dass ich mich mit diesem kleinen Mann sehr gut verstehen würde. Ich verliebte mich sehr schnell in ihn und nach einer Kennlernzeit von drei Wochen zog er bei mir ein.

Nun bin ich seit fünf Monaten Mama und es hat sich bestätigt, was ich tief in mir schon immer wusste: Ich fühle mich da, wo ich hingehöre. Und ich bin sehr, sehr glücklich. Dass das Kind nicht mein leibliches ist, spielt keine Rolle oder nur insofern, dass ich lernen musste, mit der Angst umzugehen, es wieder verlieren zu können. Aber auch das wird mit der Übung immer leichter und mir gefällt der Gedanke, mutig zu sein.

Mein kleiner Mann steckt gerade mitten in der Trotzphase und fängt daneben langsam an, Erlebtes zu verarbeiten. Beides kann sehr anstrengend sein. Noch hat er Angst, sich ganz auf eine feste Bindung einzulassen, zu sehr überwiegen seine schlechten Erfahrungen. Ich komme oft an meine Grenzen und an den Rand meiner Kräfte, aber ich hatte in meinem ganzen Leben noch nie so sehr das Gefühl, etwas Sinnvolles zu tun. Abends fühle ich mich erschöpft, aber gleichzeitig auch so erfüllt.

Auch bei ihm wurden vorher mindestens zwei Paare gefragt, und für mich ist es wie ein Wunder, dass dieses einzigartige Kind trotzdem bei mir gelandet ist. Aber auch eine Bestätigung dafür, dass vielleicht gerade die unwegsamen Wege zu den schönsten Plätzen führen. Mein »Umweg« zum Pflegekind war steinig und lang und hat mich außerdem einen fünfstelligen Betrag gekostet, aber er war mir jeden Schritt und jeden Cent davon wert. Ich habe mich so gut kennengelernt wie nie zuvor. Ich habe meine Verlustangst überwunden und mein Wunsch nach Kontrolle ist lange nicht mehr so groß. Ich habe Gelassenheit gewonnen und kann das Leben annehmen, wie es eben kommt.

Mit 25 zu jung für ein Kind?

Die Sozialarbeiterin Franziska will ein Pflegekind aufnehmen, doch dazu muss man nach den Vorgaben des Jugendamtes mindestens 27 Jahre alt sein. Franziska überbrückt die zwei Jahre Wartezeit, die sie von dieser Altersgrenze trennen, mit Versuchen, durch künstliche Befruchtung schwanger zu werden. Erfolglos. Dann endlich ist sie alt genug, um sich als Pflegemutter bewerben zu dürfen.

Vor Kurzem hat sie das Sorgerecht für ihren Pflegesohn erhalten und wartet jetzt auf ihr zweites Pflegekind. Für dieses Buch beschreibt Franziska den Prozess der Qualifizierung als Pflegemutter in Berlin und die Phasen, die ein angenommenes Kind durchläuft, bis es in seiner neuen Familie ankommt.

Ich lebe mit meinem Sohn seit gut einem Jahr zusammen. Max ist drei, und ich bin seine Pflegemutter. Das letzte Jahr hat mein Leben auf den Kopf gestellt. Ich bin jetzt nicht mehr nur noch Ich, ich bin jetzt Wir. Es hat gedauert, bis aus dem Betreuen eines mehr oder weniger fremden Kindes ein Leben mit meinem Kind wurde. Aber nun sind wir angekommen.

Den Gedanken, allein ein Kind zu bekommen, hatte ich schon früh. Den Gedanken, ein Pflegekind aufzunehmen, hatte ich das erste Mal als Kind. In meiner Vorstellung wollte ich erst ein leibliches Kind bekommen und dann ein Pflegekind aufnehmen. Es ist anders gekommen.

Ich war etwa fünf Jahre alt, da klärten mich meine Eltern darüber auf, dass es Kinder gibt, die nicht bei ihren Eltern leben können. Sie wollten ein Pflegekind aufnehmen. Doch meine Mutter wurde kurz darauf schwanger, und so ist nie ein Pflegekind bei uns eingezogen. Aber in mir war eine Idee geboren. Einige Jahre später bin ich dann über befreundete Familien mehrmals in Kontakt mit Pflegekindern gekommen. Und als ich vor dem Studium ein Jahr in einem Kinderheim mit traumatisierten Kindern arbeitete, verfestigte sich mein bis dahin vager Gedanke. Ich wollte gern mit Pflegekindern zusammenleben. Während meiner Arbeit in einer Kriseneinrichtung der Kinder- und Jugendhilfe sah ich, wie viele Kinder es gab, die »neue« Eltern brauchten. Ich merkte auch, dass ich gut mit verhaltensauffälligen Kindern umgehen konnte. Und was viel wichtiger war, mir wurde klar, ich kann ein Kind lieben, auch wenn es nicht von Geburt an mit mir zusammengelebt hat. So informierte ich mich einige Jahre später im Jugendamt über die Möglichkeit, ein Pflegekind aufzunehmen. Die Jugendämter in Berlin stehen alleinerziehenden Pflegeeltern grundsätzlich positiv gegenüber. Beim ersten Gespräch war ich 25 und wurde auf später vertröstet. Ich sollte mindestens 27 Jahre alt sein, die magische Grenze für alleinerziehende Pflegemütter. So hatte ich gezwungenermaßen zwei Jahre Zeit, mich mit meinem Weg und den unterschiedlichen Alternativen auseinanderzusetzen. Da ich zusätzlich zu dem Pflegekind ein leibliches Kind bekommen wollte, probierte ich in diesen zwei Jahren mehrere Alternativen, um schwanger zu werden – ohne Erfolg. Mit 27 Jahren stand ich wieder vor der Tür des Jugendamtes. Zu Beginn meiner Auseinandersetzung mit den unterschiedlichen Wegen, als Singlefrau Mutter zu werden, erzählte ich nur wenigen Freunden von meinen Plänen. Meine Freunde reagierten in Bezug auf künstliche Befruchtung eher skeptisch. Komischerweise haben mir alle Menschen sofort zugetraut, allein ein Kind großzuziehen, aber der Zeugungsart standen sie kritisch gegenüber – als wäre das relevanter als die Tatsache, alleinerziehend zu sein. Ich wurde gefragt, ob ich wirklich so dringend ein Kind haben müsste, dass ich es mit Hilfe eines Samenspenders zeugen müsse? Wäre es nicht angebrachter, ein paar Jahre zu warten? Ich sei doch noch so jung. Im Vergleich dazu fielen die Reaktionen auf den Gedanken, ein Pflegekind aufzunehmen, komplett anders aus, fast ausschließlich positiv und bewundernd. Plötzlich war es nicht mehr wichtig, dass mein Kind keinen Vater hat. Selbst jetzt, wo

Max schon über ein Jahr mit mir zusammenlebt, bekomme ich oft zu hören, wie toll es sei, dass mein Kind jetzt eine Mutter habe und ich mich der armen Seele annehme. Ehrlich gesagt waren mir die skeptischen Reaktionen lieber als die Emporhebung als Pflegemutter. Max und ich leben ein ziemlich normales Leben. Und mein Sohn hat Schlimmes erlebt, ja, aber eine arme Seele ist er ganz bestimmt nicht. Neben der Bewunderung gab es auch Reaktionen, die widerspiegeln, wie das Bild von Pflegekindern in unserer Gesellschaft aussieht. So musste ich mir zum Beispiel bei einem ersten Treffen mit meinem neuen Sohn von einer Freundin anhören, dass mein Kind sicher ADHS habe und dass Pflegekinder doch alle psychisch labil seien. Ich habe Bekannte, zu denen der Kontakt abgebrochen ist, nachdem Max eingezogen ist. Es gab eine Situation, in der Max bei einem Treffen komplett ignoriert wurde, er weder begrüßt noch verabschiedet wurde, obwohl er sich deutlich äußerte und ich (daneben stehend) sehr wohl angesprochen wurde. Oder als auf dem Spielplatz das eigene Kind zurückgerufen wurde, als Max mit ihm spielen wollte. Und mir erklärt wurde, das Kind solle auf dem Spielplatz neben der Mutter bleiben, man wisse ja nicht, ob Max nicht doch mal zuschlagen würde. Mein Gefühl sagt mir, dass sie nicht wollen, dass ihre Kinder mit einem Pflegekind befreundet sind. Ganz unabhängig davon, wie Max tatsächlich ist, einfach weil er ein Pflegekind ist und die per se einen schlechten Einfluss auf andere Kinder haben. Vorurteile eben. Max ist ein freundliches, offenes, intelligentes und sensibles Kind, das sich sehr gut mit sich selbst beschäftigen kann und schnell überfordert ist, wenn viele unbekannte Menschen um ihn herum sind. Ein sehr charmantes Kind, das häufig von Erwachsenen als süß und nett beschrieben wird. Er hat seine Macken und Eigenheiten, aber wer bitte hat die nicht?

Mit dem Thema »Pflegekind« habe ich mich intensiv auseinandergesetzt. Die Überprüfung zur Pflegemutter ist deutschlandweit nicht einheitlich geregelt. Hier in Berlin müssen

Interessierte zuerst zu einem zweitägigen vorbereitenden Pflege-
elternseminar gehen. In diesem Seminar bekommt man einen
Überblick über die rechtliche Situation von Pflegefamilien und
die Besonderheiten und Schwierigkeiten eines Lebens mit
Pflegekindern. Nach dem Vorbereitungsseminar darf man sich
dann im Jugendamt als Pflegemutter bewerben. Das Bewer-
bungsverfahren dauert in etwa sechs Monate und beinhaltet
sechs Termine, in denen verschiedene Themen (zum Beispiel
eigene Kindheitserfahrungen, die eigene Vorstellung von Erziehung, Bereitschaft zur Zusammenarbeit mit der Herkunftsfamilie) besprochen werden. Der ganze Prozess ist nervenaufrei-
bend, aber auch interessant. Ich habe mich durch die intensive
Auseinandersetzung mit mir und meinen Wünschen und Vorstellungen gut vorbereitet gefühlt.

Abgesehen von den Seminaren und dem Überprüfungsprozess im Jugendamt habe ich mich zur Vorbereitung auch mit
anderen Pflegeeltern getroffen, das Internet durchforstet und
Bücher gelesen. Bedingt durch meine beruflichen Erfahrungen
konnte ich in etwa einschätzen, was es heißt, ein Kind aufzunehmen, das mindestens einen Beziehungsabbruch erlebt hat.
Und meist noch viel Schlimmeres. Neun Wochen nach meiner
Anerkennung als Pflegemutter durfte ich Max kennenlernen, da
war er etwas über zweieinhalb Jahre alt. Und damit mindestens
sechs Monate über meiner Altersangabe. Während des Über-
prüfungsprozesses für Pflegeeltern wird unter anderem das
Alter des Kindes eingegrenzt. Ich hatte mich für ein Kind von
maximal zwei Jahren, eher jünger, entschieden und war dementsprechend skeptisch. Trotzdem wollte ich Max ganz unverbindlich kennenlernen. Zum Glück.

Max lebte zu diesem Zeitpunkt seit einem halben Jahr in
einer Kriseneinrichtung für Babys und Kleinkinder. Ich hatte
mir vorgenommen, ihm nicht zu zeigen, weshalb ich da bin. Ihn
aus der Ferne zu beobachten, um mir ein erstes Bild von ihm zu
machen. So dachte ich, aber nicht Max. Als ich in den Hof kam,

standen dort zwei etwa gleichaltrige Kinder und fragten mich, wer ich sei. Eines davon war Max. Als hätte er gespürt, dass ich seinetwegen da bin, hat er mich sofort für sich eingenommen. Er ließ seinen Charme spielen. Zeigte mir sein Zimmer und den Garten und wollte, dass ich ihm vorlese. Zwei Stunden später ging ich mit einem grinsenden Gesicht und der Gewissheit, soeben meinen Sohn kennengelernt zu haben, nach Hause.

Vier Wochen später zog Max bei mir ein. Plötzlich lebte ich mit einem fast fremden Kind zusammen. Keinem Baby, sondern einem Kleinkind, das seine festen Vorstellungen davon hatte, wie der Tag zu gestalten sei. Max konnte schon sprechen und wusste genau, was er wollte. Max wusste, dass seine alte Mutter weg ist und nicht wiederkommt. Schon in unserer Kennenlernphase fragte er mich, ob ich jetzt seine neue Mutter sei. Er wollte so gern eine neue Familie haben. Und ich wollte ihn als meinen Sohn. Wir waren beide von unseren Wünschen geprägt, aber völlig verunsichert. Meine Erfahrungen im Beruf haben mir sicherlich einiges erleichtert. Trotzdem war alles Emotionale völlig neu. In den ersten Nächten bin ich bestimmt alle zwei Stunden an sein Bett gegangen, um zu schauen, ob er wirklich da ist.

Die Ankommenszeit der Pflegekinder in ihren neuen Familien wird typischerweise in drei Phasen untergliedert. Sie werden nicht unbedingt nacheinander durchlaufen, es kommt zu Verschiebungen, Parallelen oder dem Auslassen von Phasen. Max durchlebte diese Phasen jedoch geradlinig nacheinander. Mit Beginn der Pflegschaft beginnt die Anpassungsphase. Bei Max war war sie geprägt von Verunsicherung und dem Wunsch, möglichst nicht aufzufallen. Die Zeit des langsamen Herantastens und der Anpassung hat in etwa zwei Monate angehalten. Wir beide brauchten sie, um uns kennenzulernen und uns an unser neues Leben zu gewöhnen. Max war in den ersten zwei Monaten ein ausschließlich lächelndes, liebes Kind. Er hat nie getrotzt, ist abends schnell eingeschlafen, hat nicht geweint, wenn er sich wehgetan hat. Ich hatte immer das Gefühl, er wartet nur darauf, wieder von mir abgegeben zu werden. Immer auf der Hut, stark angespannt und sich kontrollierend. Zwei ganze Monate hat er es geschafft, diese unglaubliche Kraft aufzubringen, die es braucht, sich so unauffällig wie möglich zu verhalten. Als er seinen ersten Trotzanfall hatte, habe ich mich riesig gefreut. Denn das war das Zeichen, dass er seine Schutzhaltung aufgeben konnte. Dass er sich mir gegenüber öffnen konnte, dass ein erstes Vertrauensverhältnis entstanden war und wir anfangen konnten, eine Bindung aufzubauen.

Das hört sich jetzt so romantisch an, in Wirklichkeit ist es harte Arbeit. Ab dem Moment, in dem Max seine Anpassung beenden konnte, zeigte er seine Ängste, seine Wut und seinen Kummer. Das ist die Phase der Übertragung der alten Verhaltensmuster und alten Erfahrungen auf die neue Lebensrealität. Ein Testen der Standfestigkeit der neuen Beziehung. Oft war ich völlig hilflos und wusste nicht weiter. Ich hatte viel von der Übertragungsphase gelesen, wusste also theoretisch, was auf mich zukommt. Aber geholfen hat mir das kaum. Dem ersten Trotzanfall folgten die »schreienden Wochen«. So habe ich sie im Nachhinein genannt. In dieser Zeit war es nicht möglich, einen normalen Tagesablauf zu gestalten. Alles wurde verweigert, jede Kleinigkeit zum Anlass genommen, sich schreiend auf den Boden zu werfen, Teller zerschlagen, Bücher zerrissen und provoziert, bis ich nicht mehr konnte – und Max auch nicht. Es kam vor, dass wir beide Arm in Arm heulend auf dem Boden saßen. Das waren die Momente, in denen Max es schaffte, sein Verhalten zu verändern. Jedes Mal, wenn wir beide nicht mehr konnten, änderte sich die Gesamtsituation. Und Max hat zu seinem lieben und freundlichen Wesen zurückgefunden. Inzwischen denke ich, dass das die heilenden Momente sind. Momente, in denen Max erleben darf, dass wir zusammengehören, er bleiben darf, geliebt wird, auch wenn nichts mehr geht. In diesen schwierigen Zeiten war es noch wichtiger als sonst, dass ich mich so gut vorbereitet hatte. Geholfen hat uns in diesen Wochen zum einen die Auszeit, wenn er vormittags in der Kita war und ich noch in Elternzeit. Und auch die Zeit, die wir ganz allein verbracht haben. Zwei Wochen Strandurlaub, Ausflüge oder auch gemütliche Stunden zu Hause.

Etwa acht Monate nach Max Einzug wurde es ruhiger. Das war auch die Zeit, in der ich fühlen konnte, dass ich nie wieder ohne ihn leben will. Es gibt keine »schreienden Wochen« mehr. Die Trotzanfälle sind viel weniger geworden. Max provoziert weiterhin häufig. Er testet seine Grenzen und meine Regeln. Das kann anstrengend sein, aber mehr auch nicht.

Und mit der Ruhe kommt die dritte und letzte Phase. Seit einiger Zeit verhält sich Max häufig wie ein Baby. Er möchte gefüttert werden, wieder eine Windel tragen und ständig spielen, dass ich ihn gebäre. Diese Phase wird Regression genannt, das zeitweise Zurückfallen in frühkindliche Verhaltensmuster. Ich habe das Gefühl, Max holt nach, was er mit mir und vielleicht auch insgesamt verpasst hat. Er möchte mein Baby sein. Möchte von mir geboren werden. Von Anfang an mit mir eine Familie sein. Er ist jedes Mal glücklich, wenn ich ihm erlaube, Baby zu spielen. Wir beide holen damit die Zeit nach, die wir nicht gemeinsam erlebt haben. Auch mir hilft diese Zeit über meine Trauer hinweg, ihn erst so spät kennengelernt zu haben. Sonst aber leben wir heute ein ganz normales Familienleben. Wir haben unseren Rhythmus, Max geht in die Kita, ich zur Arbeit. Im Alltag spielt es keine Rolle mehr, dass er »nur« mein Pflegesohn ist. Wir sehen uns relativ ähnlich, und so vermutet auch keiner, dass irgendetwas anders sein könnte. Ich werde Mama genannt und bin es auch. Freunde und Verwandten wissen, dass er nicht mein leibliches Kind ist, aber alle anderen nicht. Max und ich sprechen gelegentlich über seine Bauchmutter. Er weiß, dass ich nicht seine leibliche Mutter bin. Momentan ist das kein Thema für ihn. Aber ich möchte ihm vermitteln, dass ich offen bin, mit ihm darüber zu sprechen, wenn er soweit ist.

Wir haben das riesige Glück, dass Max leibliche Großeltern mich akzeptieren und unterstützen. Zu seinen leiblichen Eltern besteht kein Kontakt. So fällt bei uns diese in Pflegeverhältnissen oft schwierige Situation weg. Häufig werden die neuen Eltern von der Herkunftsfamilie nur sehr schwer akzeptiert. Meist sind die monatlichen Besuchskontakte mehr eine Zerreißprobe, als dass sie das Pflegeverhältnis stützen würden. Max und ich haben hingegen die Luxusvariante, denn seine Großeltern gehören dazu, sind Teil unserer Familie.

Trotzdem ist es im Grunde natürlich so, dass ich allein für Max zuständig bin. Ich fälle die Entscheidungen, bin immer die Ansprechpartnerin, muss jeden Trotzanfall aushalten, es gibt keine Möglichkeit, mal etwas abzugeben. Aber das empfinde ich nur ganz selten als Belastung.

Ich bin der Meinung, Kinder können in den unterschiedlichsten Lebenssituationen zu stabilen Menschen heranwachsen. Das hat nichts damit zu tun, ob sie nun eine, zwei oder keine Mutter haben. Wichtig ist, dass das Kind die Möglichkeit hat, sich Bezugspersonen auch außerhalb der Kernfamilie zu suchen. Ich denke, dass Kinder in der Lage sind, Kontakt zu anderen Menschen aufzunehmen und ihre Bedürfnisse zu erfüllen. Es muss nicht der eigene Vater sein, der als Vorbild dient. Es kann auch der Opa, Babysitter oder Erzieher sein.

Da es gut bei uns läuft und sich das Dasein als Pflegemutter richtig anfühlt, habe ich mich gegen ein leibliches Kind entschieden. Als nächstes werde ich die Vormundschaft für Max beantragen. Und dann ein weiteres Pflegekind aufnehmen.

Das Leben mit einem Kind teilen

Simone erfährt mit 38 Jahren, dass sie aufgrund vorzeitiger Wechseljahre kein leibliches Kind mehr bekommen kann. Die heute 44-jährige Sachbearbeiterin aus Stuttgart entschließt sich zu einer Auslandsadoption. Sie berichtet von den langwierigen Eignungstests, denen sich Adoptionsbewerberinnen unterziehen müssen, und von den ersten Monaten mit ihrem Adoptivsohn.

Mein Kinderwunsch? Der war immer vorhanden, ich habe ihn nie in Frage gestellt. Ich hatte immer Freude am Umgang mit Kindern und hatte selbst eine wunderbare Kindheit und tolle Eltern. Mehrere Beziehungen endeten – im Nachhinein glücklicherweise – vor der Familiengründung. Doch plötzlich war ich 36 Jahre alt und trennte mich wieder von einem Partner wegen fehlender Verbindlichkeit seinerseits. Ich suchte noch ein Jahr intensiv über diverse Internetportale nach einem Partner. Aber irgendwann gab ich desillusioniert auf. Ich hatte die Nase voll, außerdem fehlte mir jegliche Leichtigkeit bei der Suche.

Also stellte ich mir die Frage, ob ich den Kinderwunsch aufgeben könnte. Aber der Gedanke versetzte mich regelrecht in Panik. Ein Artikel in der *Brigitte* über eine Singlefrau, die sich ihren Kinderwunsch allein erfüllt hatte, sowie eine TV-Reportage über Auslandsadoptionen, die ich einige Monate später sah, waren dann der letzte Anstoß für mich, meine Möglichkeiten, als Single ein Kind zu bekommen, zu überdenken.

Anfangs gingen meine Überlegungen in Richtung Adoption. Dann erfuhr ich, dass es auch die Möglichkeit gab, als Singlefrau schwanger zu werden. Eine ganz neue Gedankenrichtung … Ich wollte versuchen, ein leibliches Kind zu bekommen. Ich begann mit der Suche nach einem »Spendervater«, der auch eine gewisse Vaterrolle übernehmen sollte. Nach zehn Monaten traf ich endlich einen schwulen Mann, mit dem ich mir Elternschaft auf freundschaftlicher Basis vorstellen konnte.

Zu diesem Zeitpunkt kam leider die nächste Komplikation auf, denn ich bekam die Diagnose vorzeitige Wechseljahre – mit 38 Jahren. Und auch bei ihm gab es Probleme. Das alles ließ die Wahrscheinlichkeit auf eine Schwangerschaft gegen null tendieren.

Die Diagnose »Wechseljahre« hat mich umgehauen. Es war ein Gefühl, als hätte mein Körper mich im Stich gelassen. Ich hatte daran schwer zu schlucken und musste mich erstmal wieder aufrappeln. Wir starteten trotzdem mit einer Kinderwunschbehandlung. Mehrere erfolglose Becher- und zwei ICSI-Versuche später gab ich auf. Ich konnte nicht mehr. Ich fand es furchtbar, dass mein ganzes Leben von Hormonpräparaten, Zyklusmonitoring und Arztbesuchen diktiert wurde. Ich fühlte mich einer Maschinerie ausgeliefert. Ein ewiges Auf und Ab, wobei die Abs deutlich dominierten. Es war Zeit für eine Entscheidung: Als ich die Klinik zum letzten Mal verließ, war ich regelrecht erleichtert.

Natürlich war der Abschied vom leiblichen Kind mit Kummer und Trauer verbunden und ein gewisses Trauergefühl überkommt mich noch heute manchmal. Ich hätte meinem Kind gern Wurzeln geboten. Ihm vermittelt, woher es bestimmte Eigenschaften und Vorlieben hat. Etwas, das ich selbst sehr schön finde, da ich so vieles von meinen Eltern in mir selbst wiederfinde. Ich hätte gern das Wunder erlebt, ein Kind im eigenen Körper heranwachsen zu spüren, Leben zu schenken. Aber ich hatte Zeit, diesen Abschied anzunehmen. Vom Kopf her war mir bereits nach der Wechseljahresdiagnose klar, dass es vermutlich nicht mehr mit einem leiblichen Kind klappen würde. Doch der Bauch sah das anders: Es fühlte sich anfangs so an, als ob ein nahestehender Mensch gestorben sei. Ich habe getrauert um den Menschen, den ich nicht mehr kennenlernen würde. Aber es wurde mir klar, worum es mir bei meinem Kinderwunsch eigentlich ging. Darum, mein Leben mit einem Kind zu teilen, nicht darum, schwanger zu sein. Ich empfinde es als

Bereicherung, das Heranwachsen eines Kindes mitzuerleben und zu begleiten. Und für meine Gefühle zu einem Kind ist es unerheblich, ob es sich dabei um ein leibliches oder um ein »fremdes« Kind handelt.

Da ich bereits kurz nach der Diagnose wieder angefangen hatte, mich intensiver über Adoptionsmöglichkeiten zu informieren, und entsprechende Informationsveranstaltungen besucht hatte, konnte ich – nachdem ich den Abschied vom leiblichen Kind akzeptiert hatte – zeitnah mit dem Adoptionseignungsverfahren beginnen. Der Austausch im Internet in einem Forum für Singles, die adoptieren wollen, half mir dabei sehr.

Ich habe mich gleich für eine Auslandsadoption entschieden, ohne es in Deutschland zu versuchen. In Deutschland sind die Wartezeiten sehr lang und Paare werden bevorzugt, auch wenn es rein rechtlich möglich ist, als Single zu adoptieren. Hier liegt viel an den jeweiligen Jugendämtern. Diese können die Richtlinien nach eigenem Ermessen auslegen – und tun das auf sehr unterschiedliche Art und Weise. Mein örtliches Jugendamt war sehr ablehnend. Ein Grund war mein Alter – sie nahmen nur noch Bewerber bis 38 Jahre an, und ich war bereits 40. Ein weiterer Grund war mein Singlestatus. Sie verlangten, dass ich drei Jahre Elternzeit nehmen sollte. Zudem standen sie Auslandsadoptionen generell skeptisch gegenüber. So war bereits nach dem ersten Telefonat für mich klar, den für die Adoptionsbewerbung notwendigen Sozialbericht nicht vom Jugendamt, sondern von einer der zugelassenen Adoptionsvermittlungsagenturen machen zu lassen. Spätestens nach dem Erstellen des Sozialberichts durch das Jugendamt läuft das weitere Verfahren sowieso über eine Vermittlungsagentur. Also konnte ich auch den Sozialbericht gleich von der Agentur erstellen lassen. Ich hatte mich bereits für ein Herkunftsland und eine Agentur entschieden. Ziemlich genau drei Jahre nach dem Entschluss, meinen Kinderwunsch als Single zu erfüllen, startete mein zweiter Anlauf zu einem Leben mit Kind.

Das Adoptionseignungsverfahren lief unkompliziert, allerdings macht man sich als Adoptionsbewerber in jeder Hinsicht »nackig« vor dem Jugendamt – emotional, psychisch, gesundheitlich und auch wirtschaftlich. Und es erfordert Dokumente, Atteste, Bescheinigungen in Mengen, erst für den Sozialbericht und dann noch mehr für das Auslandsdossier. Ich kenne jetzt mit Sicherheit sämtliche Behörden und Einrichtungen des Kreises: Rathaus, Notariat, Landgericht, Gesundheitsamt, Regierungspräsidium. Mein Highlight war der erste und hoffentlich einzige Psychiaterbesuch meines Lebens. Motivierend waren die durchweg positiven Reaktionen und die Unterstützung, die ich bei den Ärzten, aber auch im Freundes- und Familienkreis oder bei Nachbarn erfuhr.

Nach der Abgabe des Dossiers war erst von anderthalb bis zwei Jahren Wartezeit nach dessen Registrierung im Herkunftsland die Rede, aber es zeichnete sich nach einem Jahr schon ab, dass es eher auf plus / minus drei Jahre hinauslaufen würde. Die ersten anderthalb Jahre war das Warten noch problemlos, da hier ohnehin ein Kindervorschlag sehr unwahrscheinlich war. Dann bekam ich aber einen regelrechten Wartekoller, wurde ungeduldig und fühlte mich ausgeliefert, weil ich selbst nichts tun konnte. Dieses »nicht agieren Können« war das Schlimmste in der Wartezeit. Und natürlich sein Leben sozusagen auf Halde zu führen: Urlaubstage im Jahr so einzuteilen, dass möglichst auch im zweiten Halbjahr noch genug Tage für die Reisen ins Herkunftsland da sind. Urlaub sowieso nur zu Hause, da die Auslandsadoption viel Geld verschlingt und konsequentes Sparen erfordert. Auch keine fixen Termine zu machen, die nicht stornierbar sind, denn es könnte ja der Anruf – der Kindervorschlag – kommen.

Unerwartet bekam ich *den* Anruf früher als erwartet, nach zweieinhalb Jahren. Die ersten Tage nach dem Kindervorschlag waren emotional extrem aufwühlend. Mich plagten viele Ängste: wegen der gesundheitlichen Bedenken des Jugendamts, wie das Kennenlernen aussehen würde, was wäre, wenn ich keine Verbindung zu dem Kind aufbauen könnte oder gar spontane Antipathie meiner- oder beiderseits entstünde? Hatte ich mir doch zu viel zugetraut? Würde ich das überhaupt packen, vom selbstbestimmten Singledasein zur fremdbestimmten Mutter eines Dreieinhalbjährigen? Auf der anderen Seite die Freude, dass mein Wunsch, mein Leben mit einem Kind zu teilen, nun konkret vor der Erfüllung stand. Da ging es hoch und runter in mir, und nebenher musste ich organisieren, planen, Flüge und Hotel buchen, Spielzeug für ihn und Mitbringsel für die Betreuer und das Heimpersonal kaufen.

Nur zwei Wochen nach dem Anruf saß ich schon im Flugzeug, um meinen künftigen Sohn kennenzulernen. Wir konnten schnell eine Bindung aufbauen. Leider dauerte es dann noch einmal fast fünf Monate, bis ich ihn abholen durfte. Aber diese Zeit nutzte ich für all die Vorbereitungen, die noch anstanden. Während der Wartezeit hatte ich noch nicht viel besorgen können, da ich ja nicht wusste, ob Junge oder Mädchen, Baby oder Kleinkind, zwei oder vier Jahre alt.

Manchmal stellte ich mich in sein Kinderzimmer und versuchte, mich in ihn hineinzuversetzen: Wie wird das alles für ihn? Die Ausreise, die lange Autofahrt, fliegen, in kurzer Zeit zwei Ortswechsel. Und natürlich die sprachliche Barriere. Beim Kennenlernen war das nicht schlimm. Da reichten Hände und Füße, Mimik und die paar Wörter seiner Sprache, die ich gelernt hatte. Doch wie würde es im Alltag sein? Ich hoffte, ihm die erste Zeit durch viel Nähe und Körperkontakt erleichtern zu können. Und natürlich hatte ich auch die Hoffnung, dass er zu den unkomplizierten Kindern gehört, die sich schnell und problemlos eingewöhnen, und wir bald einen Familienalltag leben, mit dem ganz normalen Wahnsinn, den Kinder sowieso mit sich bringen. Eben das, was ich mir immer gewünscht hatte.

Andererseits gab es aber auch die Angst, ob ich ihm eine gute Mutter sein würde, die Sorge, dass er mich an meine Grenzen bringen könnte. Eben, weil ich alles allein auffangen muss. Werde ich richtig reagieren, wenn er trotzt? Und: Was ist die richtige Reaktion? Wird er bei mir womöglich zu sehr im Mittelpunkt stehen: als die Erfüllung eines lebenslangen Wunsches? Ich bilde mir ein, ein ziemlich bodenständiger und pragmatischer Mensch auch mit einem gesunden Egoismus zu sein (mir muss es auch gut gehen, damit es ihm gut geht), und hoffte daher, diesen Balanceakt hinzubekommen.

Ich war schon während der Kinderwunschbehandlung in die Nähe meiner Eltern gezogen. Ich wusste also, dass sie mich unterstützen würden. Auch mein Bruder und meine Schwägerin freuten sich auf ihren Neffen. So hat mein Junge auch männliche Familienmitglieder, die für ihn zum engsten Kreis gehören werden. Trotz aller Ängste legte sich nach einigen Wochen die Aufregung etwas und die Freude auf meinen kleinen Mann und auf unser gemeinsames Leben begann zu überwiegen. Ich meldete ihn auch schon vor seiner Ankunft für den Kindergarten an, erst einmal für halbtags, wenn er drei oder vier Monate bei mir ist, und dann später für ganztags, wenn ich wieder arbeiten gehe. Das war ein echtes Hochgefühl.

Natürlich ist nicht alles nur rosig: Nicht zuletzt wegen des Kindergartens plagen mich wirtschaftliche Sorgen: Meine Reserven sind komplett durch die Adoptionskosten aufgezehrt worden, die mit 24 000 Euro schlussendlich um rund 4000 Euro höher ausfielen als geplant und angekündigt. Die Kinderbetreuung hier vor Ort ist sehr teuer und kaum sozial gestaffelt, momentan liege ich bei 80 Prozent Berufstätigkeit gerade noch knapp über allen Ermäßigungsgrenzen, so dass mein verfügbares Einkommen nach der Elternzeit vermutlich kaum höher sein wird als das Elterngeld währenddessen. Also eine echte Durststrecke, bis er in die Schule kommt, in der möglichst nichts Unvorhergesehenes passieren darf. Aber auch das werde ich schaffen. Denn ich bin überzeugt: Das ist es wert.

Zwei Monate später: Nun ist mein dreieinhalbjähriger Sohn

bereits zwei Wochen bei mir zu Hause. Vor drei Wochen habe ich ihn aus dem Kinderheim, in dem er bis dahin gelebt hat, abgeholt. Die erste Woche – noch in seinem Land – war sehr heftig, wir hatten ein Hotel-Apartment mit Schlaf- und Wohnraum, aber alles sehr eng, ohne Kochmöglichkeit. Alles war neu, alles musste angeschaut, angefasst und ausprobiert werden. Und auch das Testen der Grenzen ging gleich los. Daher bin ich die ersten Tage am absoluten Limit gewesen. Denn dass er gleich von Anfang an so heftig beginnt, meine Grenzen zu testen, hatte ich nicht erwartet. Oftmals war ich in meinen Reaktionen unsicher, da die Situation auch für mich völliges Neuland war.

Der Tag der Rückreise war sehr anstrengend für den Kleinen, aber seit wir zu Hause sind, läuft es deutlich entspannter. Er fühlt sich schon wesentlich sicherer und geborgener und auch ich bin viel gelassener. Das Testen hat sehr nachgelassen, ist jetzt auf einem völlig normalen Niveau für ein Kleinkind. Er schläft ohne Protest ein und auch durch – in seinem eigenen Bett und Zimmer, beschäftigt sich hingebungsvoll mit seinen Büchern und lernt von Tag zu Tag mehr neue deutsche Wörter. Sein passiver Wortschatz ist noch größer, er versteht vieles und kann schon einiges benennen. Es ist zwar noch Förderung notwendig, in vieler Hinsicht ist er mindestens ein Jahr zurück, aber er saugt alles auf wie ein Schwamm.

Wir haben viele sehr schöne Momente, bei denen mir mein Herz aufgeht. Wir spielen uns täglich besser aufeinander ein, gewinnen an Routine und Sicherheit. Natürlich ist es auch anstrengend. Wenn ich mal kurz den Raum verlasse, läuft er sofort hinterher. Die Lichtschalter sind immer noch am interessantesten, die werden hundertmal am Tag betätigt. Ich sehe Erfolge, die mich stolz und glücklich machen, denn die kommen auch durch seine wachsende Sicherheit. Also scheine ich etwas richtig zu machen. Und meine Erschöpfung wird auch weniger, je mehr ich mich an mein neues Leben gewöhne. Mein Fazit ist ganz klar: Der lange Weg hat sich gelohnt.

Alleinerziehend, aber nicht allein erziehend

Familie ist, was man daraus macht. Die in diesem Buch vorgestellten Frauen haben als Single ein Kind bekommen. Doch einmal Single mit Kind zu sein, bedeutet nicht zwangsläufig, immer als Single mit Kind zu leben. Wie geht es für diese Frauen weiter, als Mutter und als Frau, im privaten und im beruflichen Kontext? Sie haben einen besonderen Weg zur Familiengründung gewählt. Als Mutter stehen ihnen vielfältige Möglichkeiten des Familienlebens offen. Familien sind heutzutage nichts Statisches mehr, sie verändern sich. Singlefrauen mit Kind leben in den unterschiedlichsten Familienkonstellationen. Einige bleiben alleinerziehend, einige teilen sich die Verantwortung für das Kind mit dem Spendervater in einer sogenannten Co-Elternschaft. Manchmal entwickelt sich aus der Co-Elternschaft eine enge Freundschaft, vielleicht sogar eine Beziehung: Ich kenne eine Frau, die ihren Spender fünf Jahre nach der Geburt des gemeinsamen Sohnes heiratete.

Andere Frauen lernen neue Partner kennen, bilden mit ihnen Patchworkfamilien, zu denen noch die Kinder des Partners aus vorausgegangenen Beziehungen und eventuell auch spätere gemeinsame Kinder gehören können. Es gibt Frauen, die mit anderen zusammen in Wohngemeinschaften leben, wie Flora, oder in Mehrgenerationenhäusern. Oft handelt es sich um eine Kombination aus mehreren dieser Varianten, so wie bei Jeanne. Ihre Tochter ist in die Familie ihres Spendervaters genauso eingebunden wie in den Alltag mit ihrem neuen Partner und dessen Tochter aus der vorherigen Beziehung.

Egal, in welchen Familienkonstellationen die Frauen mit ihren Kindern leben, es bleibt etwas Besonderes: Die Familie ist größer als die traditionelle Kernfamilie aus Mann und Frau und den genetisch mit ihnen verwandten Kindern. Auch wenn sie nicht physisch anwesend sind, keine Rolle im Alltag spielen und in manchen Fällen ganz anonym sind, so gehören die abgebenden Eltern bei einer Adoption, Pflegschaft oder Embryonenadoption, der Spender bei einer Samenspende, die Spenderin bei einer Eizellspende, die Co-Mutter bei einer gleichgeschlechtlichen Partnerschaft zur Familie dazu. »Das Modell ›Familie‹ [ist] offenbar elastischer und widerständiger […] als gedacht, dass es die Integration von randständigen Figuren wie Samenspender, Eizellspenderinnen und Halbgeschwister zu bewerkstelligen scheint«, schreibt Andreas Bernard in *Kinder machen* und schlussfolgert, »dass das Konzept der Familie von der assistierten Empfängnis nicht zerrüttet wird, sondern im Gegenteil davon profitiert«. Konservative Kritiker hingegen sehen darin nur ein weiteres Beispiel für den Zerfall der Familie. Ich würde diese Entwicklung eher als Veränderung bezeichnen. Die alten Familienstrukturen zerfallen, sie brechen auf und passen sich an. Familie 2.0 ist eben anders als vor 100 Jahren. Das Modell der klassischen Kernfamilie zerfällt, stattdessen entsteht eine Vielfalt neuer Familienstrukturen. »Normale Familien gibt es nicht«, schreibt Flora in ihrer Geschichte. Der im Zusammenhang mit der Familiengründung durch Singles oder gleichgeschlechtliche Paare oft beschworene »Verlust der Normalität« lässt einen danach fragen, was »normal« bedeutet. Ist die »normale« Familie der Normalfall? Das tradierte Modell der blutsverwandten Kernfamilie ging einher mit dem Anspruch, Familien müssten immer halten, und scheiterte allzu oft an der Wirklichkeit mit Scheidung oder Trennung und jahrelangem Streit um die Kinder. Seit den 1970er Jahren sprechen Soziologen in den entwickelten Ländern von einer »Krise der Familie«, die nicht länger funktioniert als »Keimzelle« oder »kleinste Einheit« der Gesellschaft. Singles und gleichgeschlechtliche Paare, die dank der assistierten Reproduktion heutzutage Eltern werden können, lassen moderne Familien entstehen. Es sind »gerade die wuchernden, ›unreinen‹, durch Unterstützung von Dritten und Vierten entstandenen Familien, die ein seit Jahrzehnten brüchig gewordenes, symbolisch ausgezehrtes Lebensmodell wieder mit neuer Repräsentationskraft versorgt haben«, formuliert Andreas Bernard in *Kinder machen* die Rolle dieser neuen Strukturen.

Nach der Geburt ihres Kindes sind die meisten Singlefrauen tatsächlich erst einmal allein. In den Erfahrungsberichten klingt das auch an: Nicht immer ist es einfach, alleinerziehend zu sein, vor allem in der kräftezehrenden Anfangszeit mit Baby und Kleinkind. Es gibt Momente, da wünschen sich die Frauen jemanden, der sie auffängt, wenn es schwierig wird, der Entscheidungen mitträgt. Was ist dran an den Klischees, alleinerziehende Mütter seien überfordert und Kinder alleinerziehender Mütter erlebten eine defizitäre Kindheit? Immerhin leben in Deutschland nach Daten des Mikrozensus 2009 insgesamt 1,56 Millionen Alleinerziehende mit Kindern unter 18 Jahren, das ist fast jede fünfte Familie.

Einen guten Überblick über die Situation alleinerziehender Frauen gibt die 2011 vom Sinus-Institut im Auftrag des Familienministeriums herausgegebene Studie *Lebenswelten und -wirklichkeiten von Alleinerziehenden*, in der die Einstellung alleinerziehender Mütter zu Lebenszufriedenheit, Erwerbstätigkeit und Rollenmustern untersucht wurde und ihre realen Lebensbedingungen beschrieben werden. Einer der zentralen Befunde dieser Analyse ist, dass »eine große Diskrepanz zwischen Eigen- und Fremdwahrnehmung« herrscht. Die meisten befragten Alleinerziehenden haben ein recht positives Selbstbild, erleben aber im Alltag oft Vorurteile ihnen gegenüber. Dazu gehört neben der Benachteiligung bei der Arbeitssuche »eine (latent) unterstellte Bedürftigkeit, Beziehungsunfähigkeit oder mangelnde Flexibilität und Belastbarkeit«. Untersuchungen und auch Pauschalisierungen dieser Art beziehen sich in der Regel auf Frauen, die durch Trennung oder Tod des Partners plötzlich alleinerziehend wurden, obwohl ihr Lebensentwurf etwas anderes vorsah. Ungewollt Alleinerziehende durchlaufen eine schwierige Zeit: Sie müssen sich mit dem Verlust des Partners auseinandersetzen, ihre veränderte Situation akzeptieren und ihre Lebensplanung neu ausrichten, während sie »nebenbei« ihren Alltag meistern, sich ohne Unterstützung eines Partners um Kind, Haushalt und Geldverdienen kümmern müssen.

Sich für ein Leben mit Kindern zu entscheiden, bedeutet für alle frischgebackenen Eltern, einen neuen Lebensabschnitt zu beginnen, Abschied von alten Abläufen zu nehmen. Nicht nur Singlemütter verzichten wegen kleiner Kinder im Haus auf Nachtleben, Abenteuerurlaube oder Dienstreisen übers Wochenende. Doch nur Singlemüttern ist im Voraus klar, dass sie sich kleine und große Freiheiten und die Erfüllung ihrer eigenen Bedürfnisse nur dann leisten können, wenn sie sich gut organisieren und über die finanziellen Mittel verfügen, um die zeitweise Betreuung ihrer Kinder bezahlen zu können. Frauen in traditionellen Familien hoffen eher darauf, dass ihr Partner zur Verfügung stehen wird, um ihnen benötigte Auszeiten zu ermöglichen. Oft werden sie in dieser Erwartung enttäuscht. In der von der Bertelsmann Stiftung in Auftrag gegebenen Studie *Alleinerziehende unter Druck* aus dem Jahr 2014 heißt es dazu: »Obwohl es auch Paare gibt, die sich sowohl die Erwerbsarbeit als auch die Erziehung egalitär teilen, ist die (noch) vorherrschende elterliche Arbeitsteilung eine, in der der Vater hauptsächlich das Erwerbseinkommen erzielt, während die Mutter zeitliche Abstriche an ihrer Erwerbsarbeit vornimmt, um die Pflege- und Erziehungsarbeit für das Kind zu übernehmen.« Singlefrauen, die sich im Alleingang für ein Kind entscheiden, wissen im Vorfeld, dass sie die Hauptverantwortlichen sein werden. Sie verabschieden sich bereits vor der Schwangerschaft von der Illusion einer ewig währenden Paarbeziehung und der Erwartungshaltung, ein Partner werde sie unterstützen. Sie überlegen, wo, wie und bei wem sie stattdessen Unterstützung finden können im Alltag. In den ersten Jahren mit Kind liegt die Tücke vor allem im Detail. Kleinigkeiten werden im Vorfeld oft unterschätzt: Dass man ein lebhaftes Krabbelkind nicht allein lassen kann, um zehn Minuten in die Badewanne zu gehen. Dass man nicht nur für »Luxus«, wie einen Kinobesuch, einen Babysitter benötigt, sondern auch für Zahnarzttermine, Behördengänge oder abendliche Weiterbildungsveranstaltungen. Dass man nicht zwei Babys und den Einkauf gleichzeitig die Treppe hinauftragen kann. Wenn dann noch größere Probleme hinzukommen, wie eigene Krankheit oder Erkrankungen der Kinder, wird es besonders schwierig. Die 43-jährige Sozialpädagogin Katharina beschreibt in ihrer Geschichte, wie die Probleme sie anfangs überrollten und wie sie schrittweise an den Herausforderungen wuchs.

Anni, eine 36-jährige Ingenieurin aus Dessau, ist sich sicher, dass sich ihre Alltagssorgen in der ersten Zeit mit ihren Zwillingen nicht von denen einer Nicht-Singlemutter unterscheiden. Sie erzählt von der ersten Phase nach der Geburt, in der sie lernen musste, zwei Babys zu stillen und auf die Bedürfnisse zweier Kinder gleichzeitig einzugehen: »Als Perfektionistin musste ich schnell lernen, dass Organisation zwar gut ist, aber mit Babys nicht immer alles nach Plan laufen kann. Improvisation wurde zu einer meiner Stärken. Auch die Gelassenheit, die Dinge einfach hinzunehmen, wie sie sind, und nicht ständig nach dem ›Warum‹ zu fragen, musste ich mir hart erkämpfen. Ich glaube jedoch, dass das ein Erlebnis ist, das jede Mutter und jedes Elternpaar kennt. Wenn ich bei der Schilderung von Problemchen ein Schmunzeln bei einer Freundin erzeugte, die schon Kinder hat, wusste ich, dass alles okay ist. Ich konnte nach einigen Anlaufschwierigkeiten beide Kinder voll stillen. Zwei Kinder gleichzeitig an die Brust zu legen war eine lustige Übung. Meine Hebamme meinte lachend, ich sähe aus wie ein Buddha, mit Brüsten und Kindern daran. Ich war mächtig stolz.

Ich habe sehr schnell gelernt, dass ich Hilfe brauche und Hilfe annehmen muss, auch wenn mir das anfangs schwer gefallen ist, denn als Single hatte ich nur für mich allein geplant. In den ersten drei Wochen nach der Geburt war meine Mutter bei mir. Ich bin ihr sehr dankbar dafür, denn diese Zeit war sehr anstrengend. Dann bekam ich von der Krankenkasse eine Haushaltshilfe genehmigt. Das half mir sehr. Sie war eine wirkliche Fee. Ich durfte ja nicht schwer heben wegen des Kaiserschnitts. Sie begleitete mich zum Kinderarzt und unterstützte mich in allen Bereichen. Ansonsten habe ich sehr viel Hilfe aus dem Freundeskreis, sogar von Arbeitskollegen bekommen. Bei einem Alltag, der sich vorrangig um die Kinder dreht, habe ich gelernt, dass es wichtig ist, auch auf eigene Bedürfnisse einzugehen. Man darf sich selbst nicht verlieren zwischen all dem Muttersein.«

»Es braucht ein ganzes Dorf, um ein Kind großzuziehen«, besagt ein afrikanisches Sprichwort, das in jedem Diskurs über Erziehung zitiert wird. Das Dorf der Singlemutter ist ihr Netzwerk, die Strukturen, die sie sich selbst geschaffen hat, um Unterstützung zu finden. Alleinerziehende müssen sowohl den Familienunterhalt durch Arbeit verdienen als auch die Pflege und Erziehung der Kinder allein leisten, doch auch ihr Tag hat nur 24 Stunden. Im Idealfall stehen die Eltern oder Geschwister der Singlemutter zur Seite, wie es beispielsweise bei Nele und Sabine der Fall ist. Doch nicht alle haben Verwandte, die noch dazu in der Nähe wohnen und bereit sind, zu helfen. Dann muss Hilfe von außen kommen. Für manche Frauen ist das ein langer Prozess, zu lernen, um Hilfe zu bitten und Hilfe anzunehmen. Auch das beschreibt Katharina in ihrer Geschichte anschaulich.

Das SFMK-Forum war für viele Frauen, angefangen bei der Entscheidungsfindung selbst, ein wichtiges Instrument des

Netzwerkens. Es diente dem Austausch, dem Sammeln von Informationen, der Ermutigung. Viele Frauen pflegen die dort entstandenen Kontakte über Jahre hinweg. Zum Teil haben sich aus den Internetbekanntschaften echte Freundschaften entwickelt. Frauen, die in der gleichen Gegend wohnen, helfen einander auch praktisch, federn Krankenhausaufenthalte ab oder verbringen gemeinsame Spielnachmittage mit den Kindern. Es gibt regelmäßige regionale Treffen und einmal im Jahr ein überregionales. Für mich als Betreiberin dieses Forums steht inzwischen vor allem die Investition in die Zukunft an erster Stelle: Ich möchte nicht nur für die Frauen, sondern auch für unsere Kinder ein Netz schaffen, das Kennenlernen der Kinder untereinander ermöglichen und ihnen eine Basis für den Austausch untereinander bieten.

Zwei Hauptfunktionen haben die Netzwerke, die die Singlefrauen sich schaffen. Sie dienen zum einen der praktischen Unterstützung der Mutter im Alltag, zum anderen geht es um eine Vielfalt an unterschiedlichen Bezugspersonen für das Kind. Der erste Aspekt steht in den ersten Lebensjahren des Kindes im Vordergrund, diese Phase ist aber zeitlich begrenzt. Sobald die Kinder größer und selbständiger werden, haben die Mütter wieder genug Freiräume, manche mehr, als ihnen lieb ist. In den ersten Jahren allerdings geht kaum etwas ohne Hilfe. Die Autorinnen der Sinus-Studie von 2011 unterscheiden »drei unterschiedliche Mentalitätsmuster«, wie Alleinerziehende ihren Alltag meistern. Zum einen gebe es die »partnerschaftsorientierten Perfektionistinnen«, die geprägt sind vom Idealbild einer »vollständigen« Familie, nach einem Partner suchen, sich wenig Zeit für ihre eigenen Bedürfnisse nehmen und nur ein kleines Netzwerk haben. Dann existierten die »flexiblen Pragmatikerinnen«, die sich prinzipiell in der Lage sehen, selbständig eine Familie zu ernähren, aber auch gern Unterstützung annehmen, die Interesse an einem neuen Partner haben, offen für unterschiedliche Möglichkeiten der Verantwortungsverteilung sind

und ein gut funktionierendes, aus Familie und Freunden beste-
hendes Netzwerk haben. Die dritte Gruppe sind die »souverä-
nen Realistinnen«, sie sehen »Alleinerziehen als Teil ihres
Selbstkonzepts« und ihre Eigenständigkeit als eine Errungen-
schaft, sind nur wenig an einer (neuen) Partnerschaft interessiert, selbstbewusst und stolz, übernehmen gern Verantwortung
und haben ein sehr gutes, heterogenes soziales Netzwerk. Viele
der Singlemütter werden sich in einer der drei Charakterisie-
rungen wiederfinden.

Der zweite Aspekt, mehrere Bezugspersonen für eine gesunde
psychosoziale Entwicklung des Kindes zu haben, gewinnt mit
dem Aufwachsen der Kinder an Bedeutung. Gedanken machen
sich die meisten Singlefrauen schon im Vorfeld darüber. Vor
allem männliche Bezugspersonen werden wegen der fehlenden
Vaterfigur von vielen als sehr wichtig erachtet. Großväter, Brü-
der, Onkel, Nachbarn, gute Freunde, neue Partner wachsen in
diese Rolle hinein. Sie tragen dazu bei, dass das Kind nicht nur
auf die Mutter als einzige Bezugsperson fixiert aufwächst, sondern sich an unterschiedlichen Menschen orientieren und zu
ihnen ein Vertrauensverhältnis aufbauen kann.

Beide Aspekte sind eng miteinander verflochten. Aus den
Menschen, die anfangs Hilfe und Unterstützung leisten, können
mit der Zeit Bezugspersonen für das Kind werden. Wie ein solcher Kreis wachsen kann, schildert Ulrike, deren Tochter inzwischen drei Jahre alt ist: »Über die Kirchengemeinde haben wir
unsere Leihoma Inge gefunden, die Klara jeden Mittwoch um
halb vier aus der Kita abholt und um sechs zu uns nach Hause
bringt. Dann gibt es in Hamburg die Ehlerding-Stiftung. Sie vermittelt Aktivpatenschaften für Kinder aus sozial schwachen
Familien. Dazu gehören auch Alleinerziehende. Ich habe mich
dort beworben, obwohl ich mich nicht als sozial schwach empfinde. Klara hat jetzt nach einem halben Jahr Wartezeit eine Patin
bekommen, die einmal pro Woche einige Stunden mit ihr etwas
unternehmen wird. Wir sind noch in der Kennenlernphase und

in ein, zwei Monaten fängt das an. Durch die Kita haben sich auch viele Bekanntschaften ergeben. Wir holen manchmal ein anderes Kind mit ab und umgekehrt, hin und wieder auch mit Übernachtungen. Aus meiner Rückbildungsrunde hat sich eine Dreierfreundschaft gehalten: Beinahe jedes Wochenende treffen wir uns, manchmal auch in der Woche kurz.«

Durch Krabbelgruppe, Kindergarten, später durch Schule und Sportvereine ergeben sich für Eltern und Kinder neue Kontakte, die von Solomüttern oft initiiert und besonders gepflegt werden, weil sie wissen, dass sie ein belastungsfähiges Netz benötigen. »Ich fühle mich weniger alleinerziehend als viele verheiratete Frauen«, charakterisiert die in einer Wohngemeinschaft lebende Flora ihre Situation mit zwei kleinen Kindern. Die Soziologin Susanna Graham, die über britische Singlefrauen mit Kinderwunsch promoviert hat, machte die Beobachtung, dass etliche Singlemütter die Abwesenheit eines zweiten Elternteils auch als einen Vorteil sehen. Sie schreibt in *Choosing single motherhood?*: »Statt sich auf die Kernfamilie zu verlassen, sind [die Frauen] gezwungen, sich ein tragfähiges soziales Netz aufzubauen, wodurch das Kind mit vielen unterschiedlichen Menschen und Persönlichkeiten in Kontakt kommt.«

In vielen Städten und Orten gibt es Einrichtungen, die Unterstützung anbieten. Kirchen und gemeinnützige Organisationen vermitteln ehrenamtliche Paten oder Leihgroßeltern. Der bundesweit agierende Verband alleinerziehender Mütter und Väter e. V. engagiert sich für die Vernetzung und die Stärkung der Rechte Alleinerziehender. Eine Non-Profit-Organisation wie Wellcome leistet vor allem praktische Hilfe in der ersten Zeit nach der Geburt. Auch die Krankenkassen finanzieren auf Antrag bei Alleinerziehenden im Wochenbett oder bei Erkrankungen eine Haushaltshilfe.

Doch was passiert, wenn der Singlemutter etwas zustößt? Eine wichtige Überlegung in Einelternfamilien ist: Wer wird sich im Falle von schwerer Erkrankung oder Tod der allein sorgeberechtigten Singlemutter um die Kinder kümmern? Bis vor Kurzem hatten unverheiratete Mütter automatisch das alleinige Sorgerecht. Im Mai 2013 wurde das Sozialgesetzbuch zur Stärkung der Rechte der Väter bei unverheirateten Eltern dahingehend geändert, dass bei einer vorliegenden Vaterschaftsanerkennung automatisch erst einmal gemeinsames Sorgerecht besteht, sofern die Mutter »keine Gründe« vorträgt, die dem entgegenstehen. Bei einem gemeinsamen Sorgerecht mit dem Co-Vater springt der Vater ein, wenn die Mutter ausfällt. Bei den meisten Spendern allerdings liegt keine Vaterschaftsanerkennung vor, bei anonymen Spendern sowieso nicht. Solomütter müssen sich überlegen, zu wem ihr Kind kommen soll, und sollten dies in einer sogenannten Sorgerechtsverfügung festhalten. In diesem handschriftlich zu verfassenden Dokument kann die Mutter begründen, warum sie die gewählte Bezugsperson für geeignet hält, die Sorge für das Kind zu übernehmen – gegebenenfalls auch, warum es nicht zu einer bestimmten Person soll. Im Unterschied zu einem Testament ist eine Sorgerechtsverfügung jedoch rechtlich nicht bindend, sie dient dem Jugendamt und dem Vormundschaftsgericht lediglich als Hilfe zur Urteilsfindung. Sabine berichtete im vierten Kapitel von den Erwartungen, die sie im Fall der Fälle an eine Pflegefamilie für ihre Tochter hätte.

Sich Gedanken um Eventualitäten dieser Art zu machen, ist Teil des Entscheidungsprozesses, den Singlemütter vor dem Schwangerwerden durchlaufen. Bereut hat ihre Entscheidung keine der Frauen, die ich gesprochen habe. Die Sehnsucht nach einer »vollständigen« Familie, die viele Frauen vor der Entscheidung für eine Singlemutterschaft hatten, erfüllte sich für einige von ihnen. Bei den wenigsten allerdings kam in den ersten Jahren nach der Geburt des Kindes ein neuer Partner hinzu, weitaus häufiger entschieden sich die Frauen für ein weiteres Kind – als Single. Einige der deutschen Solomütter-Familien bestehen inzwischen aus Mutter und drei Kindern. Eine ähnliche Beobachtung machte die US-amerikanische Soziologin Rosanna Hertz, die für ihr Buch *Single by chance, mothers by choice* Anfang der 2000er Jahre 65 Singlefrauen mit meist noch recht kleinen Kindern interviewte. Als sie vier Jahre nach den Interviews die Frauen noch einmal anrief, um herauszufinden, wie sich ihr Leben weiterentwickelt hatte, war sie erstaunt: »Ich hatte ganz sicher nicht erwartet, dass die Frauen noch mehr Kinder im Alleingang bekommen würden.« Dennoch hatten etliche diese Art der Komplettierung ihrer Kleinfamilie gewählt, ähnlich wie Marie und Flora in diesem Buch.

Die hier porträtierten Frauen lieben ihre Kinder, erziehen sie liebevoll zugewandt und fördernd, meistern ihren Alltag, sind beruflich und finanziell in einer stabilen Lebenssituation. Wissenschaftliche Studien, ob diese Bestandsaufnahme verallgemeinerbar ist, gibt es bislang noch nicht. Dafür ist das Phänomen der bewussten Entscheidung, als Single Mutter zu werden, noch zu jung. In den wenigen vorhandenen Studien ist das Bild der Solomütter recht positiv. Sie seien meist überdurchschnittlich gebildet, stabil und in gesicherten Verhältnissen. Die aktivste Forschungsarbeit zu diesem Thema wird nach wie vor in Cambridge in dem Team um Susan Golombok geleistet. Susanna Graham, eine der dort arbeitenden Wissenschaftlerinnen, veröffentlichte unlängst einen Artikel darüber, wie Singlefrauen sich mit den »abwesenden Vätern« ihrer Kinder auseinandersetzen. In einer weiteren Arbeit geht es um den Zugang zu assistierter Reproduktion für alleinstehende Mütter und Väter, die sie als SPC, *single parents by choice,* bezeichnet. Als ich Graham nach aktuellen, aussagekräftigen Folgestudien, insbesondere in Bezug auf die Kinder, fragte, räumte sie ein: »Es gibt leider immer noch sehr wenige Forschungsarbeiten über Singlefrauen mit Kinderwunsch, und noch weniger darüber, wie es den Kindern damit geht.« Eine Studie, in der es um Mütter mit vier- bis siebenjährigen Kindern gehe, laufe derzeit, Ergebnisse habe man noch nicht.

In Deutschland plant das Staatsinstitut für Familienforschung an der Universität Bamberg eine Studie über das Leben in Familien nach Inanspruchnahme von künstlicher Befruchtung. Singlefrauen waren als Untergruppe dieser Studie an sich nicht vorgesehen. Birgit Mayer-Lewis, die für die Studie verantwortlich sein wird, reagiert jedoch aufgeschlossen auf den Hinweis, dass diese Frauen einen wachsenden und insgesamt nicht unbeträchtlichen Anteil der durch künstliche Befruchtung entstandenen Familien ausmachen. Möglicherweise werden also 2016 erstmals auch in Deutschland einige Daten über die Lebensrealität von Solomüttern erhoben. Das wäre ein Anfang.

Die Erfahrungsberichte der Frauen geben uns dafür einen aussagekräftigen Einblick in die Lebensrealität dieser Einelternfamilien. Die drei Frauen, die im Anschluss zu Wort kommen, erzählen von ihrem Alltag, von ihren sehr unterschiedlichen Familienmodellen und von den Strukturen, die ihnen und ihren Kindern Halt und Unterstützung geben. Flora hat zwei Kinder von einem privaten Samenspender, der in ihrem Alltag keine Rolle spielt. Die drei leben in einer Wohngemeinschaft, das ist ihre Art von Familie. Katharina erzählt in ihrer Geschichte, wie wichtig Unterstützung und funktionierende Netzwerke sind. Sie durchlebt eine schwierige Zeit, als es in der Schwangerschaft zu Komplikationen kommt und ihre Zwillinge viel zu früh geboren werden. Jeanne wiederum berichtet von den Verstrickungen innerhalb eines Patchwork-Familienlebens: Der Vater ihrer Tochter hat eine geschiedene und eine neue Frau, Jeanne selbst einen neuen Partner. In allen drei Kernfamilien gibt es Kinder.

»Normale Familien gibt es nicht.«

Für Flora sind Familie die Menschen, mit denen sie ihr Leben teilt. Die 33-jährige Chemikerin setzt sich damit auseinander, wie wichtig ihr eine Paarbeziehung oder Co-Elternschaft bei der Erfüllung ihres Kinderwunsches sind, bevor sie sich schließlich für einen fast-anonymen privaten Spender entscheidet. Flora lebt mit ihren beiden Kindern und mit anderen Frauen und Kindern in einer Wohngemeinschaft mit familiären Zügen.

Der biologische Vater meiner Kinder ist nicht ihr Papa, er ist der Samenspender. Er ist »der Mann, der mir geholfen hat, Mutter zu werden, weil ich mir Kinder so sehr gewünscht habe«, denn »unsere Familie hat keinen Papa«. Diese Worte benutze ich meinen Kindern gegenüber. Meine Kollegen wissen nicht genau, wie meine Kinder entstanden sind. »Ich bin alleinerziehend und zufrieden mit meinem Leben«, sage ich oft. Es passiert selten, dass ich Fragen nicht beantworten will, da die Menschen, denen ich es nicht erzählen möchte, meistens keine Fragen stellen. Es fällt mir nicht schwer, über die Entstehungsgeschichte meiner Kinder zu sprechen. Ich finde sie schön. Ab und zu fragt ein Kind, wer der Vater meiner Kinder ist. Ich antworte, dass meine Kinder durch die Hilfe eines netten Mannes entstanden sind, der nicht ihr Papa ist. Bisher waren alle Kinder mit dieser Antwort zufrieden und fanden nicht, dass es einer Rückfrage bedurfte. Alle Familien sind unterschiedlich, alle Familien sind besonders, das wissen heute die meisten Kinder. »Normale« Familien gibt es nicht – unsere dreiköpfige Familie ist nicht »anders«, »besonders« oder »weniger normal« als andere Familien.

Ich habe nicht beschlossen, Single zu sein, es ist einfach passiert. Bisher hat sich kein Mann gefunden, der mit mir eine herzliche, ehrliche, offene und bereichernde Beziehung eingegangen wäre. Seit ich nicht mehr bei meinen Eltern wohne, lebe ich in Gemeinschaften. Ich kann mir nicht vorstellen, allein zu wohnen. Ich möchte mir leisten können, in Teilzeit zu arbeiten, ich will für Reisen, Freunde und Verwandte, für Hobbys, ehrenamtliches Engagement, zum Lesen und zur Muße Zeit haben. Ich möchte nicht viel besitzen, ich möchte mich leicht fühlen. Keine Immobilie, kein Auto, wenig Möbel, wenig Sachen. Besitz hat für mich mehr Nach- als Vorteile. So würde ich mich beschreiben.

Bis Mitte 20 war mir noch nicht klar, dass es ohne Partner überhaupt möglich ist, ein Kind zu bekommen. Mein tief verwurzelter Kinderwunsch führte mich daher erstmal zur Partnersuche. Doch mein Kinderwunsch stand als eigentliche Motivation für die Treffen zu sehr im Mittelpunkt, und bald wurde die Partnersuche für mich nur noch anstrengend und belastend. Einmal fragte mich ein Mann, wie ich mir eine Partnerschaft vorstelle. Es war ein schönes, nettes Gespräch im Park, und ich antwortete einfach ehrlich: »Das weiß ich nicht, eigentlich möchte ich vor allem ein Kind.« Er erzählte, dass er mehrere Frauen kennt, die erst ein Kind und irgendwann später einen Partner in ihrem Leben hatten, und denen es gut gehe damit. Auch mit diesem Mann ist kein zweites Treffen zustande gekommen. Für ihn stand der Wunsch nach einer Partnerin im Vordergrund, nicht der nach einem Kind.

Durch diese Erfahrungen und die daraus gewonnenen Erkenntnisse ergab sich für mich der nächste Schritt, einen Mann mit Kinderwunsch zu finden, der für das Kind der Vater wäre, ohne zwangsläufig mein Partner zu sein. Eine solche Co-Elternschaft stellte ich mir vorteilhaft vor, damit das Kind einen engagierten Vater hat. Auch hier habe ich durchaus nette Männer kennengelernt. Jedes Treffen hat mich auf meinem Weg ein Stück weitergebracht, ließ mich deutlicher erkennen, was ich wollte und was nicht. Mit keinem der Männer konnte ich mir vorstellen, die lebenslange Verantwortung für ein Kind zu teilen.

Inzwischen hatte ich mein Studium abgeschlossen. An einem Nachmittag in dieser Zeit, in der in meinem Leben vieles im

Umbruch war, saß ich mit meinem besten Freund heulend im Park. Ich war völlig durcheinander. Ich hatte seit über einem Jahr nichts Konkretes mehr zur Erfüllung meines Kinderwunsches unternommen. Ich kann mich gut daran erinnern, wie er sagte: »Dass du heute keinen Partner hast, bedeutet nicht, dass du etwas falsch gemacht hast. Du bist eine starke Frau, die neben vielen anderen Bedürfnissen und Träumen den großen Wunsch hat, ein Kind zu lieben und Verantwortung dafür zu übernehmen. Das bist du, das ist dein Weg. Wäre es anders, wärst du eine andere Person. Das wäre sehr schade, weil du ganz toll bist, so wie du bist. Steh zu dir und deinem Lebensweg!« Durch dieses Gespräch bin ich wieder aktiv geworden und war fest entschlossen, meinen Kinderwunsch zu erfüllen.

Zunächst fragte ich einen schwulen Freund, ob er mir Samen spenden würde. Er lehnte ab, weil er sich nicht vorstellen konnte, Vater zu werden, ohne für das Kind da sein zu können. Also habe ich mich auf den Internetseiten *spermaspender.de* und *spermaspender-samenspender4you.com* registriert und mich wieder mit Männern ausgetauscht und getroffen. Jetzt suchte ich nach einem Spender ohne Vaterrolle. Und fand Sascha. Es hat einfach alles gepasst. Sascha wollte keine Vaterrolle übernehmen, keine Vaterschaftsanerkennung unterzeichnen, keinen Unterhalt zahlen. Aber er bestand nicht auf Anonymität, damit das Kind ihn später kennenlernen könnte, wenn es das möchte. Einen Vertrag über unsere Vereinbarungen haben wir nicht geschlossen. Ein solches Dokument könnte im Streitfall, wenn ich zum Beispiel Unterhalt fordern oder er Rechte als leiblicher Vater anmelden wollte, als Nachweis für die Vaterschaft dienen. Eigentlich darf man als Mutter in Deutschland nicht im Namen des Kindes auf den Unterhalt des Vaters verzichten. Das deutsche Recht kennt leider keine Unterscheidung zwischen biologischem und sozialem Vater. Im gegenseitigen Vertrauen haben wir also nichts Schriftliches vereinbart. Wir haben sehr viele E-Mails geschrieben und viel besprochen, bevor wir uns in einem Café am Münchner Bahnhof trafen. Es war an einem Tag, an dem ich fruchtbar war. Er war nett und hat darauf bestanden, mir seine Gesundheitsnachweise zu zeigen, ein Spermiogramm, das Ergebnis des HIV-Tests. Der erste Versuch fand an diesem Tag statt. Spermien können problemlos über eine halbe Stunde außerhalb vom Körper überleben, wenn sie bei Körpertemperatur gehalten werden. Er hatte in der Hosentasche einen Becher mit Samen, den er mir gab. Innerhalb weniger Minuten habe ich den Inhalt des Bechers auf der Bahnhofstoilette in eine Inseminationskappe gegossen und sie eingeführt. Eigentlich wollte ich ein Hotelzimmer reservieren. Aber es ging auch so. Es passte gut zu meiner Lebensweise. Ich habe soviel Zeit auf Bahnhöfen verbracht, dass es nicht eigenartig war, mein Kind dort zu zeugen. Der erste Versuch führte nicht zum gewünschten Ergebnis, aber es war eine riesige Erleichterung. Zum ersten Mal konnte ich spüren, dass ich meinen Wunsch, Mutter zu werden, erfüllen konnte, ohne die für mich sehr belastende Partnersuche, und ohne Kompromisse in meinem Leben zu machen, die ich eigentlich nicht wollte. Ich konnte Ich sein, und trotzdem ein Kind bekommen. Ich musste mich nicht verbiegen.

Bereits beim nächsten Versuch wurde ich schwanger. Ich war aufgeregt, denn es bedeutete ja große Veränderungen in meinem Leben und eine Umstellung, die gemeistert werden wollte. Ich war weder überglücklich noch mit der Situation überfordert. Es fühlte sich so an, als ob es selbstverständlich und das Natürlichste der Welt ist, dass ich diese Schwangerschaft erlebe. Jene Freunde und Verwandten, die zuvor nicht wussten, dass ich vorhatte, als Single Mutter zu werden, haben fast alle positiv reagiert. Diejenigen, die Bedenken hatten oder sich Sorgen um mich machten, hatten meiner Meinung nach ein persönliches Problem mit einer Mutterschaft als Singlefrau. Darunter waren junge Väter, die sich in ihrer Rolle in Frage gestellt sahen, ein älterer Herr, der darunter gelitten hatte, weil seine alleinerziehende Mutter in der Nachkriegszeit überfordert war, und

Frauen, für die eine Schwangerschaft nicht mehr in Frage kam, die aber vielleicht gern Mütter gewesen wären, wenn ihr Leben einen anderen Verlauf genommen hätte. Die meisten haben mich beglückwünscht und ihre Unterstützung angeboten. Meine Eltern, meine Großeltern und die restliche Familie freuten sich sehr.

Bereits während der Schwangerschaft hatte ich Sascha unverbindlich gefragt, ob er für ein zweites Kind wieder zur Verfügung stehen würde. »Ja, gern«, sagte er, »ich finde es toll, wenn Kinder mit Geschwistern groß werden.« Als meine Tochter Elisa ein Jahr alt war, fühlte ich mich bereit, wieder schwanger zu werden. Allerdings steckte ich in einem Zwiespalt: Einerseits war ich mir ganz sicher, dass ich eine dreiköpfige Familie wollte. Dass Elisa mit einem Geschwisterchen ihre Entstehungsgeschichte teilen sollte, dass sie nicht mit mir allein unterwegs sein, sondern immer einen Spielkameraden dabei haben sollte. Andererseits: Wieder bei null anfangen. Unterbrochene Nächte. Berufliche Babypause. Darauf hatte ich zwar keine große Lust, aber die Entscheidung fiel mir dennoch leicht: Ich wollte diese Bereicherung. Ich wollte ein zweites Kind lieben und begleiten. Ich hatte allerdings nicht die Absicht, unendlich viele Versuche zu machen, um schwanger zu werden. Das Schicksal sollte entscheiden. Ich hätte nach sechs erfolglosen Anläufen aufgehört. Soweit kam es nicht: Mein Sohn Simon wurde zwei Jahre nach Elisa geboren.

Im Alltag bekommen wir viel Unterstützung. Meine Kinder gehen in der Woche in die Kita. Es war nicht leicht, einen Platz für Elisa zu finden – doch meiner Meinung nach sind sowohl Gruppenerfahrungen für Kinder als auch die kinderfreie Zeit für Eltern wichtig. Hoffentlich wird es in den nächsten Jahren viel einfacher, in Deutschland kleine Kinder betreuen zu lassen. Wir wohnen mit drei weiteren Erwachsenen und deren Kindern in einer Wohngemeinschaft: Die Kinder wachsen wie Geschwister auf, alle Mitbewohner sind für meine Kinder enge Bezugspersonen, und wir Erwachsenen helfen uns gegenseitig. Alle kochen jeweils für die ganze Gemeinschaft, wir werden also meistens bekocht, wir teilen das Putzen, wir betreuen die Kinder der anderen und so weiter. Wir teilen viele Kosten, wodurch wir alle weniger Ausgaben haben und mit unseren Teilzeitstellen gut leben können. Meine Kinder haben außerdem eine Oma, die wir über den Verein »Leihomaservice« kennengelernt haben, und die sie einmal pro Woche betreut. Auch Freunde und Nachbarn sind für uns da – und wir für sie. Unabhängig von einem Vater war es mir wichtig, dass die Kinder außerhalb der Familie freundliche, offene und zuverlässige Bezugspersonen haben. Mein Arbeitgeber ist sehr familienfreundlich – bei uns sind Flexibilität, Homeoffice und Verständnis keine Fremdwörter. Auch das ist eine wertvolle Unterstützung.

Sicher ist, dass ich mir nicht vorstellen kann, dass meine Kinder nicht da wären. Oft werde ich gefragt, wie es ist, alleinerziehend in dieser Konstellation zu sein, ohne Papa, der die Kinder jedes zweite Wochenende abholt. Für mich ist diese Frage nicht so relevant. Ich vermisse nichts, was ich nicht kenne. Meine Kinder sind öfter bei Nachbarn, bei Freunden, bei unserer Oma oder mit unseren Mitbewohnern zusammen. So habe ich das Gefühl, genug Zeit für mich zu haben. Zur ebenfalls oft gestellten Frage, ob mir ein Partner fehle, schwankt meine Meinung. Manchmal ja, manchmal würde ich gern kuschelnd jemandem erzählen, was ich auf dem Herzen habe. Oft komme ich aber gar nicht dazu, von einem Leben mit Partner zu träumen. Vielleicht, weil ich dazu wenig Zeit habe, und vielleicht auch deshalb, weil ich mich mit meinem Leben, so wie es ist, glücklich und zufrieden fühle.

Frauen, die zukünftig als Single Mutter werden, wünsche ich bessere Rahmenbedingungen, insbesondere was die rechtliche Lage, die Betreuungssituation und die Vorurteile der Öffentlichkeit betrifft. Ich wünsche uns, dass die größten Ungerechtigkeiten, zum Beispiel die steuerliche Schlechterstellung von unehelichen Familien durch das Ehegattensplitting, von der Politik schnell aufgehoben werden. Vielleicht ist es irritierend, dass eine so persönliche Geschichte mit einem Kommentar zur Besteuerung von Familien endet, aber das ist für mich die Erkenntnis aus meinen Erfahrungen. Denn wir sind glücklich, so wie wir leben, wir haben unseren Weg gefunden. Und es wäre schön, wenn uns die Gesellschaft zeigen würde, dass sie diesen Weg anerkennt.

»Ich fühlte mich schutzlos.«

Die 43-jährige Sozialpädagogin Katharina lebt mit einer Frau zusammen. Doch ihre Partnerin trägt Katharinas Kinderwunsch nicht mit. So entscheidet sie sich, allein Mutter zu werden. Heute lebt sie mit ihren einjährigen Söhnen in Frankfurt und erzählt vor allem von den Komplikationen und der Belastung, die sich für sie und ihre Kinder durch die Zwillingsschwangerschaft ergeben haben. Ihre Geschichte macht deutlich, wie wichtig ein gutes Netzwerk in schwierigen Situationen ist, und wie schwer es manchmal sein kann, Unterstützung zu finden. Katharina verfasste diesen Bericht vor einem Jahr, zu einer für sie sehr aufreibenden Zeit. Inzwischen hat sie ein gut funktionierendes Netzwerk aufgebaut und gelernt, um Hilfe zu bitten.

Meine Partnerin war sehr ambivalent, was meinen Kinderwunsch betraf: mal freudig und unterstützend, mal ablehnend. Ich hatte dafür Verständnis, dass es als Co-Mutter sicher nicht einfach ist, eine eigene Rolle zu finden. Sie hätte sich gewünscht, quasi ein gemeinsames Kind zu zeugen, und auch ich war traurig, dass das nicht möglich sein würde.

Am liebsten wäre mir ein Spender gewesen, der für das Kind präsent ist, sich aber aus täglichen Erziehungsfragen heraushält. Meine Partnerin sollte ihre Rolle als Co-Mutter leben können und wir drei eine eigene Familie sein. Ich merkte, dass das gar nicht so einfach ist. Da waren schon wir zwei mit unseren Gefühlen und Vorstellungen und mussten uns irgendwie einigen. Einen Spender, den man erst zum Zweck der Familiengründung kennenlernt, der aber ein wichtiger Teil des Lebens bleibt und viel Einfluss hat, fand ich irgendwann schwierig.

In unserer Beziehung kriselte es immer mehr. Schließlich trennten wir uns, und ich überlegte ganz konkret, was es bedeutet, ein Kind allein zu bekommen. Als Single fühlte ich mich beim Stammtisch der lesbischen Mütter in dieser Zeit nur bedingt wohl. Die Themen der Frauenpaare waren nicht mehr meine. Mir war wichtig, andere Frauen kennenzulernen, die diesen Weg allein gegangen waren.

Im SFMK-Forum lernte ich vieles neu kennen. Ich kannte mich bald sehr gut aus mit allen Varianten der künstlichen Befruchtung, den günstigsten Bedingungen für eine Heiminsemination, ich setzte mich mit juristischen Fragen auseinander und mit der psychologischen Seite dieser Form der Familiengründung. Was treibt mich an, diesen Weg zu gehen? Was kann es für das Kind bedeuten? Ich hörte sehr aufmerksam hin, wenn andere Frauen von ihren Erfahrungen schrieben oder erzählten.

Neben der Zielstrebigkeit, mit der ich meinen Kinderwunsch anging, hatte ich ständig Zweifel und Ängste. Würde ich es finanziell schaffen (ich hatte keinerlei Reserven und verbrauchte alles, was ich verdiente, und mehr, für die Versuche)? Wollte ich es wirklich noch, oder war es inzwischen zu einer fixen Idee geworden? Seltsamerweise hatte ich nie Zweifel, dass ich es allein schaffen könnte. Ich war mir zudem sicher, ein tragfähiges Netz von Freunden zu haben. Ein älterer Freund bot mir an, die Großvaterrolle zu übernehmen. Ich sah also positiv in die Zukunft.

Schnell startete ich die ersten Versuche, schwanger zu werden, und wechselte jeweils nach kurzer Zeit die Methode. Schließlich wurde ich beim neunten Versuch mit einer Insemination schwanger. In den ersten Wochen arbeitete ich noch sehr viel. Ich hatte in der Kinderwunschphase neben meinem Vollzeitjob noch zwei Nachtdiensttätigkeiten angenommen, um das Geld zu verdienen, das die Behandlungen kosteten. Die Nachricht, dass ich Zwillinge bekommen sollte, freute mich natürlich, musste aber erst einmal verdaut werden.

Heute, ein Dreivierteljahr später, lebe ich mit meinen Zwillingen zusammen und versuche mich in diesem neuen Leben einzurichten. Dabei blicke ich leider auf ein paar nicht so schöne Monate zurück, die mich meine gesamte Kraft gekostet haben. Ein Zwilling war aufgrund einer schlechten Versorgung über die Plazenta wachstumsverzögert. Ich stand ab der 20. Woche unter der ständigen Kontrolle eines Pränatalzentrums. Bald wurde mir zu einem stationären Aufenthalt geraten. Ich hatte vorher, optimistisch wie ich bin, nicht damit gerechnet, dass es bei mir wirklich so kritisch werden könnte. Bis auf eine kurze Unterbrechung war ich für die restlichen Wochen im Krankenhaus. Ich fühlte mich in besten Händen. In der 26. Woche untersuchte mich der Chefarzt, der sehr kritische Töne anschlug und mir sagte, dass ich bei einem Wachstumsstillstand in Kürze eine Entscheidung treffen müsse: beide holen und damit den großen Gesunden mitgefährden, sich auf den großen Gesunden konzentrieren und beide möglichst lange austragen – eventuell zu Ungunsten des Kleinen, oder vielleicht bei Vorliegen einer schweren Erkrankung / Behinderung des Kleinen über einen partiellen Abbruch nachdenken. Es stand eine spezielle Chromosomenanalyse aus, die etwas Klarheit bringen sollte, und ich war nach dem Termin mit der Gesamtsituation vollkommen überfordert. Eine derartige Entscheidung hätte ich nie treffen können, egal in welche Richtung. Das war die erste Situation, in der ich mich sehr einsam fühlte und darunter litt, keine Partnerin an meiner Seite zu haben.

Ich dachte nun nur noch von Tag zu Tag, und ich behielt meine Kräfte und auch meine Hoffnung, dass es gut ausgehen könnte. Ich bekam viel Besuch. Ich hatte Glück mit den Ärzten, die auch meine psychische Verfassung im Blick hatten und mir deshalb etwas Ausgang genehmigten. Bei den Untersuchungen kam nichts Wesentliches heraus. Eine Prognose konnte nicht abgegeben werden. Alles war möglich. Ich sah mir rechtzeitig vor der Geburt die Neugeborenen-Intensivstation an und sprach dort mit der Oberärztin. Der Kaiserschnitt war für die 34. Woche terminiert, aber am Anfang der 33. zeigte das CTG Auffälligkeiten, so dass die beiden früher auf die Welt kamen. Leider musste ich eine Vollnarkose bekommen und konnte die Geburt nicht miterleben. Ich erfuhr, dass beide spontan geatmet hätten und zur Überwachung auf der Intensivstation seien.

Unsere erste Begegnung war nicht so, wie ich mir das vorgestellt hatte. Man hätte mir alle Kinder als meine vorstellen können, ich hatte keinen Bezug, kannte sie ja nicht. Verkabelt und verklebt war kaum etwas von ihnen zu sehen. Selbst noch geschockt und geschwächt sprach ich mit ihnen, um ihnen ein gutes Gefühl zu vermitteln. Ich flüsterte immer wieder: »Alles wird gut.« Und dabei redete ich auch mir selbst gut zu.

Am zweiten Tag durfte ich wenigstens einen der beiden auf meiner Brust spüren. In dem Moment wurde er zu meinem Sohn, und ich war sehr gerührt. Es war der Kleinere, der gerade mal 990 Gramm wog, noch viel Platz in meinem T-Shirt-Ausschnitt hatte und sich ganz an mich schmiegte. Der Größere hatte anfangs Probleme mit der Atmung, und ich durfte ihn erst nach fünf Tagen aus seinem Wärmebettchen nehmen. Mir wurde in Aussicht gestellt, dass sie uns alle drei zusammen entlassen würden. Ich könne mit dem Stabileren der beiden bis zum Schluss als Begleitperson bleiben.

Leider kam es anders. Nach fünf Tagen musste der Kleine in eine Kinderklinik verlegt werden, weil er eine OP brauchte. Sein Darm war zum Teil nicht durchgängig, so dass vorübergehend ein künstlicher Ausgang gelegt werden musste. Ich fuhr also täglich zwischen beiden Kliniken hin und her. Die OP war für mich eines der extremsten Erlebnisse. Dem Chirurgen, der sich mir vorstellte, vertraute ich sofort. Ich glaubte sicher, dass er es gut machen würde. Die Anästhesistin klärte mich aber unter anderem darüber auf, dass es immer wieder bei so kleinen Kindern passiert, dass sie im OP reanimiert werden müssen. Ich sah daraufhin über Stunden immer wieder wie einen Film vor mir, wie er tot aus dem OP zurückkommen würde.

Ich stand kurz vor dem Zusammenbruch und verkniff mir doch jede Träne. Auch hätte ich niemanden in meiner Nähe ertragen können. Ich hatte zu viel Angst, dass jemand etwas Falsches zu mir sagen könnte. Dennoch hätte es mir in dieser Situation und in vielen weiteren gut getan, wenn mich jemand gefragt hätte, was man tun könne und was ich brauche. Ich hatte schon zu oft Sätze gehört wie: »Da siehst du mal, wie es ist mit Kindern.« Oder: »Du wolltest es doch so. Es hat dir niemand versprochen, dass es einfach wird.« Ich musste mich abschirmen, mich konzentrieren, dass ich nicht umfiel. Da konnte ich nichts ertragen, was mich nicht unterstützte. Gott sei Dank gab es eine Freundin, bei der ich mich sicher fühlte, und die ich auch einige Male bat, bei mir zu sein.

Mein Sohn überstand die OP gut, zwei weitere auch. Der Größere konnte nach vier Wochen entlassen werden, doch erst nach zweieinhalb Monaten waren wir alle drei zu Hause. Bis zur Entlassung funktionierte ich, kämpfte aber schon mit Gefühlen, die ich nicht zulassen wollte und konnte – aus Angst zusammenzubrechen. Ich wünschte mir sehnlichst eine Partnerin an meiner Seite. Ich hätte mal ein bisschen durchatmen können, etwas Verantwortung abgeben. Es wäre so wichtig gewesen, nicht nur vier bis fünf Stunden am Tag bei dem Kleinen zu sein, weil ich keine längere Kinderbetreuung für den Großen hatte. Mit Partnerin wäre das kein Problem gewesen. So musste ich die meiste Zeit den Kleinen, der so kämpfte, allein lassen. Das hat mir unendlich wehgetan. Und ich haderte spätestens ab diesem Zeitpunkt auch mit den meisten meiner Freunde und meiner Familie. Wenn jeder Einzelne sich mal ein, zwei Tage frei gemacht hätte, um in dieser Extremsituation für mich da zu sein, wäre es eine riesige Hilfe gewesen. Ich habe mich so hilflos gefühlt, konnte aber auch nicht deutlich genug um Hilfe bitten. Das ging nur, wenn sie mir grundsätzlich angeboten wurde, und das war leider nur selten der Fall. Wurde ich noch in der Geburtsklinik ganz selbstverständlich als Singlemutter behandelt, war dies in der Kinderklinik nicht der Fall. Hier fühlte ich mich häufig unzulänglich als Einzelperson. Eine Ärztin sagte auf meine Frage, ob es nicht Möglichkeiten der Betreuung von Geschwisterkindern gebe in so einer großen Kinderklinik, wenn man das zweite Kind besucht: »Darum müssen Sie sich schon selbst kümmern. Normalerweise ist ja der Mann in Elternzeit zu Hause.« Eine Pädagogin von einem Verein, der sich ausdrücklich um die Unterstützung von Familien mit kranken Kindern kümmerte, wollte mir nur zwei, drei Mal den Größeren abnehmen. Sie sagte mir gleich am Anfang, dass andere Kinder Priorität hätten. Sie hätte mit dem Kleineren gekuschelt, aber nicht den Größeren betreut, damit ich als Mutter kuscheln konnte. Jeder, mit dem ich über die Situation sprach, fragte mich, ob ich nicht Großeltern hätte. Nein, ich war allein und brauchte Unterstützung.

Am Ende des Klinikaufenthalts war ich mit beiden Kindern im Mutter-Kind-Zimmer. Ich hatte gerade ein Kind angelegt, als das zweite auch vor Hunger schrie. Ich klingelte nach einer Schwester, um sie zu bitten, dass sie mir das Kind anreiche, damit ich beide gleichzeitig stillen könnte. Zu Hause auf dem Sofa hätte ich es geschafft, aber nicht mit dem Klinikbett. Die Schwester kam und sagte, sie habe momentan keine Zeit, meinte, ich müsse das schließlich zu Hause auch allein können, und ging wieder.

Auf der Neugeborenen-Intensivstation wurde ich für das Känguruhen mit einem Kind mehrere Tage hingehalten und dachte, es ginge aus medizinischen Gründen nicht, bis eine nette Schwester erwähnte, dass es schon längst möglich gewesen sei.

Auf meine drängende Nachfrage wurde ich aber an die Oberärztin verwiesen, die mich genervt zurechtwies. Es gehe nicht um die Bedürfnisse der Mütter. Sie hätten schließlich ihre Abläufe. Und auf meine Bitte, mich zeitnah über Änderungen zu informieren, fuhr sie mich an, was ich mir überhaupt dächte – sie müssten mich doch wohl nicht fragen, was zu tun sei. In solchen Situationen fühlte ich mich sehr schutzlos und dachte, dass manch einer nicht so mit mir umgegangen wäre, wenn noch jemand an meiner Seite gewesen wäre. Zumindest hätte eine Partnerin meine »Verteidigung« übernehmen können, zu der ich selbst, gerade nach schwieriger Schwangerschaft, plötzlicher Entbindung, in großer Sorge und mitten in der Hormonumstellung, nicht in der Lage war.

Nichtsdestotrotz funktionierte ich sehr gut während der gesamten Zeit in den Kliniken. Ich fokussierte mich auf das Wesentliche, meine Kinder, und verdrängte alles, was mir die Kraft rauben wollte.

Zweieinhalb Monate nach der Geburt, nach vier Monaten Klinik, war ich glücklich, endlich mit meinen Kindern zu Hause zu sein. Durch diese Entspannung merkte ich aber auch, dass meine Kraftreserven aufgebraucht waren. Es war nicht so einfach, wie ich mir das vorgestellt hatte, schließlich hatte ich zwei Frühchen, die noch besonderer Fürsorge bedurften. Mir wurde schnell klar, dass ich im Alltag Unterstützung brauchte. Es ging nicht mehr anders, als darum zu bitten. Ganz unverhofft waren dann Menschen für mich da. Eine Freundin kaufte ein, eine andere brachte Suppe und nahm die Schmutzwäsche mit. Eine Nachbarin informierte mich regelmäßig über ihre Arbeitszeiten und wartete in schwierigen Situationen fast freudig auf meinen Hilferuf per SMS und kümmert sich zusammen mit mir um die beiden Kleinen. Und ich habe eine wunderbare Hilfe über den Verein Wellcome erhalten. Sie begleitet uns zum Kinderarzt, geht spazieren und ist auch für mich eine wertvolle Gesprächspartnerin. Ich bin ganz gerührt, dass sie sich so auf meine Jungs freut. So manche Versprechen wurden nicht eingelöst, so manche Erwartung enttäuscht, aber ich wurde beschenkt mit neuen und überraschenden Kontakten.

Ich bin nun erst ein paar Wochen zu Hause und muss vieles neu lernen. Was vielleicht mit einem Kind noch gut zu handhaben ist, scheint mir allein mit Zwillingen fast unmöglich. Pünktlich zu einem Termin zu erscheinen und dabei nicht in großen Stress zu geraten. Ich übe mich gerade in Großzügigkeit mit mir selbst und denke, dass ich eigentlich noch im Wochenbett bin, auch wenn die beiden schon vier Monate alt sind. Da muss noch nicht alles rund laufen. Es gab so viele bange Momente und Ängste, ob ich vielleicht sogar zwei behinderte Kinder haben würde. Man weiß nicht, wie die zwei sich entwickeln werden, aber es sieht alles sehr gut aus. Sie sind gesund, und ihr häufiges Lächeln lässt mich hoffen, dass auch ihre Seelchen keinen großen Schaden genommen haben. Wir hatten wirklich keinen guten Start, aber ich bin so dankbar, zwei wunderbare Söhne zu haben, und freue mich auf unser weiteres gemeinsames Leben.

Sehr viel Patchwork

Jeanne aus Bremen entscheidet sich für eine Auslandsadoption und trifft dann auf einen Spender mit aktiver Vaterrolle, einen Mann, der das Aufwachsen ihres Kindes begleiten will. In ihrer Geschichte stellt sie uns ihr persönliches Patchworkmodell mit Tochter, neuem Partner und dessen Tochter aus der vorherigen Beziehung sowie dem Spendervater und dessen Kindern vor und beschreibt, welche Auswirkungen diese Konstellation auf alle Beteiligten hat.

Ich bin 48 und Mutter einer achtjährigen Tochter, Michelle. Ihr Vater ist, auf Distanz, ein Vater mit allen Rechten und Pflichten –

so war es von uns gewollt. Wir waren jedoch nie ein Paar. Ihren Vater sieht meine Tochter etwa alle zwei Monate, und die beiden telefonieren regelmäßig. Sie verstehen sich trotz der Distanz sehr gut. Ich bin schon seit einiger Zeit wieder verpartnert, und Michelles Vater ist Vater eines dritten Kindes geworden.

Mit 38 war ich zunehmend unglücklich in einer Beziehung mit einem Später-Vielleicht-Mann, der uns und unserer Beziehung ein Kind nicht zutraute, und suchte nach Alternativen. Ende 2004 ließ ich mich in einer niederländischen Klinik auf die Warteliste für Insemination mit Spendersamen setzen – das war der Befreiungsschlag, um aus der verfahrenen Partnerschaft herauszufinden. Während der mehrmonatigen Wartezeit kamen mir jedoch Zweifel an dieser Art Mutter zu werden. Die Vorstellung, dass ein Kind erst mit 16 das Recht hat, seinen biologischen Vater in Erfahrung zu bringen, fand ich problematisch. Als ich nach fünf Monaten den Termin für das Aufnahmegespräch in den Niederlanden erhielt, sagte ich ab. Ich hatte mich in der Zwischenzeit mit Adoption beschäftigt und mich zunehmend mit dem Gedanken angefreundet, ein verlassenes Kind aufzunehmen.

Während der Adoptionsvorbereitungen kam ich in Kontakt zu Jeroen, einem Regierungsbeamten aus Brüssel. Er hatte aus einer geschiedenen Ehe bereits eine Tochter. Als Vielreisender hatte Jeroen keine Zeit, sesshaft zu werden, wollte aber gern noch einmal Vater werden, Unterhalt und späterer Familienanschluss für das Kind inklusive. Wir erzählten uns voneinander und welche Vorstellungen wir von Elternschaft haben. Vater sein trotz der Distanz? Ich habe nicht so genau nach seiner Motivation gefragt, da sonst alles passte: Ein sympathischer und zuverlässig, fast bieder wirkender Mann, der bereit war, für sein Kind aufzukommen und trotz der Entfernung ein Vater zu sein. Ich vertraute ihm schnell, und wir wurden uns einig: Wir machen es!

Anfang 2006 verbrachte ich zweimal jeweils ein paar Tage in

Brüssel, um schwanger zu werden. Tagsüber Sightseeing, abends lieferte Jeroen sein Erbgut ab – eine sehr nüchterne Veranstaltung. Nach dem zweiten Anlauf war ich schwanger, mit 39. Meine Freundinnen standen dem Vorhaben ablehnend gegenüber und hatten massive Bedenken: zum einen, ob der Mann halten würde, was er versprach: Will er wirklich Vater sein? Oder braucht der ein Kind nur für sein Ego? Und was heißt hier Vatersein, wenn das Kind 500 Kilometer weit entfernt großgezogen wird? Was ist, wenn der Mann ein durchgeknallter Psychopath ist? Oder anders herum: Bist du verrückt, ein Kind mit einem Mann anzusetzen, den du kaum kennst?

Diese Bedenken schlug ich damals in den Wind. Für mich stand fest: Das ist die Chance. Ich habe bei einem leiblichen Kind, anders als bei der Adoption, die Möglichkeit, dieses Kind von Anfang an zu begleiten. Ob sich der Kindsvater kümmert, war erst einmal gar nicht mein Thema: Das wäre ja bei einer Samenspende oder Adoption auch nicht der Fall gewesen.

Irgendwann war das Kind dann da. Und auch diejenigen, die im Vorfeld Befürchtungen hatten, freuten sich mit mir. Gerade am Anfang gab es an der Kita- und Mütterfront besorgte Nachfragen zu Michelles Vater, da es ungewöhnlich ist, als Mutter eines Babys nicht verpartnert zu sein. Die Fragen wurden später weniger, da Alleinerziehen bei älteren Kindern keine Ausnahme mehr darstellt. Die Antworten sind aber immer noch die gleichen: Wir waren nie ein Paar, Schmerz und Trauer fallen für Mutter und Kind also weg. Der Vater hat wegen der Distanz nur wenig Zeit für sein Kind. Aber er bejaht und liebt es. Er ist keiner, der sich aus dem Staub gemacht hat. Wenn der Kontakt zu Eltern enger wird, erzähle ich in der Regel die Vollversion: Michelle war kein Fehltritt und keine Verhütungspanne, sondern ein von beiden gewolltes Wunschkind. Negative Reaktionen habe ich bisher noch nie erlebt. Und viele Frauen finden meine Entscheidung richtig gut: Sie hätten in meiner Situation genau so gehandelt (wenn sie sich getraut hätten).

Dank der damals frisch eingeführten Elternzeit hatte ich 14 bezahlte Wonnemonate mit Baby. Einsam habe ich mich überhaupt nicht gefühlt. Zunächst nicht. Ich war so glücklich, dass ich Mutter sein durfte. Dann bin ich wieder in den Beruf eingestiegen und musste mich mit den Problemen tausender anderer Mütter, egal ob Single oder nicht, herumschlagen: Unruhige Nächte, Trotzanfälle bei Kita-Ablieferung, krankes Kind, was Stress im Job erzeugt.

Irgendwann ist es total normal, Mutter zu sein. Die Herkunft des Kindes und mein Singlestatus spielen im Alltag überhaupt keine Rolle, denn sowohl meine Tochter als auch ich kennen es nicht anders. Michelle hatte schon mit einem Jahr einen Kitaplatz, ein Sechser im Lotto. Und als Großstadtpflanze, der ein Freundeskreis wichtig ist, hatte ich beizeiten Babysitter an der Hand, sonst hätte ich abends nicht rausgekonnt. Das hört sich alles toll an, aber trotz der guten Bedingungen schmerzt mich am Muttersein am meisten der Verlust der Unabhängigkeit. Als Kleinkindmutter hatte ich wenig Bewegungsfreiheit, weil mein trotzendes Kind so anstrengend war. An den Wochenenden war es zermürbend, im Winter, wenn man nicht rauskann, besonders. Die Freunde gehen eigenen Familienaktivitäten nach: Man gehört nicht dazu. Ich musste viel mobilisieren, um unters Volk zu kommen. Inzwischen hat sich das entzerrt. Michelle ist schon sehr selbständig, und ich bin wieder in einer Partnerschaft, so dass Notfälle aufgefangen werden könnten. Die allein verantwortliche Person für ein Kind zu sein, erfordert auch viel mehr Standing in der Erziehung. Auch jetzt, im späten Grundschulalter, jeglichen Konflikt durchzustehen, erfordert nicht nur für mich als Mutter viel Kraft: Auch für ein Kind ist es nicht leicht, keine Ausweichmöglichkeit im Miteinander zu haben. »Alles wegen dir!«, schimpft meine Tochter manchmal in Konfliktsituationen. Recht hat sie: Die Zielscheibe bin ich allein, und die Abhängigkeit von nur einer Bezugsperson ist sicherlich kein Zuckerschlecken für ein Kind.

Die Schwangerschaft und das erste Babyjahr ohne Mann – kein Problem. Danach wurde die Sehnsucht nach einem Partner wieder stärker. Nur woher nehmen? Flirts auf dem Spielplatz sind eine alberne Vorstellung, bei einer Mutter eines Kleinkindes vermutet man kaum Dating-Absichten. Und Onlinedating? Ich war schon Anfang 40, da kann ein altersmäßig passender Mann Kinder haben, die längst flügge sind, und mag sich möglicherweise nicht ein knatschiges Kleinkind ans Bein binden. Aber das sind Probleme von allen Alleinerziehenden, nicht exklusiv von Frauen in meiner Situation.

Ich habe mich hier und da online umgesehen, aber mit einem jüngeren Kind hat man abends oft nicht mehr die Nerven, und die Ausstrahlung für ein Treffen schon gar nicht. Erst als Michelle knapp vier war, habe ich bei einer Datingbörse meinen jetzigen Partner gefunden.

Mein Freund hat eine 15-jährige Tochter aus einer vorausgegangenen Beziehung. Da wir nicht zusammen wohnen, bekomme ich von »der Großen« nur jedes zweite Wochenende und die gemeinsamen Ferien mit. Wir sehen uns häufig, und es brauchte Zeit, Geduld und viele Gespräche, bis man, nun plötzlich zu viert, zu einem Modus Vivendi gefunden hat. Auch hier unterscheidet mich nichts von anderen Alleinerziehenden.

Die beiden Mädchen sind wie andere Geschwister auch: Sie verstehen sich mal gut, mal nicht. Zum Glück ist der Altersunterschied nicht zu groß, so dass gemeinsame Aktivitäten noch ganz gut zu machen sind. Meine Tochter schaut sich viel bei der Großen ab – den coolen Klamottengeschmack, aber auch, was Widerworte und Zickereien betrifft.

In der Patchworksituation merke ich, dass ich lange Single und auch immer Singlemutter war: Das Miteinander zu viert, eigentlich die typische Normalfamilie, empfinde ich bisweilen als stressiger als meinen Zweipersonenhaushalt. Ich mit Kind – das kannte ich jahrelang, bevor ich wieder in einer Partnerschaft war. Und Partnerschaft ohne Kind kannte ich natürlich auch. So oder so, man war exklusiv füreinander da. In der Viererkonstellation wirken ganz andere Kräfte: Höchst unterschiedliche Interessen und Loyalitäten können da aufeinanderprallen, was vor allem an den Nerven der Eltern zerrt. Mein Freund ist da robuster und kann die Teeniezickerei besser aushalten. Obwohl die Spezies »Alleinerziehende« bedauert wird: Ich finde den »Klassiker« manchmal viel anstrengender.

Meine Tochter versteht sich bestens mit meinem Freund. Auf gemeinsame Wochenenden – ob mit oder ohne das große Kind – freut sie sich sehr. Für Michelle ist mein neuer Freund ein Zugewinn, einen Verlust durch Trennung der Eltern musste sie nicht verkraften. Ich bin glücklich über unsere stabilen Lebensumstände. Viele Partnerschaften geraten durch die Kinder ins Taumeln. Das Mann- beziehungsweise Frausein kommt häufig für längere Zeit abhanden. Da für meinen Freund und mich die Familienplanung abgeschlossen war, konnten wir uns, jenseits der stressigen Baby- und Kleinkinderphase, in erster Linie als Mann und Frau nähern. Wir sind auch nach fünf Jahren noch total verknallt. Wir sind beide alleinerziehende Eltern, erfahren und gebeutelt – das ermöglicht Respekt und gleiche Augenhöhe. Gemeinsame Kinder waren für meinen Freund und mich nie ein Thema. Ein bisschen wehmütig bin ich manchmal schon, wenn ich ein »neues« Baby sehe – ein Kind der Liebe wird es für meinen Freund und mich nicht geben. Aber ich bin froh, dass meine Tochter schon so groß ist. Mein Freund und ich sind einfach zu alt für Babys, und ich genieße die Freiräume, die ich durch Michelles Selbständigkeit wiedererlangt habe.

Jeroen und ich hatten im Vorfeld vereinbart, dass er für das Kind Unterhalt bezahlt, und dass es regelmäßige Besuchskontakte geben sollte. Das Bringen von Bremen nach Brüssel und zurück ist für uns Eltern eine Ganztagsaktion, daher wird jedes Mal ein verlängertes Wochenende draus. Oder es ist ein Urlaub von ein bis zwei Wochen – das muss dann im Vorfeld mit den Ferienterminen in Belgien abgestimmt werden. Auch Jeroens

Privatleben hat sich verändert. Seit drei Jahren hat er ein weiteres Kind, in einer On-Off-Beziehung. Es sind nun zwei Geschwisterkinder im Boot. Jeroen hat drei Kinder von drei Müttern in zwei Ländern, dazu einen fordernden Job. Alle zerren an ihm, das frisst Kräfte und bietet Zündstoff, denn Geld für die »Auswärtskinder« soll her und Zeit, die er nicht hat.

Dennoch gibt Jeroen an den Wochenenden und in den Ferien alles: Die Geschwisterbindung ist ihm wichtig. Er bastelt ein tolles Programm für die Kids zusammen, aber er lässt sie auch am Alltag teilhaben, besucht mit ihnen Freunde oder seinen Arbeitsplatz, was ich gut und richtig finde. Die Kinder verstehen sich gut, für das kleine Geschwisterkind entpuppt sich Michelle als rührend-besorgte große Schwester – ein Glücksfall angesichts der räumlichen Distanz. Auf Fotos, die ich später aus Michelles anderer Welt erhalte, sieht sie entspannt aus. Sie taucht in diese für mich fremde Welt ein, ganz und gar, fühlt sich wie ein Fisch im Wasser und nach wenigen Tagen ist es schon wieder vorbei. Ich erfahre meist nur bruchstückhaft, wie das Wochenende oder die Urlaubswoche verlaufen ist. Es ist ganz einfach nicht mehr ihr Thema und ihre Welt, sobald sie wieder bei Mama ist. Das muss man abkönnen: dass das Kind schon sehr früh für eine bestimmte Phase in einer eigenen Welt lebt, zu der man als Mutter keinen Zutritt hat.

Wie das ist, wenn einem durch anonyme Samenspende die »zweite Hälfte« zum Kind fehlt, weiß ich nicht. Möglicherweise kann es entlasten, wenn man »die Vorlage« nicht vor Augen hat. Andererseits empfinde ich es als hilfreich nicht nur für Michelle, ihren Vater zu kennen, von der Bereicherung durch den Familienanschluss (Geschwister, Tanten, Onkel, Oma) einmal ganz abgesehen. Meine Tochter ist ihrem Vater sehr ähnlich. Sie sind sich wie aus dem Gesicht geschnitten. Auch charakterlich ähneln sie sich, im Guten wie im Schlechten. Vielleicht verstehen sie sich deshalb so gut miteinander.

Unabhängig davon bin ich manchmal doch wütend: dass sich

Jeroen das Papa-Etikett an die Brust heftet, obwohl er nur am Rande für seine Tochter präsent ist. Aber ich muss zur Kenntnis nehmen, dass das Teil unseres Beschlusses war: Es war klar, dass ich unser Kind allein großziehen würde. Trotz allem bin ich ihm dankbar, da er für diesen Kinderwunsch, ohne dass ihm das damals bewusst war, sehr viel aufs Spiel gesetzt hat: Ich hätte ihn auf Unterhalt für mich verklagen oder ihm sein Kind vorenthalten können. Da riskieren Männer, die spenden oder Distanzvater sein wollen, eine ganze Menge.

Alleinerziehen: Das riecht nach Überforderung, chronischem Geldmangel und vernachlässigten Kindern. Bei uns läuft es gut. Ich komme mit meiner Dreiviertelstelle plus Unterhalt finanziell locker über die Runden. Michelle geht es gut, sie ist ein fröhliches und entspanntes Kind. Wie sie ihre Entstehungsgeschichte langfristig bewertet, ist offen. Ob sie wohl später wütend sein wird auf einen von uns, dass wir ihr die Abwesenheit ihres Vaters im Alltag zugemutet haben? Im täglichen Leben scheint Michelle ihn kaum zu vermissen. Sie kennt es einfach nicht anders. Dafür ist mein Partner als positives erwachsenes Vorbild und väterlicher Freund präsent.

Es gibt so viele halbgare, nur durch Kinderwunsch und Elternschaft aufrecht erhaltene Beziehungen. Dann doch lieber den ehrlichen Alleingang, das erspart dem Kind und einem selbst Streit und Trennungsstress. Der richtige Partner kann ja danach kommen, wenn das Kind da ist und die biologische Uhr keinen Druck mehr auf eine Beziehung ausübt.

Eine Ehe kann man auflösen, Elternschaft ist unaufkündbar. Das ist auch für Singles so. Der Kindsvater ist nicht nur der Lieferant von Sperma: Es hängt viel mehr dran. Michelles Vater und ich sind sehr unterschiedlich im Wesen und in unseren Wertevorstellungen. Freundschaft oder gar Beziehung wären undenkbar. Aber das ist gut so, denn dadurch sind die emotionalen Verhältnisse klar. Und ich finde, dass er seinen Vaterjob, wenn er denn dazu kommt, ordentlich macht, und mehr kann ich kaum wollen. Warum ein Mann Distanzvater werden will, ist mir weiterhin unklar. Jeroen dachte, dass er alles – zeitfressenden Beruf, Ex- und aktuelle Beziehung, seine Kinder – ohne Kollateralschaden wuppen könnte. Aber so einfach ist das für ihn nicht. Er vermisst sein Kind, das hat er sich wohl nicht so vorgestellt. Und ich habe seine maroden Partnerschaften, an denen sein erstes und drittes Kind hängen, vor Augen, und bin froh um Michelles und meine stabilen Lebensumstände fernab. Die Ferne erweist sich jetzt als Erleichterung und nicht als Bürde.

Bei einem Spender mit Vaterrolle, der in der Nähe wohnt, wäre hingegen ein noch genaueres Hinsehen geboten, als ich das damals leisten wollte: Der Druck der biologischen Uhr lässt einen schnell Aspekte übersehen oder ignorieren, die später problematisch werden können, wenn man sich für ein ganzes Leben an einen Fremden bindet.

Mein Rat an alle Zukünftigen: Machen! Wartet nicht bis ihr 40 seid, dass ein Mann kommt und euch mit der Partnerschaft auch die Vaterschaft anbietet. Wenn man Anfang 30 ist und ein Partner drückt sich darum, sollte man Alternativen ins Auge fassen. Die Möglichkeit, dass man Mutterschaft von Partnerschaft entkoppelt, kann unglaublich befreien – und muss im Sinne des Kindes mit Bedacht genutzt werden.

Zum Schluss

Eigentlich wollte ich nie aus meiner Familiengeschichte ein Buch machen. Was gibt es da zu erzählen? Doch so selbstverständlich, wie mir unser Lebensentwurf vorkommt, finden andere ihn gar nicht. Katrin und den vielen Frauen, die ihren Kinderwunsch ohne einen Partner an der Seite umgesetzt haben, ging es genauso. So entstand die Idee, unsere Geschichten aufzuschreiben.

Mit dem Schritt in die Öffentlichkeit verbunden ist die Hoffnung, dass dieser Lebensentwurf in der Gesellschaft als eine von vielen möglichen Familienformen akzeptiert wird. Und dass dieses Buch einen Anstoß zu einem Umdenken auch in der Politik gibt, denn das geltende Recht, vor allem in den Bereichen künstliche Befruchtung, Unterhalt und Besteuerung, berücksichtigt die Konstellation Mutter-Spender-Kind nicht.

Allen Erfahrungsberichten ist gemeinsam, dass die Frauen sich nicht als exotische Außenseiter sehen, sondern als ganz normale Frauen und Mütter, die ihren Alltag mit Kind gestalten. Ursprünglich sollten die Erfahrungsberichte als Protokolle der aktuellen Situation von Singlefrauen mit Kinderwunsch in Deutschland Anfang des 21. Jahrhunderts unkommentiert stehen bleiben und für sich sprechen, so wie die beeindruckenden Interviews in *Guten Morgen, du Schöne* von Maxie Wander über den Alltag der Frauen in der DDR. Gemeinsam mit dem Verlag haben wir dann aber entschieden, dass es doch einen umfangreicheren Begleittext geben sollte, in dem die Hintergründe beleuchtet werden, um die Geschichten besser in die aktuelle zeitgeschichtliche Situation einordnen zu können.

So kristallisierten sich im Verlauf der Entstehung dieses Buches verschiedene Schwerpunktthemen heraus, die die spezielle Situation von Singlefrauen mit Kinderwunsch betreffen. Die Erfahrungsberichte der Frauen wurden in die einzelnen Kapitel eingebettet, oft stark gekürzt und fokussiert, doch immer nur ganz behutsam redigiert, um den Ton der Erzählerinnen beizubehalten. Denn eindringlicher als die Frauen selbst kann niemand ihren Weg schildern. Anfänglich waren sie skeptisch, sie fürchteten, wenn ich ihre Texte lektorieren und für ihre Biografie wichtige Passagen einfach streichen würde, wäre es nicht mehr »ihre« Geschichte. Nach dem Lesen der von mir überarbeiteten Versionen erlaubten sie mir jedoch alle, die Texte in dieser Form zu veröffentlichen. Die Geschichten wurden anonymisiert, wenn die Frauen das zum Schutz der Privatsphäre ihrer Kinder oder anderer Personen in ihrem Umfeld wünschten, das heißt, Namen und Orte verfremdet.

Das Buch wurde von Frauen und aus der Sicht von Frauen geschrieben. Männer und Kinder sind nicht weniger wichtig beim Thema moderne Familie. Warum kommen sie in diesem Buch kaum zu Wort? Die Kinder sind zu jung: Der Nachwuchs der porträtierten Frauen war zur Zeit der Drucklegung dieses Buches zwischen einem und acht Jahren alt. Ein Buch mit Protokollen über die Lebensrealitäten der Kinder aus diesen Familienmodellen wäre ein Folgeprojekt für 2025. Und die Männer? Nicht umsonst ist das Kapitel *Die Vaterfrage* der zentrale Teil dieses Buches geworden. Doch anonyme Samenspender werden wohl auch in Zukunft in der Anonymität bleiben und wenig von sich preisgeben wollen. Die Co-Väter allerdings melden sich zu Wort, bereits 2015 wird ein Buch über Co-Parenting aus der Sicht eines Mannes erscheinen.

Dieses Buch ist ein Gemeinschaftsprojekt. Seine Entstehung

wurde von Anfang an inspiriert und begleitet durch die Frauen im Internetforum *Singlefrauen mit Kinderwunsch*. Den wichtigsten Beitrag leisteten die Frauen, die ihre persönliche Geschichte aufschrieben oder erzählten und mir erlaubten, sie öffentlich zu machen. Ihnen danke ich für ihr Vertrauen und ihre Geduld beim Beantworten meiner Rückfragen. Mein spezieller Dank gilt den Frauen, deren Geschichte letztendlich nicht oder nur in Ausschnitten in dieses Buch aufgenommen werden konnte. Mein Dank geht außerdem an Katharina, Jasmin, Nadja, Steffi und Dirk für die hilfreiche konstruktive Kritik zu den Texten, an Annette (»Warten und Hoffen«), ohne deren Optimismus ich mich vor Jahren kaum für eine künstliche Befruchtung entschieden hätte und so heute weder Mutter der wunderbarsten Tochter der Welt noch Autorin dieses Buches wäre, an Johanna Links vom Ch. Links Verlag, die ermöglicht hat, dass aus dem Buchprojekt ein richtiges Buch geworden ist, und sowieso und überhaupt an meine Mitstreiterin Flora (»Normale Familien gibt es nicht.«), die das Buchprojekt maßgeblich mit angestoßen und mich während des gesamten Prozesses über großartig unterstützt hat.

Anhang

Glossar

Adoption
Annahme eines fremden Kindes an Kindes statt mit allen elterlichen Rechten und Pflichten.

Adoptionsagentur / Adoptionsvermittlungsagentur
Staatlich anerkannte Einrichtungen zur Vermittlung von Adoptionen aus dem Ausland. Eine der Voraussetzungen für die Zulassung ist fachliche Kompetenz: Die Agentur muss mit mindestens zwei hauptamtlichen Sozialpädagoginnen mit Erfahrungen in der Adoptionsvermittlung besetzt sein.

AMH-Wert
Anti-Müller-Hormon. Wird in der Fertilitätsdiagnostik verwendet, um die funktionale Reserve der Eierstöcke anzuzeigen. Ein niedriger AMH-Wert bedeutet wenige verbliebene Eizellen in den Eierstöcken. Der Wert ist schwankend und seine Zuverlässigkeit unter Medizinern umstritten.

Anonymer Spender
Samenspender, der seine Identität nicht preisgibt.

Auslandsadoption
Adoption eines Kindes aus dem Ausland. Die Gerichte des Herkunftslandes und die deutschen Gerichte müssen der Adoption zustimmen.

Bechermethode, Becherversuche
Methode der Heiminsemination. Der Spender übergibt das frische Sperma der Frau in einem Gefäß, einem Becher. Die Frau inseminiert sich dann mit Hilfe einer Spritze oder Inseminationskappe selbst.

Beta-hCG-Wert
Siehe hCG-Wert

Biochemische Schwangerschaft
Die im Blut nachgewiesenen Hormonwerte zeigen eine Schwangerschaft an, es nistet sich jedoch kein Embryo in der Gebärmutter ein. Da eine Fruchthöhle erst ab etwa der 9. Schwangerschaftswoche im Ultraschall erkennbar ist, kann erst dann bestätigt werden, ob tatsächlich eine Schwangerschaft vorliegt.

Blastozyste, Blastos
Entwicklungsstadium einer befruchteten Eizelle, das nach etwa fünf Tagen erreicht wird. Nicht alle befruchteten Eizellen erreichen dieses Stadium der Zellteilung, manche sterben vorher ab.

Co-Elternschaft
Gemeinsame Elternschaft von Menschen, die kein Paar sind, aber zusammen ein Kind großziehen.

Co-Mutter
Bei lesbischen Paaren die Frau, die das Kind nicht ausgetragen hat.

CTG
Kardiotokografie (englisch cardiotocography). Aufzeichnung der Herzschlagfrequenz des ungeborenen Kindes und der Wehentätigkeit, wird sowohl bei der Schwangerschaftsbetreuung als auch zur Überwachung während der Geburt eingesetzt.

Donogene Insemination
Auch heterologe Insemination. Bezeichnet Insemination mit Spendersamen (»anderen« Samen) im Gegensatz zu homologer Insemination, also mit den Samen des Ehemannes / Partners.

Embryo
Befruchtete Eizelle nach der ersten Zellteilung (etwa 72 Stunden nach der Befruchtung). Entwicklungsstadien: 2-Zeller, 4-Zeller, 8-Zeller, Morula (Tag 4), Blastozyste (Tag 5).

Embryonentransfer
Siehe Transfer

Endometriose
Chronische Erkrankung, bei der sich Gebärmutterschleimhaut (Endometrium) außerhalb der Gebärmutter in der Bauchhöhle ansiedelt und bei jeder Regelblutung mitblutet. Frauen mit Endometriose haben oft Schwierigkeiten, schwanger zu werden. Die Ursachen sind aus medizinischer Sicht noch nicht hinreichend erforscht.

Follikel
Eibläschen. Im Follikel reift die Eizelle. Wenn sie reif ist, zerplatzt (»springt«) der Follikel, die Eizelle wird freigesetzt und kann befruchtet werden. Bei der künstlichen Befruchtung werden die Follikel aus dem Eierstock entnommen (»punktiert«).

Gametenspende
Spende von Keimzellen, also von Eizellen oder Sperma.

Gestationsdiabetes
Eine in der Schwangerschaft plötzlich auftretende Glukosetoleranzstörung (»Zuckerkrankheit«).

Globuli
»Kügelchen«. Bezieht sich auf die Kugelform homöopathischer Mittel, sanfte Wirkstoffe, die in der Alternativmedizin eingesetzt werden.

Heiminsemination
Siehe Insemination

hCG-Wert
Humanes Choriongonadotropin. Hormon, das bei einer Schwangerschaft in der Plazenta gebildet wird und für die Erhaltung der Schwangerschaft verantwortlich ist. Bei Schwangerschaftstests durch Blutentnahme wird der Anstieg der hCG-Konzentration geprüft.

Hibbelphase, Hibbelzeit
Zeit des Wartens auf einen positiven Schwangerschaftstest.

ICSI
Intracytoplasmatische Spermatozoeninjektion. Methode der künstlichen Befruchtung: Verlauf wie bei einer IVF, nur dass bei der ICSI die Samenzelle mittels einer hauchdünnen Nadel direkt in die Eizelle inji-

ziert wird. Wird vor allem bei geringer Anzahl oder Beweglichkeit der Spermien angewandt.

Insemination
Einbringen von Sperma in den weiblichen Genitaltrakt. Bei der Heiminsemination erfolgt das beispielsweise mit Hilfe einer Spritze oder eine Inseminationskappe.

Inseminationskappe
Kleines Kunststoffgefäß, ähnlich einer Menstruationstasse, das bei der Heiminsemination direkt vor dem Muttermund platziert wird.

IUI
Intrauterine Insemination. Aufbereitetes Sperma wird durch einen Arzt oder eine Hebamme mit Hilfe eines Katheters in den Gebärmutterhalskanal eingebracht.

IVF
In-vitro-Fertilisation. Methode der künstlichen Befruchtung, bei der unter hormoneller Stimulation mehrere Eizellen zur Reifung gebracht und dem Körper der Frau entnommen werden (siehe Punktion). Die Befruchtung erfolgt im Labor, die befruchteten Eizellen werden wieder in die Gebärmutter eingesetzt (siehe Transfer).

Känguruhen
Frühgeborene Säuglinge werden aus dem Inkubator oder dem Wärmebettchen genommen und dürfen Haut an Haut an der Brust eines Elternteils kuscheln. Das Kind nimmt so Herzschlag, Atmung und Geruch seiner Eltern wahr, die körperliche Nähe wirkt sich meist positiv auf Atmung und Wohlbefinden des Frühchens aus.

Kryos
Eingefrorene Embryonen oder befruchtete Eizellen im Vorkernstadium. Befruchtete Eizellen, die bei einer künstlichen Befruchtung nicht verwendet werden, weil mehrere gewonnen wurden. Sie werden tiefgefroren (kryokonserviert) und können zu einem späteren Zeitpunkt wieder aufgetaut werden.

Kryokonservieren
Langfristiges Aufbewahren von Zellen oder Gewebe (hier: von Embryonen oder Eizellen) durch Einfrieren in flüssigem Stickstoff.

Kryotransfer

Transfer von aufgetauten Embryonen. Siehe Kryos.

Offener Spender

Auch »open donor« genannt. Samenspender, der einem Offenlegen seiner Identität zugestimmt hat. Bei Samenbanken haben die Kinder mit 18 Jahren (in den Niederlanden mit 16 Jahren) das Recht, die Identität des Spenders zu erfahren. In Deutschland darf ausschließlich offener Spendersamen verwendet werden.

PDA

Periduralanästhesie. Regionale Betäubung, die nur bestimmte Körperregionen schmerzunempfindlich macht. Wird oft bei Entbindungen eingesetzt.

Pflegschaft / Pflegekind

Zeitweise Übernahme der elterlichen Sorge für ein Kind, das aus seiner Herkunftsfamilie herausgenommen wurde.

Punktion (von Eizellen)

Entnahme von Eizellen. Unter Ultraschallkontrolle werden die Eibläschen samt der darin enthaltenen Eizelle mit einer Nadel abgesaugt. Dieser Eingriff erfolgt transvaginal (durch die Scheide) und wird meist unter Narkose durchgeführt.

Rückführung

Ein Pflegekind geht in seine Herkunftsfamilie zurück (es wird »rückgeführt«), wenn sich dort die Situation wieder stabilisiert hat und die leiblichen Eltern die elterliche Sorge wieder übernehmen können.

SFMK-Forum

Geschlossenes Internetforum, in dem sich Singlefrauen mit Kinderwunsch und Solomütter austauschen.

Social freezing

»Soziales Einfrieren«, eigentlich »egg freezing« (Einfrieren von Eizellen). Nach hormoneller Stimulation Entnahme und Einfrieren von Eizellen jüngerer Frauen. So können Frauen die Umsetzung ihres Kinderwunsches auf einen späteren Zeitpunkt verschieben. Medizinisch seit etwa 2012 machbar.

Spermiogramm

Analyse des Spermas, dient der Beurteilung der Zeugungsfähigkeit des Mannes.

Stimulation

Durch eine Hormonbehandlung vor einer künstlichen Befruchtung werden die Eierstöcke angeregt, mehr Follikel und somit mehr Eizellen zu produzieren, so dass die Chance auf eine Befruchtung steigt. Im unstimulierten Zyklus der Frau reift nur eine Eizelle.

Transfer (von Embryonen), Embryonentransfer

Einsetzen befruchteter Eizellen in die Gebärmutter mit Hilfe eines dünnen Schlauchs (eines Katheters). Der Transfer erfolgt 2 – 5 Tage nach der Befruchtung.

Vorkernstadium

Zustand der Eizelle direkt nach dem Verschmelzen mit dem Spermium bis etwa 72 Stunden danach, bevor die Zellteilungen einsetzen. Erst nach der ersten Zellteilung spricht man von einem Embryo.

Anmerkungen

1 Zitiert bei Bernard 2014, S. 241. Er zitiert aus: Fromm, Ernst: Artifizielle Insemination, in: Guttmacher, Alan u. a. (Hg.): Die künstliche Befruchtung beim Menschen. Diskussionsbeiträge aus medizinischer, juristischer und theologischer Sicht, Köln, 1960, S. 25.

2 Zitiert bei Bernard 2014, S. 246. Er zitiert aus: Balz, Manfred: Heterologe künstliche Samenübertragung beim Menschen? Rechtliche und politische Überlegungen zu einem Vorhaben des Europarats, Tübingen 1980, S. 7.

3 Vgl. Kinder von Samenspendern sollen mehr Rechte bekommen, in: Spiegel Online vom 24. 08. 2014.

4 Murray, Clare / Golombok, Susan: Solo mothers and their donor insemination infants. Follow-up at age 2 years, in: Human Reproduction, Jg. 20 / 2005, Heft 6, S. 1655 – 1660.

5 Golombok, Susan / Badger, Shirlene: Children raised in mother-headed families from infancy. A follow-up of children of lesbian and single heterosexual mothers, at early adulthood, in: Human Reproduction, Jg. 25 / 2010, Heft 1, S. 150 – 157.

Verwendete Literatur

Alle im Text verwendeten Zitate aus englischsprachigen Quellen wurden von der Autorin übersetzt.

Ärztekammer Berlin: Berufsordnung vom 30. Mai 2005, zuletzt geändert am 23. September 2009.

Bayerische Landesärztekammer: Berufsordnung für die Ärzte Bayerns, in: Bayerisches Ärzteblatt, München Spezial 1/2012.

Bernard, Andreas: Kinder machen. Neue Reproduktionstechnologien und die Ordnung der Familie, Frankfurt am Main 2014.

Blake, Lucy/Casey, Polly/Readings, Jennifer/Jadva, Vasanti/Golombok, Susan: ›Daddy ran out of tadpoles‹. How parents tell their children that they are donor conceived and what their 7-year-olds understand, in: Human Reproduction, Jg. 25/2010, Heft 10, S. 2527–2534.

Bloechle, Matthias: Vom Recht auf ein gesundes Kind. Ein Plädoyer für die Präimplantationsdiagnostik, München 2011.

Borgstedt, Silke/Christ, Tamina: Lebenswelten und -wirklichkeiten von Alleinerziehenden, hrsg. vom Bundesministerium für Familie, Senioren, Frauen und Jugend, Berlin 2011.

Brewaeys, Anne/Dufour, S./Kentenich, Heribert: Sind Bedenken hinsichtlich der Kinderwunschbehandlung lesbischer und alleinstehender Frauen berechtigt?, in: Journal für Reproduktionsmedizin und Endokrinologie, Jg. 2/2005, H. 1, S. 35–40.

Bundesarbeitsgemeinschaft der Landesjugendämter: Empfehlungen zur Adoptionsvermittlung. Beschlossen auf der 107. Arbeitstagung 2009 in Hamburg, München 2010.

Bundesärztekammer: (Muster-)Richtlinie zur assistierten Reproduktion, Novelle 2006.

Bundesverwaltungsgericht: Keine Leistungen nach dem Unterhaltsvorschussgesetz bei anonymer Samenspende im Ausland, Pressemitteilung Nr. 28/2013 vom 16.05.2013.

Deutsches IVF-Register: Jahrbuch 2012, in: Journal für Reproduktionsmedizin und Endokrinologie, Sonderheft 2/2013.

European Society of Human Reproduction and Embryology (ESHRE): The world's number of IVF and ICSI babies has now reached a calculated total of 5 million, Pressemitteilung vom 02. 07. 2012; http://www.eshre.eu/sitecore/content/Home/Press%20Room/Press%20releases/Press%20releases%20ESHRE%202012/5%20million%20babies, Zugriff am 20. 09. 2014.

Finger, Evelyn: Geliebtes Halbwesen, in: Zeit, Nr. 17 / 2014; http://www.zeit.de/2014/17/kind-reproduktionsmedizin-samenspende, Zugriff am 20. 09. 2014.

Fuchs, Stefan: Gesellschaft ohne Kinder. Woran die neue Familienpolitik scheitert, Wiesbaden 2014.

Golombok, Susan / Badger, Shirlene: Children raised in mother-headed families from infancy. A follow-up of children of lesbian and single heterosexual mothers, at early adulthood, in: Human Reproduction, Jg. 25 / 2010, Heft 1, S. 150 – 157.

Graham, Susanna: Choosing single motherhood? Single women negotiating the nuclear family ideal, in: Cutas, Daniela / Chan, Sarah (Hg.): Families beyond the nuclear ideal, London 2012.

Graham, Susanna / Braverman, Andrea: ARTs and the single parent, in: Richards, Martin / Pennings, Guido / Appleby, John B. (Hg.): Reproductive donation. Practice. Policy and bioethics, Cambridge 2012, S. 189 – 210.

Graham, Susanna: Stories of an absent »father«: Single women negotiating relatedness through donor profiles, in: Freeman, Tabitha / Graham, Susanna / Ebtehaj, Fatemeh / Richards, Martin (Hg.): Relatedness on assisted reproduction: Families, origins and identities, Cambridge 2014.

Hertz, Rosanna: Single by chance, mothers by choice. How women are choosing parenthood without marriage and creating the new american family, New York 2006.

Hyatt, Millay: Ungestillte Sehnsucht. Wenn der Kinderwunsch uns umtreibt, Berlin 2012.

Illouz, Eva: Warum Liebe weh tut. Eine soziologische Erklärung, Berlin 2011.

Institut für Demoskopie Allensbach: Monitor Familienleben 2012; http://www.ifd-allensbach.de/uploads/tx_studies/Monitor_Familienleben_2012.pdf, Zugriff am 27. 11. 2013.

Jadva, Vasanti / Badger, Susan / Morrissette, Mikki / Golombok, Susan: Mom by choice, single by life's circumstance … Findings from a large scale survey of the experiences of single mothers by choice, in: Human Fertility, Jg. 12 / 2009, Heft 4, S. 175 – 184.

Jadva, Vasanti / Freeman, Tabitha / Kramer, Wendy / Golombok, Susan: The experiences of adolescents and adults conceived by sperm donation: Comparisons by age of disclosure and family type, in: Human Reproduction, Jg. 24 / 2009, Heft 8, S. 1909 – 1919.

Junge Deutsche zeigen sich offen für Social Freezing, in: Zeit Online vom 22. 10. 2014;
http://www.zeit.de/wirtschaft/2014-10/social-freezing-umfrage-zeit, Zugriff am 31. 10. 2014.

Kinder von Samenspendern sollen mehr Rechte bekommen, in: Spiegel Online vom 24. 08. 2014;
http://www.spiegel.de/spiegel/vorab/kinder-von-samenspendern-sollen-mehr-rechte-bekommen-a-987695.html,
Zugriff am 20. 09. 2014.

Kluger-Bell, Kimberly: The pea that was me: A sperm donation story, CreateSpace Independent Publishing Platform 2013.

Kruse, Katrin: Soziologin Illouz: »Macht euren Kinderwunsch nicht von Liebe abhängig«, in: Spiegel Online vom 11. 10. 2011;
http://www.spiegel.de/kultur/literatur/soziologin-illouz-macht-euren-kinderwunsch-nicht-von-liebe-abhaengig-a-790592.html,
Zugriff am 20. 09. 2014.

Landau, Ruth / Weissenberg, Ruth: Disclosure of donor conception in single-mother families: Views and concerns, in: Human Reproduction, Jg. 25 / 2010, Heft 4, S. 942 – 948.

Lenze, Anne: Alleinerziehende unter Druck. Rechtliche Rahmenbedingungen, finanzielle Lage und Reformbedarf, Gütersloh 2014;
https://www.bertelsmann-stiftung.de/fileadmin/files/BSt/Publikationen/GrauePublikationen/GP_Alleinerziehende_unter_Druck.pdf, Zugriff am 17. 09. 2014

Mattes, Jane: Single mothers by choice. A guidebook for single women who are considering or have chosen motherhood, New York 1994.

Mattes, Jane: Ich will ein Kind, und zwar allein. Ein Handbuch für Frauen, die sich für eine Mutterschaft ohne Vater entscheiden, Düsseldorf 1995.

Mayer-Lewis, Birgit (unter Mitarbeit von Regina Neumann): Beratung bei Kinderwunsch. Best-Practice-Leitfaden für die psychosoziale Beratung bei Kinderwunsch, Staatsinstitut für Familienforschung an der Universität Bamberg, ifb-Materialien 1/2014; http://www.ifb.bayern.de/imperia/md/content/stmas/ifb/materialien/mat_2014_1.pdf, Zugriff am 29.10.2014.

Mertes, Heidi / Pennings, Guido: Social egg freezing: for better, not for worse, in: Reproductive BioMedicine Online, Jg. 23/2011, Heft 7, S. 824 – 829.

Mundy, Liza: Everything conceivable. How assisted reproduction is changing our world, New York 2008.

Murray, Clare / Golombok, Susan: Solo mothers and their donor insemination infants. Follow-up at age 2 years, in: Human Reproduction, Jg. 20/2005, Heft 6, S. 1655 – 1660.

Oberlandesgericht Hamm: Urteil I-14 U 7/12 vom 06.02.2013; http://www.justiz.nrw.de/nrwe/olgs/hamm/j2013/I_14_U_7_12_Urteil_20130206.html, Zugriff am 20.09.2014.

Practice Committees of the American Society for Reproductive Medicine and the Society for Assisted Reproductive Technology. Mature oocyte cryopreservation. A guideline, in: Fertility and Sterility, Jg. 99/2013, Heft 1, S. 37 – 43.

Russland. Adoptionsverbot für gleichgeschlechtliche Paare, in: Handelsblatt vom 21.06.2013; http://www.handelsblatt.com/politik/international/russland-adoptionsverbot-fuer-gleichgeschlechtliche-paare/8390812.html, Zugriff am 15.09.2014.

Spiewak, Martin: Wie weit gehen wir für ein Kind? Im Labyrinth der Fortpflanzungsmedizin, Frankfurt am Main 2002.

Statistisches Bundesamt: Alleinerziehende in Deutschland. Ergebnisse des Mikrozensus 2009, Begleitmaterial zur Pressekonferenz am 29.07.2010 in Berlin; https://www.destatis.de/DE/PresseService/Presse/Pressekonferenzen/2010/Alleinerziehende/pressebroschuere_Alleinerziehende 2009.pdf?__blob=publicationFile, Zugriff am 20.09.2014.

Statistisches Bundesamt: Statistiken der Kinder- und Jugendhilfe. Adoptionen 2012, Wiesbaden 2013; https://www.destatis.de/DE/Publikationen/Thematisch/Soziales/KinderJugendhilfe/Adoptionen5225201127004.pdf?__blob=publicationFile, Zugriff am 20.09.2014.

Studies in choice moms – single mothers (and mums) by choice. Rensselaer professor compares single mothers by choice in U.S. versus U.K., in: RPI News vom 01.11.2011; http://news.rpi.edu/luwakkey/2940#sthash.l6PZKlPU.dpuf, Zugriff am 20.09.2014.

Thorn, Petra / Ritter, Margaret: Unsere Familie. Ein Buch für Wunschkinder nach Samenspende, die mit ihrer Solo-Mutter aufwachsen, Mörfelden 2015.

Übereinkommen über den Schutz von Kindern und die Zusammenarbeit auf dem Gebiet der internationalen Adoption vom 29. Mai 1993; http://www.adoption.de/info_haagerkonvention.htm, Zugriff am 20.09.2014.

Wander, Maxie: Guten Morgen, du Schöne. Protokolle nach Tonband, Berlin 1977.

Zart, Birgit: Gelassen durch die Kinderwunschzeit. Loslassen lernen und empfangen, Kreuzlingen / München 2006.

Verwendete Webseiten

Cryos International New York – Prices and Payment
https://ny.cryosinternational.com/donor-sperm/prices-and-payment, Zugriff am 20.09.2014

European Sperm Bank – Preise Januar 2013
http://www.europeanspermbank.com/spermbank/sperm_donor_fees.php, Zugriff am 20.09.2014

Familien für Kinder gGmbh, Tochtergesellschaft des Arbeitskreises zur Förderung von Pflegekindern e. V. – Häufige Fragen
http://www.familien-fuer-kinder.de/index.php?article_id=1, Zugriff am 20.09.2014

ReproGen Gmbh Samenbank Düsseldorf – Einschränkungen
http://www.samenspende-samenbank-duesseldorf.de/Einschr%C3%A4nkungen?lang=de&id=79, Zugriff am 20.09.2014

Spenderkinder – Aufklärung
http://www.spenderkinder.de/infos/aufklaerung, Zugriff am 20.09.2014

The Sperm Bank of California – History
http://www.thespermbankofca.org/content/history,
Zugriff am 20.09.2014

Zentrum für Donogene Insemination.
Frauenarztpraxis Dr. Michael Poluda
http://drpoluda.de/kommen-wir-fur-die-samenspende-nur-in-frage-
wenn-wir-verheiratet-sind/64, Zugriff am 20.09.2014

Bücher zum Weiterlesen

Singlefrauen mit Kinderwunsch / Familiengründung
Gerlach, Stephanie: Regenbogenfamilien. Ein Handbuch, 2. überarbei-
tete Aufl., Berlin 2010.
Morissette, Mikki: Choosing single motherhood. The thinking woman's
guide, New York 2005.
Thorn, Petra: Familiengründung mit Samenspende. Ein Ratgeber zu
psychosozialen und rechtlichen Fragen, 2. erweiterte Aufl., Stuttgart
2014.

Adoption und Pflegschaft
Breitinger, Eric: Vertraute Fremdheit. Adoptierte erzählen, Berlin 2011.
Ebel, Alice: Praxisbuch Pflegekind: Informationen und Tipps für
Pflegeeltern und Fachkräfte, Idstein 2011.
Riedle, Herbert / Gillig-Riedle, Barbara: Ratgeber Auslandsadoption,
Würzburg 2003.
Riedle, Herbert / Gillig-Riedle, Barbara / Riedle, Brigitte: Adoption.
Alles, was man wissen muss, Würzburg 2007.
Riedle, Herbert / Gillig-Riedle, Barbara / Ferber-Bauer, Katrin: Pflege-
kinder. Alles, was man wissen muss, Würzburg 2008.
Varon, Lee: Adopting on your own. The complete guide to adoption for
single parents, New York 2000.

Kinderbücher zur Aufklärung

Baxter, Nicola: Our story (sperm donation for solo mums), Donor Conception Network 2003.

Maxeiner, Alexandra / Kuhl, Anke: Alles Familie! Vom Kind der neuen Freundin vom Bruder von Papas früherer Frau und anderen Verwandten, Leipzig 2010.

Thorn, Petra: Die Geschichte unserer Familie. Ein Buch für Familien, die sich mit Hilfe der Spendersamenbehandlung gebildet haben, Mörfelden 2006.

Thorn, Petra: Woher manche Babys kommen. Ein Erklärungs- und Aufklärungsbuch für Kinder, die mit medizinischer Unterstützung gezeugt wurden, Mörfelden 2011.

Hilfreiche Internetseiten

Die Auflistung enthält nur Websites, die der Information und dem Austausch von Singlefrauen mit Kinderwunsch oder mit Kindern dienen. Sie enthält keine Kliniken und Praxen, die Singlefrauen behandeln, oder Portale zur Suche von Samenspendern.

www.sfmk.info
Website des deutschen Netzwerks der Solomütter und Singlefrauen mit Kinderwunsch, mit Link zu einem geschlossenen Forum. Forum und Website sind eine private Initiative.

https://de.groups.yahoo.com/neo/groups/singleado/info
Geschlossenes Forum zum Austausch von Singles, die adoptieren möchten oder adoptiert haben. Die Newsgroup ist eine private Initiative.

www.singlemothersbychoice.org
Website der von Jane Mattes gegründeten US-amerikanischen Bewegung Single mothers by choice. Informationen rund um die Mutterschaft als Single in den USA. Mit Blogs und Forum. Englisch.

www.dcnetwork.org/solo-mums
Website des Donor Conception Network, einem Zusammenschluss von Familien aus Großbritannien, deren Kinder durch Samen- und/oder Eizellspende entstanden sind, mit einem Bereich für Single-mütter. Enthält auch hilfreiche Infos zur Aufklärung von Kindern, auf unterschiedliche Altersgruppen zugeschnitten (»Telling and Talking«). Englisch.

www.choicemoms.org
Website zum Austausch von Singlefrauen mit Kinderwunsch in den USA. Wird von Mikki Morrisette, der Autorin des Ratgeberbuchs *Choosing single motherhood. The thinking woman's guide* betrieben.

www.adoptionsinfo.de
Adoptionsportal mit Links zu den Adoptionsvermittlungsagenturen.

www.moses-online.de
Portal zu Adoptionen und Pflegschaften in Deutschland. Für die konkreten Bedingungen für die Qualifizierung als Pflegemutter in den einzelnen Bundesländern existiert kein übergreifendes Portal, die jeweils zuständigen Stellen (Jugendämter und Vereine) müssen durch eigene Webrecherche ermittelt oder beim örtlichen Jugendamt erfragt werden.

www.wunschkinder.net
Internetportal zu ungewollter Kinderlosigkeit mit Informationen und Austausch zu allen Themen rund um die assistierte Reproduktion. Wird von einem Reproduktionsmediziner betrieben.

www.spenderkinder.de
Website von erwachsenen Samenspenderkindern, die größtenteils erst spät in ihrem Leben erfahren haben, dass ihr sozialer Vater nicht ihr biologischer Vater ist. Die Website ist eine private Initiative.

www.vamv.de
Website des Bundesverbandes für alleinerziehende Mütter und Väter mit Hinweisen zur rechtlichen Situation und Vernetzungsmöglichkeiten.

Zur Autorin

Anya Steiner

Jahrgang 1970, studierte Slawistik und Allgemeine Sprachwissenschaft und arbeitete unter anderem als Redakteurin, Projektmanagerin, Lektorin und Übersetzerin. Sie lebt mit ihrer Tochter in Berlin. *Mutter, Spender, Kind. Wenn Singlefrauen Familien gründen* ist ihr erstes Buch.

Weitere Titel unserer Reihe »Lebenswelten«